편집자 일러두기

- 처음 나오는 인명에는 '탁영(濯纓) 김일손(金馹孫, 1464~1498)'과 같이 생몰 연대를 한 번만 표기하는 것을 원칙으로 했으나, 문장의 이해를 돕기 위해서 추가한 곳도 있다. 두 번째 이후에는 '탁영(濯纓) 김선생(金先生)', '탁영 김선생', '탁영 김일손', '탁영' 등으로 표기했다.
- 본문 속의 도서명은《 》을 이용하여 표시하는 것을 원칙으로 했다.《남명집(南冥集)》,《남명집》,《南冥集》등과 같다.
- 시문(詩文)과 그림을 포함한 각종 문서의 제목은 〈 〉을 이용하여 표시하는 것을 원칙으로 했습니다. 〈유두류록(遊頭流錄)〉, 〈유두류록〉, 〈청학동도〉, 〈청학동변증설〉, 〈용유담에서 네 절구를 짓다(龍遊潭曲四絶). 이때 극기(克己와 정숙(貞叔)이 따라왔다〉 등이다.
- 중요한 단어나 어귀, 혹은 강조할 곳 등은 상황에 따라 ' '로 표시했다. '청학동', '입덕문(入德門)', '광암연(廣巖淵)' 등이다.
- 인용문, 특정인이 한 말 등은 " "로 표시했다. "1518년(중종 13)에는 진주까지 거리가 멀어 백성들이 조세 수납 등에 힘들어하자 악양현에 화악창(花岳倉)을 설치했다.", "진주 청암의 묵계동에서 피란했다.", "아, 이곳이야말로 용이 노는 계곡이로구나!" 등이다.
- 용어의 설명 등 참고할 사항을 부가 기록할 때는 [ ]로 묶어서 표기했다. '진주목[진주부, 진주군]', '청암면[시천향: 矢川鄕]', '절골[寺洞]', '악양이 하동군의 속현(屬縣)일 때[675~1018년, 343년 동안]는', '오대사(五臺寺)는 살천현(薩川縣) 남쪽에서 고개 하나를 넘으면[自薩川縣南踰一嶺]……' 등이다.
- 본문의 서체는 'KoPubWorld바탕체, 11포인트, 장평 100, 자간 −25'로 하였으며, 인용문은 본문과의 차별화를 위해서 11포인트로 문장의 좌우 폭을 줄여서 구분했으며, 강조할 부분은 'KoPubWorld돋움체'로 눈에 띄게 했다.
- 각주와 그림, 표 등의 '설명문'은 'KoPubWorld돋움체, 9포인트, 장평 98, 자간 −25, 개체와의 간격은 2.0'을 원칙으로 했다.
- 각주 번호는 새 번호 '1번'부터 다시 시작한다.
- 사진은 대부분 직접 촬영한 것을 사용했으나, 인용하였을 때는 그 출처를 밝혔다.

꽃이 피면 봄인줄 알고
낙엽지면 가을인줄 아는 이상향

옥계동천과 학로계

제2부
학로계록

오세현 편저

각종 자료 조사 및 제공자

- 각종 마을 자료 조사 및 제공: 청학동 학로계 계장 김삼주, 총무 양점동
- 본문 사진 제공: 오세현, 양영욱, 기타
- 드론 사진 제공: 이영근

표지 사진 작가 소개

- 청파(靑波) 강태진

현) 하동문화원장
대한민국 사진 대전 초대작가
한국사진작가협회 이사
청파 예술촌 대표

저서: 《섬진강의 숨결》, 《섬진강 장시 발달과 추이》(논문)
사진집: 《내 고장 하동》,
《물길 따라 꽃길 따라 하동포구 팔십리 사진집》

한글 제자(題字) 캘리그라피 작가

- **서령(書嶺) 이진욱**

현) 백상 서화협회 추천작가
아이디어스 작가
아트앤서령 대표

아트앤서령
행복을 선물합니다

수상: 2017 백상서화예술대전 캘리그라피 금상 수상
2018 한국에너지공단 〈에너지 작품 공모전〉 캘리 최우수상
2019 백상서화예술대전 캘리그라피 금상 수상
2019 백상서화협회 캘리그라피 추천작가 인증

차 례

〈화보〉

묵계 청학동

청학루(靑鶴樓)

1

2

1 청학루의 봄(2023년 4월) (현판 글씨 : 은초(隱樵) 정명수(鄭命壽) 선생)

2 청학루의 여름(2022년 7월)

3

4

3　청학루의 가을(2024년 11월)

4　청학루 낙성식, 〈현판 현수〉(1976년 7월, 사진 제공: 양점동 학로계 총무)

5

6

5 낙성식, 〈추진위원장 인사〉
(사진 제공: 양점동 학로계 총무)

6 청학루 낙성식 〈테이프 커팅〉
(사진 제공: 양점동 학로계 총무)

7

8

7 〈묵계 학로계 창립기념비〉〈봉로계원 계록비(繼錄碑)〉
8 〈학로계 창립기념비〉 등 뒷면
9 청학루 현판 〈학로계원 및 봉로계원 명단〉

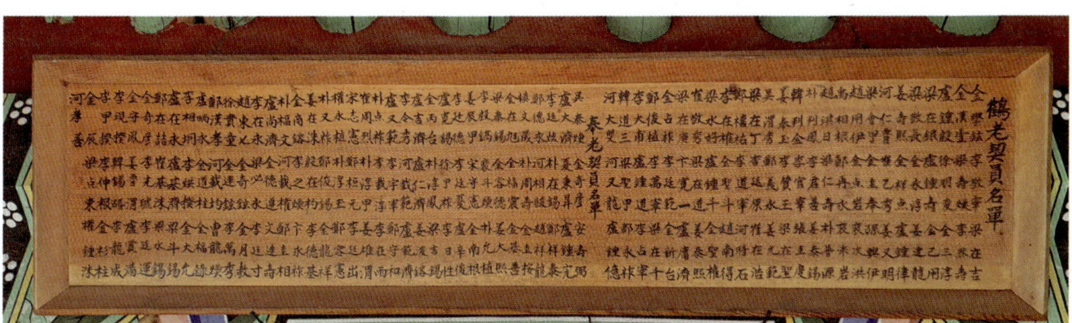

9

01
신축년판(辛丑年版) 학로계록
(1961년, 첫 번째 계록)

가. 신축년판 계록의 개요

최초의 학로계 계록은 《신축년판》이다. 옅은 황색 표지에 《묵계리학로회원록(默溪里鶴老會員錄)》이라는 제목으로 프린트 된 책으로 활자본이 아니라 손글씨의 등사본으로 발간했다. 책은 46배판(182×257)보다 약간 큰 판형으로 가로 188mm×세로 262 mm였으며, 총 42페이지였다. 창계 당시 회원은 108명인데, 이중 학로계원은 김한일(金漢壹, 炳基) 외 68명이었고, 봉로계원은 오태환(吳泰煥) 외 38명이었다.

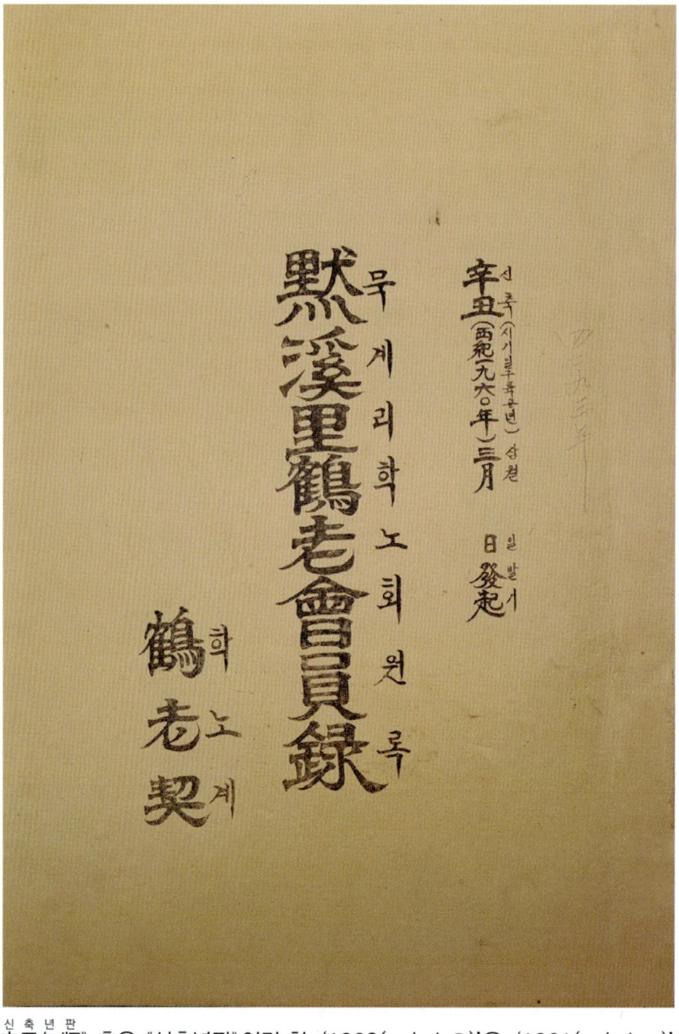

이하《辛丑年版(신축년판)》 혹은《신축년판》이라 함. '1960(一九六○)'은 '1961(一九六一)'의 오기

나. 신축년판 원본 둘러보기

(1) 학로계 취지문 원본

《신축년판》 학로계록은 활자본이 아니라 손글씨의 등사본으로 발간했다. 양재은(梁在銀) 외 11명의 발기인에 의한 〈趣旨文(취지문)〉이 맨 처음 등장한다. 다음은 당시의 취지문 전문이다.

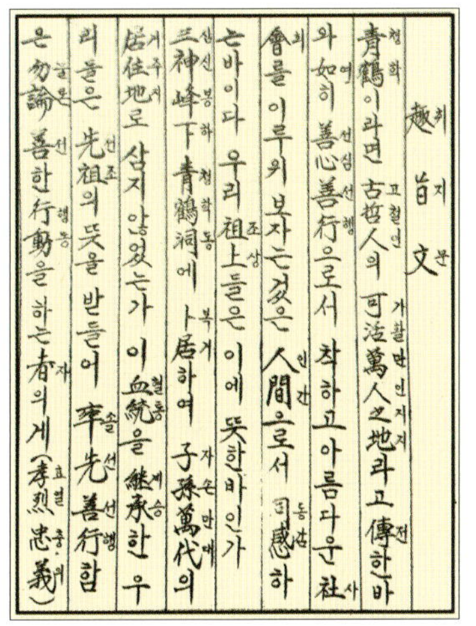
趣旨文

青鶴이라면 古哲人의 可活萬人之地라고 傳한바
와 如히 善心善行으로서 착하고 아름다운 社
會를 이루워 보자는 것은 人間으로서 同感하
는바이다 우리 祖上들은 이에 뜻한바 인가
三神峰下 青鶴洞에 卜居하여 子孫萬代의
居住地로 삼지 않었는가 이 血統을 繼承한 우
리들은 先祖의 뜻을 받들어 率先善行함
은 勿論 善한 行動을 하는 者의 게(孝烈 忠義)

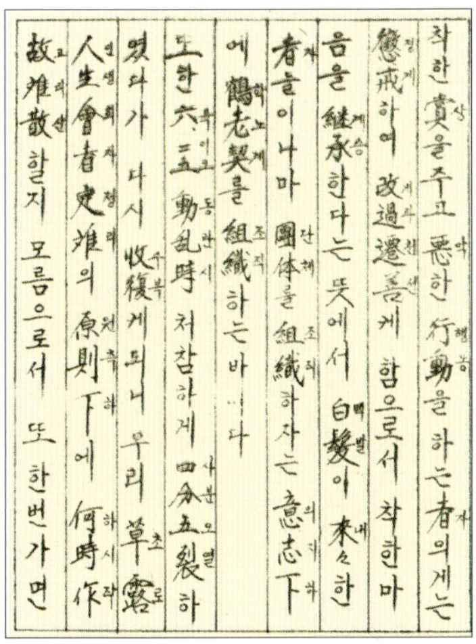
착한 賞을 주고 惡한 行動을 하는 者의 게는
懲戒하여 改過遷善케 함으로서 착한 마
음을 繼承한다는 뜻에서 白髮이 來々한
者들이나마 團体를 組織하자는 意志下
에 鶴老契를 組織하는 바입니다
또한 六.二五 動乱時 처참하게 四分五裂하
였다가 다시 收復게되나 우리 草露
人生會者定離의 原則下에 何時作
故離散할지 모름으로서 또 한번 가면

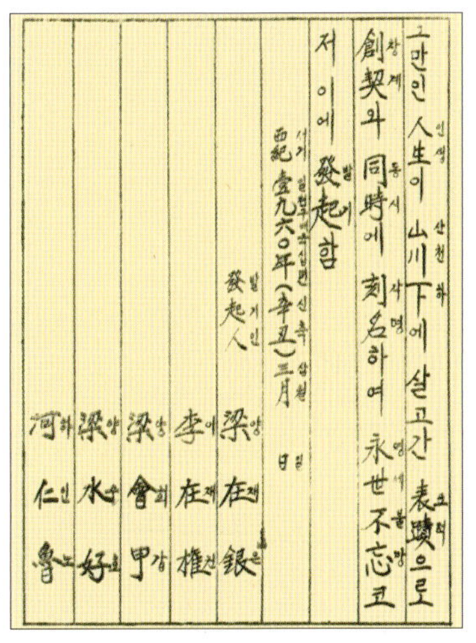
그만인 人生이 山川下에 살고간 表蹟으로
創契와 同時에 刻名하여 永世不忘코
저 이에 發起함

西紀壹九六〇年(辛丑)三月 日

發起人

梁在銀
李在權
梁會甲
梁水好
河仁魯

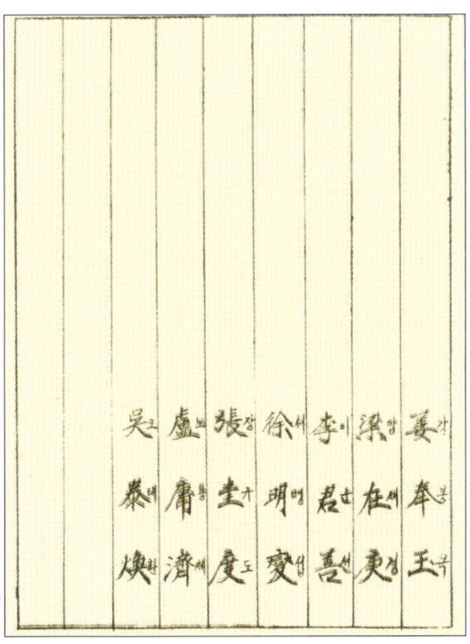
姜奉玉
梁在庚
李君善
徐明燮
張圭度
盧庸濟
吳泰煥

(2) 학로계 서문 등 원본

《신축년판》에는 梁三俊(漢根)의 〈鶴老契 序文〉, 盧庸濟의 〈축시〉[鶴老契韻], 〈鶴老契則과 創契 任員 名單〉, 손으로 그린 〈默溪里 全圖〉, 〈智異山 天王峯〉과 〈內三神峯〉, 〈外三神峯〉, 〈五鳳山〉 아래의 마을 등에 이어 〈青鶴洞圖〉, '金漢壹' 등 108명의 〈會員 名單〉이 수록되어 있다.

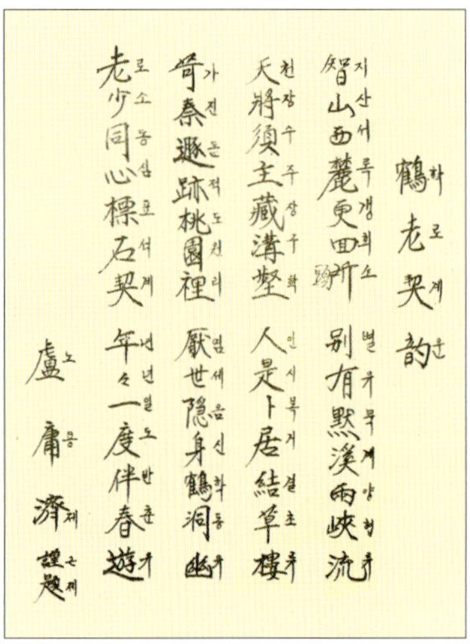
鶴老契韻

智山西麓更回所 別有默溪兩峽流
天將須主藏潛壑 人是卜居結草樓
奇秦遯跡桃園裡 厭世隱身鶴洞幽
老少同心標石契 年年一度伴春遊

盧庸濟 謹題

〈詩-鶴老契韻〉(雲堂 盧庸濟)

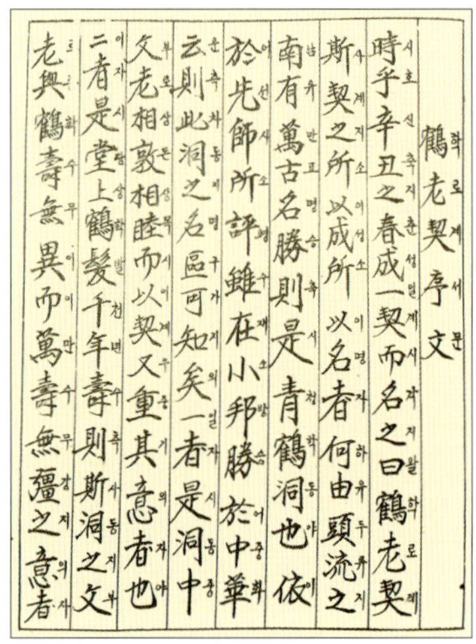
鶴老契序文

時乎辛丑之春成一契而名之曰鶴老契斯契之所以成所以名者何由頭流之南有萬古名勝則是青鶴洞也依於先師所評雖在小邦勝於中華云則此洞之名區可知矣一者是洞中父老相敦相睦而以契又重其意者也二者是堂上鶴髮千年壽則斯洞之文老與鶴壽無異而萬壽無疆之意者

〈鶴老契 序文〉(昕軒 梁三俊)

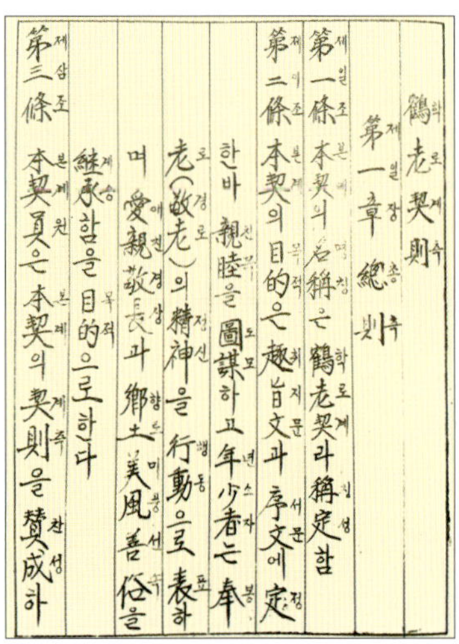
鶴老契則

第一章 總則

第一條 本契의 名稱은 鶴老契라 稱定함

第二條 本契의 目的은 趣旨文과 序文에 定한바 親睦을 圖謀하고 年少者는 奉老(敬老)의 精神을 行動으로 表하며 愛親敬長과 鄕土美風善俗을 繼承함을 目的으로 한다

第三條 本契員은 本契의 契則을 贊成하

〈鶴老契則〉(일부)

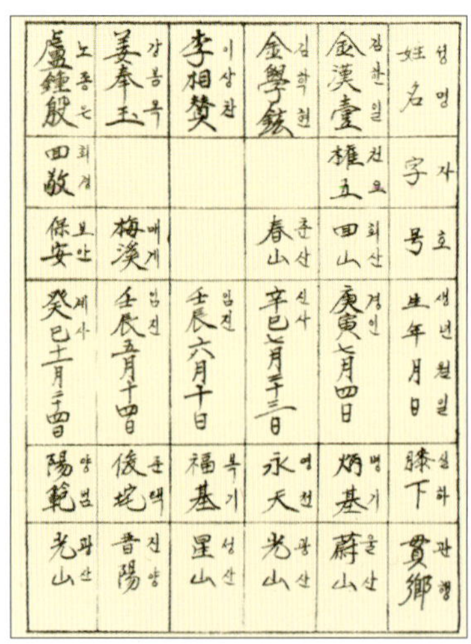

姓名	字	号	生年月日	膝下	貫鄕
金漢壹	權五	回山	庚寅七月四日	炳基	蔚山
金學鉉		春山	辛巳七月十三日	永天	光山
李相贊			壬辰六月十日	福基	星山
姜奉玉		梅溪	壬辰五月十四日	俊澤	晋陽
盧鍾殷	回敬	保安	癸巳十一月十四日	陽範	光山

〈契員 名簿〉(일부)

(3) 묵계리 전도[1)]

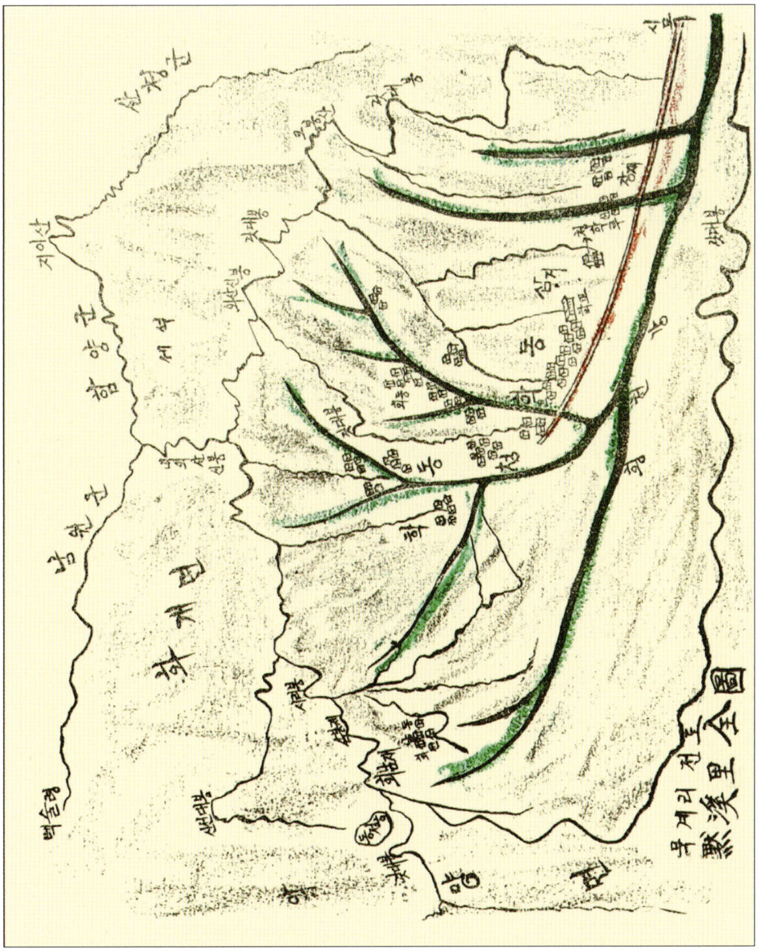

1) 1961년 당시에는 요즘처럼 지도가 흔하지 않았다. 당시 마을 어른들이 지혜를 모아 묵계리의 주요 산과 산줄기, 계곡(물)과 각 마을을 그림지도로 그렸다. 특히 앞으로 지을 것으로 추정되는 〈청학루〉를 삼거리 마을 입구에 표시해 둔 점이 이채롭다. 멀리 지리산 천왕봉(1915m)에서부터 영신봉, 세석을 거쳐 남부 능선을 따라 이어진 산줄기는 삼신봉(1284m)에서 용솟음치고 묵계리 청학동을 동서로 감싸며 남쪽으로 흘러가는 산줄기는 매우 사실적이다. 먼저, 삼신봉을 중심으로 외삼신봉(1288m)과 묵계재, 고운동재, 오봉산, 깃대봉으로 이어지는 낙남정맥(洛南正脈)을 그렸으며, 또 다른 한 줄기는 삼신봉에서 내삼신봉(1355m), 상불재, 가는봉(1153m)을 거쳐 거사봉(1113m)에서 악양의 주산인 형제봉으로 일부 분기하고, 계속 남쪽으로 달려 시리봉(993m), 회남재, 깃대봉을 지나는 삼신지맥(三神枝脈)의 위용을 그렸다. 좀 거칠기는 하지만 진한 향수를 불러일으키는 그림지도이다. 《신축년판》의 이 〈묵계리 전도〉는 우리 지역의 소중한 유산이라고 생각한다. 필자는 이번에 南冥(남명) 曺植(조식)의 〈遊頭流錄(유두류록)〉과 浮査(부사) 成汝信(성여신) 등의 《晋陽誌(진양지)》 등에서 묵계리와 청암면 일대의 계곡이 남명(南冥) 선생이 세 번이나 다녀간 龍遊洞(용유동)임을 확인하였다.

(4) 주요 산과 이정표

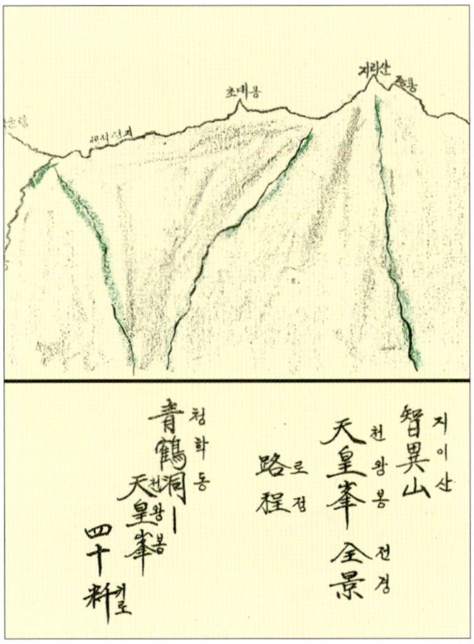

청학동 ↔ 천왕봉(40km)

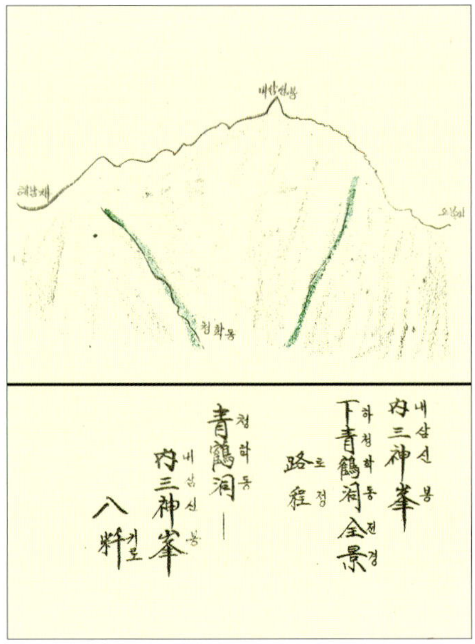

청학동 ↔ 내삼신봉(8km)

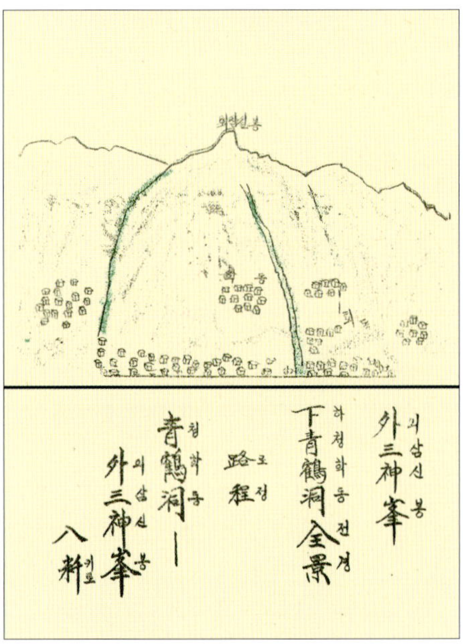

청학동 ↔ 외삼신봉(8km)

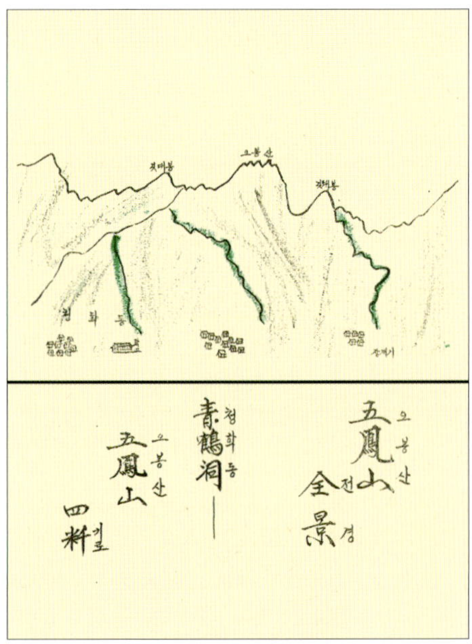

청학동 ↔ 오봉산(4km)

(5) 청학동 부근도

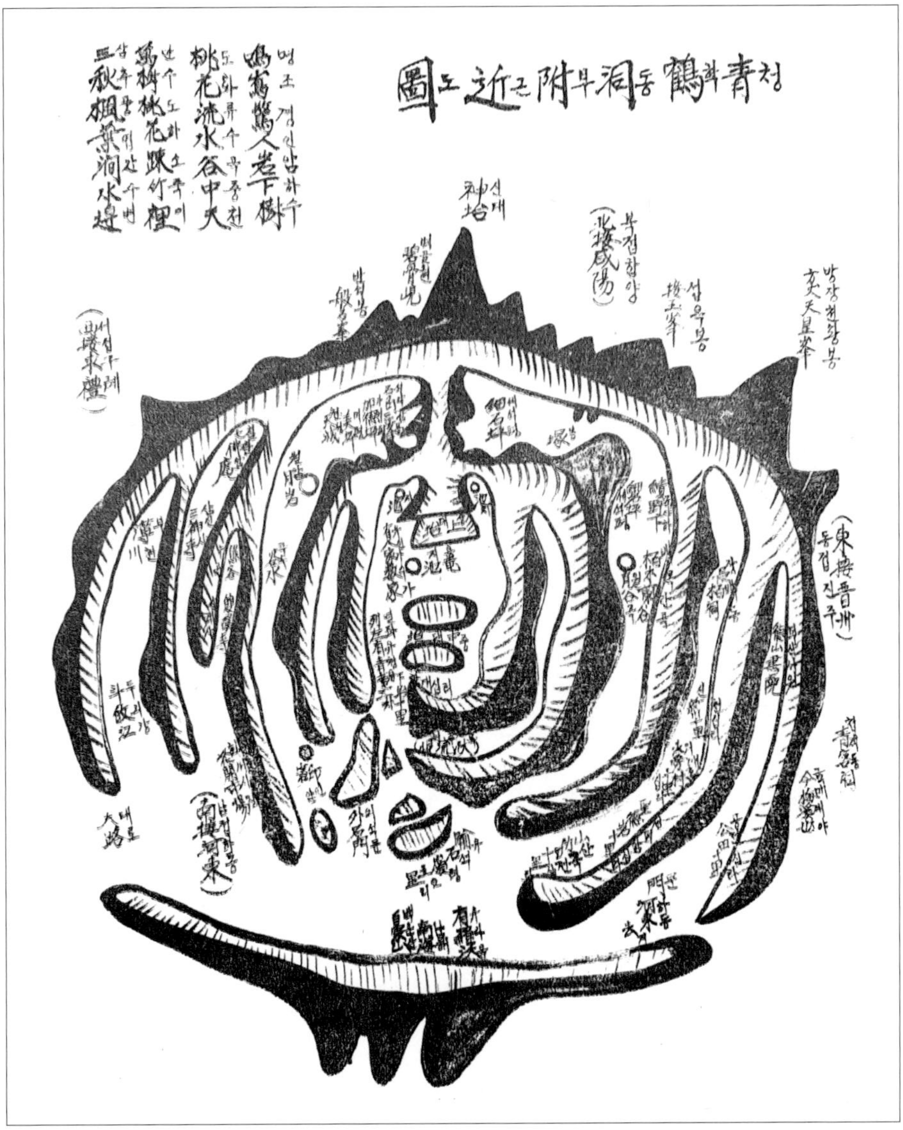

이 그림은 《신축년판》은 물론 《임술년판》과 《기묘년판》에도 등장한다. 여기서 보듯이 천왕봉(여기서는 '방장천황봉(方丈天皇峯)'으로 표기되어 있다)에서 서쪽으로 약간 벗어난 영신봉(여기서는 '신대(神台)'라고 표기되어 있다)에서 직접 뻗어 내려온 산줄기가 제비집 형태로 둥근 분지를 형성하는 지세는 우리 '묵계 청학동'을 그린 것으로 볼 수 있다. 〈제1부 묵계동천과 청학동〉에서 자세히 소개했다.

다. 鶴老契 趣旨文

青鶴이라면 古哲人의 可活萬人之地라고 傳한바와 如히 善心善行으로서 착하고 아름다운 社會를 이루어 보자는 것은 人間으로서 同感하는 바이다.

우리 祖上들은 이에 뜻한바인가 三神峯下青鶴洞에 卜居하여 子孫萬代의 居住地로 삼지 않았는가? 이 傳統을 繼承한 우리들은 先祖의 뜻을 받들어 率先善行함은 勿論 善한 行動을 하는 者에게(孝烈忠義) 착한 賞을 주고 惡한 行動을 하는 者에게는 懲戒하여 改過遷善케 함으로서 착한 마음을 繼承한다는 뜻에서 白髮이 來々한 者들이나마 團體를 組織하자는 意志下에 鶴老契를 組織하는 바이다.

또한 六 · 二五動亂時 처참하게 四分五裂하였다가 다시 收復케 되니 우리 草露人生會者定離의 原則下에 何時作故離散할지 모름으로써 또 한 번 가면 그만인 人生이 山川下에 살고 간 表蹟으로 創契와 同時에 刻名하여 永世不忘코자 이에 發起함.

西紀 壹九六一年(辛丑) 三月 日

發起人

梁在銀	李在權	梁會甲	梁水好
河仁魯	姜奉玉	梁在庚	李君善
徐明燮	張圭度	盧庸濟	吳泰煥

■ 학로계 취지문

청학동은 옛 철인이 말씀하시기를 '가히 만인이 살아갈 땅[可活萬人之地]'이라고 전해오는 바와 같이 착한 마음과 착한 행동으로서 착하고 아름다운 사회를 이루어 보자는 것은 인간으로서 동감하는 바이다.

우리 조상들은 이에 뜻한 바 있어서인지 삼신봉 아래 청학동에 복거하여 자손만대의 거주지로 삼지 않았는가?

이 전통을 계승한 우리는 선조의 뜻을 받들어 솔선 선행함은 물론 착한 행동[효열충의,

孝烈忠義]을 하는 사람에게 착한 상을 주고, 악한 자에게는 징계하여 개과천선(改過遷善)케 함으로써 착한 마음을 계승한다는 뜻에서 백발이 내린 우리지만 단체를 조직하자는 뜻을 모아 학로계(鶴老契)를 조직하는 바이다.

또한 6·25동란 때 처참하게 사분오열(四分五裂)하였다가 다시 수복하게 되니, 풀잎에 맺힌 이슬처럼 덧없는 인생 한 번 가면 그만이라, 살고 간 표적이나 남기도록 계를 만들고 빗돌에 이름 새겨 영원토록 잊지 않도록 하고자 이에 앞장서서 발기하노라.

서기 1961년(신축) 3월 일

발기인

양재은	이재권	양회갑	양수호
하인로	강봉옥	양재경	이군선
서명섭	장규도	노용제	오태환

라. 鶴老契 序文 :《기묘년판》과 중복[2)]

(학로계 서문)

마. 鶴老契韻[3)]

(학로계운)

2) 최초의 〈학로계 서문〉의 문장 일부가 수정되었다. 이것은 이 글을 지은 '오헌 양삼준 선생이 직접 수정한 것으로 추정된다. 따라서 가장 완성판이라고 할 수 있는《기묘년판》을 수록하고 여기서는 생략했다.

3)《원문》, 즉《학로계칙(鶴老契則) 명부(名簿)》에는 '운(韵)' 자(字)로 되어 있으나 '훈글'에 이 글자가 나오지 않으므로 이와 동자(同字)인 '운(韻)' 자(字)로 바꾸어 썼다. 참고로 원본인《학로계칙(鶴老契則) 명부(名簿)》에는 '학(鶴)'의 이체자인 '嶋(학학, 섬도)' 자(字)를 사용하여 '학로계운(嶋老契韵)'이라고 되어 있다.

지 산 서 록 갱 회 두 智山西麓更回頭[4]	지리산 서록이 다시 머리를 돌려
별 유 묵 계 양 협 류 別有黙溪兩峽流	별천지 묵계는 양쪽 골짜기에서 흐르네
천 장 수 주 장 구 학 天將須主藏溝壑	하늘은 또한 골짝을 감추려 하는데
인 시 복 거 결 초 루 人是卜居結草樓	사람은 살면서 초루(草樓)를 지었더라
가 진 둔 적 도 원 리 苛秦遯跡桃園裡	포악한 진나라 피해 궁벽 도원에 자취 감추듯
염 세 은 신 학 동 유 厭世隱身鶴洞幽	세상이 싫어 학동 깊은 곳에 몸을 숨겼네
노 소 동 심 표 석 계 老少同心標石契	노소가 한마음으로 계를 들어 표시하고
년 일 도 반 춘 유 年々一度伴春遊	해마다 한 번 봄놀이 하네

노 용 제 근 제
盧庸濟 謹題

우
又[5]

선 구 화 초 만 원 두 仙區花草滿原頭	선구의 화초는 골짜기에 가득하고
청 학 방 명 천 고 류 青鶴芳名千古流	청학의 좋은 이름 만고에 흐르네
무 협 풍 청 방 장 상 巫峽風淸方丈上	무협(巫峽)의 맑은 바람 방장산에 불어오고
초 천 우 단 묵 계 류 楚天雨斷黙溪流	초(楚)에 내리던 비 그쳐서 묵계에 흐르네
심 멱 어 랑 도 수 리 深覓漁郎桃水裡	고기 잡는 어부는 도화수에서 많이 찾고
갱 간 초 로 무 릉 유 更看樵老武陵幽	땔 나무하는 노인은 무릉골을 다시 보네
자 간 상 하 동 심 계 玆間上下同心契	이 속에 노소가 한마음으로 계를 하며
세 상 춘 진 호 유 歲々賞春眞好遊	해마다 봄놀이 참 좋은 행사이네

양 한 근 근 제
梁漢根[6] 謹題

---

4) 《신축년판》 원문에는 '소(所)'로 되어 있으나, 원본의 《학로계칙(鶴老契則) 명부(名簿)》의 '두(頭)'를 오독(誤讀)한 것으로 보인다. 특히 노용제의 《운당유고(雲堂遺稿)》에서도 '두(頭)'로 되어 있다는 사실을 확인하여 수정했다.

5) '又(우)'는 '또, 다시'라는 의미인데, 앞에서와 같은 제목이 반복될 때 사용하였다. 여기서는 앞서 나온 '학로계운(鶴老契韻)'을 대신하여 쓴 말이다.

6) '梁漢根(양한근)'은 전 성균관 전의 '오헌(旿軒) 양삼준(梁三俊)' 선생의 젊은 시절 이름이다.

바. 鶴老契則[7]

第一章 總則

第一條 本契의 名稱은 鶴老契라 稱定함.

第二條 本契의 目的은 趣旨文과 序文에 定한바 親睦을 圖謀하고 年少者는 奉老(敬老)의 精神을 行動으로 表하며 愛親敬長과 鄕土 美風善俗을 繼承함을 目的으로 한다.

第三條 本 契員은 本契의 契則을 贊成하고 黙溪里 內에 居住하는 者는 本契에 入契할 수 있다.
　但, 中途入契는 總會에서 三分之二以上의 贊同으로 契員 資格을 얻을 수 있다.

第四條 本契의 運營을 爲하여 契長 一名과 副契長 一名 및 幹事 若干名을 둔다.

第五條 四條의 任員의 任期는 壹年으로 定하고 總會에서 選出한다.

第六條 契長은 本契의 目的 達成을 爲하여 契務를 總括하고 契費 收支 一切를 責任진다.
　副契長은 契長을 補佐하며 契長 有故시에는 契長의 任務를 代行한다.

第二章 契務

第七條 契費는 契員의 出資로서 契務를 運營한다.
　但, 契總會費는 當日 契員 各者가 負擔한다.

第八條 契 目的을 達成하기 爲하여 下記[8]와 같은 慶弔 條項을 定하고 實踐한다.
　一. 慶事 및 善行 · 孝行 表彰
　二. 弔意
　三. 指導

第九條 八條 一項에 있어 本 契員 및 黙溪里 內에 善行 · 孝行 其他 社會的으로 指標가 된 事實이 有할 時는 契總會의 決議로서 表彰할 수 있다.
　副賞은 當時 總會에서 契費로서 決定支給키로 한다.

---

7) 원본에는 '則'을 '측'이라고 했으나 '칙'으로 통일하였다. 이하 같다.

8) 《학로계록》의 원본은 세로쓰기로 되어 있어서 '좌기(左記)'라고 되어 있으나, 본 책은 가로쓰기로 편집하였으므로 문장의 흐름에 맞게 '하기(下記)'로 수정했다. 이하 같다.

第十條 契員 中 當喪時 八條의 二項에 依하여 弔意를 下記와 如히 定한다.

一. 契員 死亡時는 弔旗 二幅과 白酒一斗를 表意하고 路奠祭를 올린다.

二. 父母 當喪時는 弔旗 一幅을 賻儀한다.

第十一條 八條 三項에 있어 鄕土의 美風良俗을 爲하여 下記 行爲를 한 者는 契長이 任員會를 召集하여 會에서 善導하는 뜻으로 本人으로 하여금 反省토록 訓戒한다.

一. 不孝하고 尊長에게 不順하며 社會 物議를 일으킨 者

第十二條 本 契員으로서 失格者는 下記 項目에 該當되는 者로 限한다.

一. 本人의 意思로 脫契 希望者

二. 契費와 總會 二回 以上 未納 不參者

三. 契員의 三分之二以上의 決議로 脫退 可決된 者

四. 脫契員은 契金 返還 請求를 할 수 없다.

第十三條 本 契員 中 五十歲 以上者는 鶴老契員이라 稱하고 五十 未滿者는 奉老契員이라 稱한다.

第十四條 本 契員 中 死亡한 者의 相續者로서 入契 希望者는 資格을 賦與한다.

第十五條 春期 總會 日字는 任員會에서 定하여 契員에게 通知한다. 臨時 總會는 契員 過半數 以上의 召集 要求와 任員會가 必要하다고 認定할 때 召集할 수 있다.

第十六條 秋期는 契金 收入을 爲하여 幹事會(任員會)를 開催한다.

附則

第十七條 本 契則의 改廢 및 修正·訂正은 契員의 三分之二以上 出席에 出席 契員 過半數 以上의 贊成으로 結定한다

第十八條 本 契則은 辛丑年 三月부터 施行한다

辛丑年 三月 日

創契 任員 名單(창계 임원 명단)

契長(계장) 李在權(이재권)

副契長(부계장) 梁水好(양수호)

總務(총무) 吳泰煥(오태환)

書記(서기) 李君善(이군선)

幹事(간사) 張圭度(장규도)

盧庸濟(노용제)

사. 鶴老契員 名簿(학로계원 명부)[9](1961년 신축년판)

	姓名(성명)	字(자)	号(호)	生年月日(생년월일)	膝下(슬하)	貫行(관행)
1	金漢壹(김한일)	權五(권오)	回山(회산)	庚寅 七月 四日(경인 칠월 사일)	炳基(병기)	蔚山(울산)
2	金學鉉(김학현)		春山(춘산)	辛巳 七月 二十三日(신사 칠월 이십삼일)	永天(영천)	光山(광산)
3	李相贊(이상찬)			壬辰 六月 十日(임진 육월 십일)	福基(복기)	星山(성산)
4	姜奉玉(강봉옥)		梅溪(매계)	壬辰 五月 十四日(임진 오월 십사일)	俊垞(준택)	晋陽(진양)
5	盧鍾殷(노종은)	回敬(회경)	保安(보안)	癸巳 十一月 二十四日(계사 십일월 이십사일)	陽範(양범)	光山(광산)
6	梁在銀(양재은)	在五(재오)	捿山(서산)	甲午 四月 十九日(갑오 사월 십구일)	漢錫(한석)	南原(남원)
7	姜壽熙(강수희)	周善(주선)	곡산	乙未 五月 二十六日(을미 오월 이십육일)		晋陽(진양)
8	梁敬長(양경장)	聖玉(성옥)	伊井(이정)	甲午 四月 四日(갑오 사월 사일)	在權(재권)	南原(남원)
9	梁會甲(양회갑)			丙申 四月 十八日(병신 사월 십팔일)	一星(일성)	南原(남원)
10	趙用伊(조용이)	國元(국원)		丙申 十月 二日(병신 십월 이일)	良濟(양제)	咸安(함안)

9) 《신축년판》에 수록된 계원은 모두 108명인데, 이 중에 학로계원(1914년 갑인년 이전 출생자)이 68명, 봉로계원(1915년 을묘년 이후 출생자)이 40명(69번 오태환 이하)이었다. 《임술년판》과 《기묘년판》에서도 이와 같은 기준으로 '학로계원'과 '봉로계원'으로 구분하여 수록하고 있다.

11	趙琪日(조기일)			丙申 十月 十五日(병신 십월 십오일)	永爕(영섭)	玉川(옥천)
12	朴判峯(박판봉)			丙申 四月 二十三日(병신 사월 이십삼일)	冬初(동초)	密陽(밀양)
13	韓判金(한판금)	昌五(창오)	학산	丙申 六月 二十四日(병신 육월 이십사일)	洪培(홍배)	清州(청주)
14	梁在丁(양재정)	珍元(진원)		丁酉 九月 九日(정유 구월 구일)	乙錫(을석)	南原(남원)
15	鄭禧祐(정희우)			戊戌 三月 十八日(무술 삼월 십팔일)	仁錫(인석)	晋陽(진양)
16	李在權(이재권)	敬石(경석)	仁溪(인계)	戊戌 七月 一日(무술 칠월 일일)	永錫(영석)	全州(전주)
17	梁水好(양수호)	秉洙(병수)	鶴山(학산)	庚子 十月 二十一日(경자 시월 이십일일)	三俊(삼준)	南原(남원)
18	金点祚(김점조)			辛丑 九月 五日(신축 구월 오일)	萬錫(만석)	慶州(경주)
19	鄭俊植(정준식)			辛丑 四月 十六日(신축 사월 십육일)	正喆(정철)	晋陽(진양)
20	韓道三(한도삼)			辛丑 七月 九日(신축 칠월 구일)	基錫(기석)	清州(청주)
21	河大雙(하대쌍)	極路(극로)		壬寅 正月 十三日(임인 정월 십삼일)	載模(재모)	晋陽(진양)
22	李敬宰(이경재)	順石(순석)		壬寅 八月 六日(임인 팔월 육일)	廷仁(정인)	全州(전주)
23	梁壽煥(양수환)			壬寅 八月 十二日(임인 팔월 십이일)	奉祚(봉조)	南原(남원)
24	徐明爕(서명섭)	明五(명오)		癸卯 四月 十八日(계묘 사월 십팔일)	炳五(병오)	達城(달성)
25	金永淳(김영순)	永道(영도)	溪山(계산)	癸卯 七月 十日(계묘 칠월 십일)	生洙(생수)	金海(김해)
26	金祥点(김상점)	德和(덕화)		甲辰 十一月 三日(갑진 십일월 삼일)	淳柱(순주)	蔚山(울산)
27	金彩龍(김채용)			乙巳 二月 二十六日(을사 이월 이십육일)		金海(김해)
28	崔乙秀(최을수)			乙巳 五月 九日(을사 오월 구일)	大益(대익)	慶州(경주)
29	金圭奉(김규봉)	聖九(성구)	仙堂(선당)	乙巳 五月 二十五日(을사 오월 이십오일)	澤龍(택용)	慶州(경주)
30	金点岩(김점암)			丙午 二月 六日(병오 이월 육일)	容培(용배)	金海(김해)
31	鄭再永(정재영)			丙午 五月 七日(병오 오월 칠일)	珉和(민화)	延日(연일)
32	梁仁壽(양인수)	漢世(한세)		丙午 三月 三日(병오 삼월 삼일)	錫伊(석이)	南原(남원)
33	李君善(이군선)			丙午 三月 十九日(병오 삼월 십구일)	成基(성기)	全州(전주)
34	李官宰(이관재)			丙午 六月 四日(병오 육월 사일)	容伊(용이)	全州(전주)
35	李賛玉(이찬옥)			丙午 六月 四日(병오 육월 사일)	容琪(용기)	全州(전주)
36	鄭義永(정의영)			丙午 十一月 二十二日(병오 십일월 이십이일)	正和(정화)	延日(연일)
37	李廷原(이정원)	廷玉(정옥)	農醫(농의)	丙午 八月 二十九日(병오 팔월 이십구일)	權揆(권규)	全州(전주)

38	양 재 경 梁 在 庚	재원 在元	묵당 默堂	경자 십월 이십일일 庚子 十月 二十一日	문석 文錫	남원 南原
39	이 도 재 李 道 宰	학기 學基		병오 십이월 구일 丙午 十二月 九日	정우 廷佑	전주 全州
40	김 성 두 金 聖 斗	성구 成九	고산 高山	병오 삼월 일일 丙午 三月 一日	동용 東容	김해 金海
41	노 종 천 盧 鍾 千	재주 在柱	묵산 默山	정미 십일월 칠일 丁未 十一月 七日	은제 殷濟	광산 光山
42	양 재 도 梁 在 道	돌이 乭伊		정미 칠월 오일 丁未 七月 五日	기석 基錫	남원 南原
43	이 만 재 李 萬 宰			정미 구월 오일 丁未 九月 五日	정두 廷斗	전주 全州
44	양 성 갑 梁 聖 甲	성순 聖淳	운호 雲虎	무신 십일월 이십구일 戊申 十一月 二十九日	홍석 洪錫	남원 南原
45	하 또 용 河 又 龍	정형 正亨		무신 정월 십오일 戊申 正月 十五日	재도 載道	진양 晋陽
46	양 재 길 梁 在 吉	성오 聖五	회천 檜川	무신 육월 십이일 戊申 六月 十二日	규석 奎錫	남원 南原
47	이 연 수 李 然 壽			무신 십이월 십이일 戊申 十二月 十二日	석규 錫圭	전주 全州
48	김 삼 순 金 三 淳	내순 乃淳		기유 이월 십칠일 己酉 二月 十七日	재종 在鍾	김해 金海
49	김 기 용 金 己 用	판영 判永		기유 육월 삼일 己酉 六月 三日	점준 点俊	경주 慶州
50	강 달 용 姜 達 龍			기유 육월 십오일 己酉 六月 十五日	점석 点錫	진양 晋陽
51	노 종 율 盧 鍾 律	금석 今錫		기유 이월 팔일 己酉 二月 八日	해용 海龍	광산 光山
52	강 우 명 姜 又 明	칠만 七萬	월봉 月奉	기유 칠월 십사일 己酉 七月 十四日	복태 福泰	진양 晋陽
53	손 흥 이 孫 興 伊			기유 십일월 십사일 己酉 十一月 十四日	수만 洙萬	밀양 密陽
54	강 재 희 姜 在 熙			임자 오월 십구일 壬子 五月 十九日	도세 道世	진양 晋陽
55	배 차 홍 裵 次 洪	태환 泰煥		경술 십일월 십칠일 庚戌 十一月 十七日	재문 在文	성주 星州
56	배 미 암 裵 米 岩	봉춘 奉春		경술 십이월 삼일 庚戌 十二月 三日	순선 順善	성주 星州
57	박 보 원 朴 普 源		율산 栗山	경술 칠월 이십오일 庚戌 七月 二十五日	만석 萬錫	함양 咸陽
58	강 태 석 姜 泰 錫			경술 칠월 칠일 庚戌 七月 七日	대희 大熙	진양 晋陽
59	장 규 도 張 圭 度	양진 良珍	정안 正安	신해 정월 이십구일 辛亥 正月 二十九日	주석 周錫	단양 丹陽
60	강 윤 범 姜 允 範			신해 육월 구일 辛亥 六月 九日	태철 泰喆	진양 晋陽
61	최 재 호 崔 在 浩			신해 육월 십팔일 辛亥 六月 十八日	도환 道煥	전주 全州
62	이 봉 환 李 鳳 煥			신해 시월 이십육일 辛亥 十月 二十六日	군섭 君燮	전주 全州
63	하 시 석 河 時 石	돌이 乭伊		신해 오월 십팔일 辛亥 五月 十八日	현규 賢揆	진양 晋陽
64	노 용 제 盧 庸 濟	성진 性珍	운당 雲堂	계축 팔월 사일 癸丑 八月 四日	병환 柄煥	광산 光山

65	김신태 金新台			계축 시월 십육일 癸丑 十月 十六日	용도 龍道	김해 金海
66	양재천 梁在千	홍수 洪水		계축 칠월 십구일 癸丑 七月 十九日	도석 道錫	남원 南原
67	이점재 李点宰			계축 사월 이십칠일 癸丑 四月 二十七日	정석 廷錫	전주 全州
68	도영조 都永祚			갑인 사월 칠일 甲寅 四月 七日	봉선 奉善	성주 星州
69	오태환 吳泰煥	인범 仁範	송학 松鶴	을묘 정월 이십육일 乙卯 正月 二十六日	동수 東洙	해주 海州
70	하병정 夏秉鼎			을묘 정월 이십칠일 乙卯 正月 二十七日	국현 國鉉	달성 達城
71	이정환 李廷煥			병진 이월 이십육일 丙辰 二月 二十六日	경규 慶揆	전주 全州
72	오위수 吳胃秀			정유 구월 십일 丁酉 九月 十日	범환 範煥	해주 海州
73	김현옥 金顕玉			을사 시월 오일 乙巳 十月 五日	영배 永培	김해 金海
74	이정하 李廷夏			신유 육월 십육일 辛酉 六月 十六日	갑규 甲揆	전주 全州
75	박재석 朴在錫	화춘 花春	광석 光石	병진 정월 이십오일 丙辰 正月 二十五日	순환 淳煥	면천 沔川
76	신문성 愼文晟			정사 시월 십일일 丁巳 十月 十一日	길범 吉範	거창 居昌
77	정상태 鄭祥泰			병진 오월 일일 丙辰 五月 一日	학구 學九	진양 晉陽
78	강대희 姜大熙			기미 이월 칠일 己未 二月 七日	도신 道信	진양 晉陽
79	노신준 盧辛俊	종호 鍾昊	회곡 回谷	신유 정월 칠일 辛酉 正月 七日	수제 洙濟	광산 光山
80	노관석 盧寬錫			신유 정월 이일 辛酉 正月 二日	도영 道永	광산 光山
81	박순봉 朴淳鳳	중모 重模	학봉 鶴峯	신유 구월 이십육일 辛酉 九月 二十六日	인동 麟東	면천 沔川
82	노길제 盧吉濟			임술 오월 이일 壬戌 五月 二日	병화 柄和	광산 光山
83	이재우 李在雨			을축 사월 사일 乙丑 四月 四日	상길 相吉	경주 慶州
84	김귀선 金貴善			무오 시월 십일 戊午 十月 十日	영규 永揆	김해 金海
85	이금수 李今秀			계해 십일월 이일 癸亥 十一月 二日	병환 柄煥	전주 全州
86	이지환 李之煥			무진 십이월 이십 삼일 戊辰 十二月 二十 三日	현호 顕浩	합천 陜川
87	변영조 卞永祚			무진 팔월 십육일 戊辰 八月 十六日	장식 長植	밀양 密陽
88	김기현 金奇鉉			경오 오월 칠일 庚午 五月 七日	점석 点錫	김해 金海
89	서귀동 徐貴童			신미 오월 육일 申未 五月 六日	봉조 奉祚	달성 達城
90	문준헌 文俊憲			기사 이월 이십사일 己巳 二月 二十四日		남평 南平
91	문달식 文達植			기사 칠월 삼일 己巳 七月 三日	한건 漢建	남평 南平

92	이재영 李在永			기사 십이월 이십팔일 己巳 十二月 二八日	상민 相旻	성산 星山
93	노종수 盧鍾壽	종운 鍾云	농은 農隱	계묘 사월 팔일 癸卯 四月 八日	한영 漢永	광산 光山
94	김기언 金奇彦			을묘 구월 팔일 乙卯 九月 八日	택권 澤權	김해 金海
95	조상용 趙祥龍			정사 육월 이십일 丁巳 六月 二十日	병래 丙來	함안 咸安
96	이대보 李大甫			신축 육월 이십육일 辛丑 六月 二十六日	범영 凡永	전주 全州
97	이정덕 李廷德			신유 칠월 십삼일 辛酉 七月 十三日	종규 宗揆	전주 全州
98	양재성 梁在聖	우성 又聖		신해 사월 십이일 辛亥 四月 十二日	상석 祥錫	남원 南原
99	이정범 李廷範			정미 칠월 삼십일 丁未 七月 三十日	창규 昌揆	전주 全州
100	김평교 金坪敎			경신 십이월 십칠일 庚申 十二月 十七日		울산 蔚山
101	박순갑 朴淳甲	중선 重善		을축 사월 십일일 乙丑 四月 十一日	규동 奎東	면천 沔川
102	도점용 都点庸			신해 삼월 사일 辛亥 三月 四日	형선 亨善	성주 星州
103	노종억 盧鍾億	태주 泰柱		갑인 이월 육일 甲寅 二月 六日	판제 判濟	광산 光山
104	김성권 金聖權			임자 십일월 이십사일 壬子 十一月 二四日	재영 在永	김해 金海
105	노범제 盧範濟			계해 정월 십오일 癸亥 正月 十五日	병식 柄植	광산 光山
106	조동칠 趙東七			경오 오월 십구일 庚午 五月 十九日	성구 成九	풍양 豊壤
107	박순옥 朴淳玉	중길 重吉		임인 오월 이십오일 壬寅 五月 二十五日	한동 漢東	면천 沔川
108	노인제 盧仁濟		송암 松岩	임술 십이월 십팔일 壬戌 十二月 十八日	병조 柄祚	광산 光山
				이하 빈칸		

02
임술년판(壬戌年版) 학로계록
(1982년, 두 번째 계록)

가. 임술년판 계록의 개요

1976년 청학루가 건립된 이후, 1982년에《임술년판〉학로계록이 만들어진 것으로 보이는데, 계칙이 한글 문장으로 바뀌었고, 청학동 건립과 관련된 자료, 즉 사업실적, 청학루 건립 취지문, 청학루기, 청학루 낙성 시축(축시) 등이 포함되어 70페이지에 달했다. 표지는 치자물을 들인 황색이고, 장정은 5개의 구멍을 뚫어 붉은 실로 꿰매는 전통적인 '오침안정법(五針眼訂法)'을 써서 제작했다. 판형의 크기는 가로 180mm×세로 255mm였다.

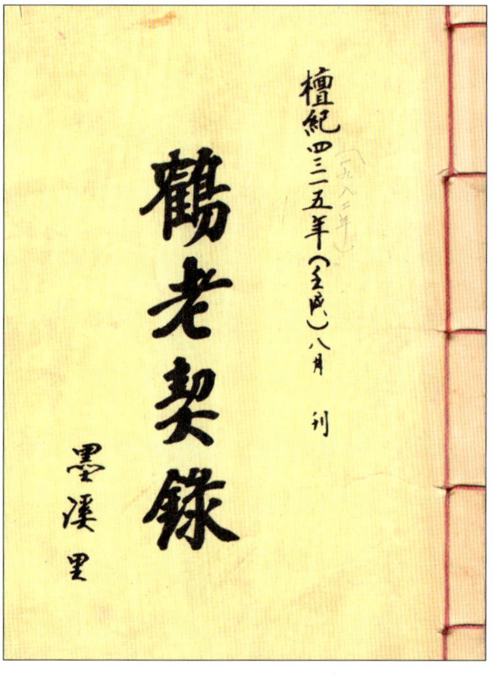

두 번째 학로계록 표지. 묵계리의 '묵(墨)'은 '묵(黙)'의 오기(誤記)이다.

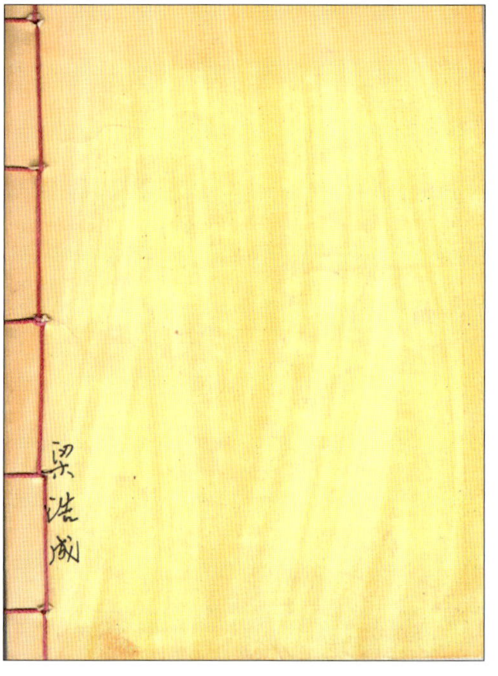

표지는 황색. 이하,《임술년판》혹은《壬戌年版》이라 한다(자료 제공: 양호성 선배).

나. 임술년판(壬戌年版) 원본 둘러보기

(1) 학로계 취지문

《임술년판(壬戌年版)》에는 《신축년판(辛丑年版)》의 내용을 포함하고 있으나 족보 · 문집 등을 전문으로 하는 '일신인쇄사(日新印刷社)'(진주시)에서 활판본으로 인쇄했다. 제목을 《학로계록(鶴老契錄)》으로 단순화하고 1982년 8월 출판했다. 다음은 《임술년판(壬戌年版)》 학로계 취지문, 계칙, 회원 명단 등이다.

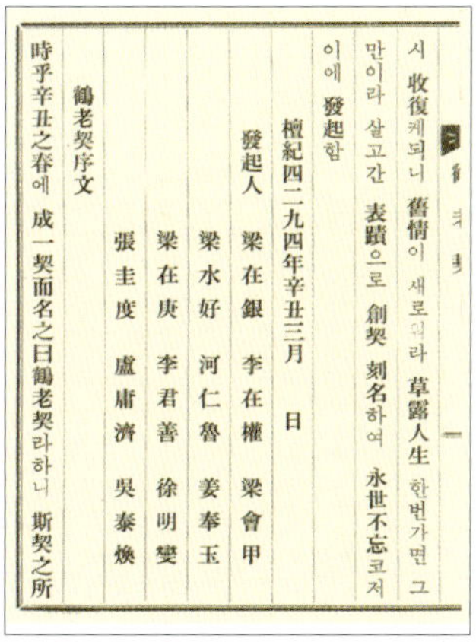

시 收復케되니 舊情이 새로워라 草露人生 한번가면 그
만이라 살고간 表蹟으로 創契 刻名하여 永世不忘코저
이에 發起함

檀紀四二九四年辛丑三月 日

發起人 梁在銀 李在權 梁會甲
梁水好 河仁魯 姜奉玉
梁在庚 李君善 徐明燮
張圭度 盧庸濟 吳泰煥

鶴老契序文

時乎辛丑之春에 成一契而名之曰鶴老契라하니 斯契之所

〈학로계 취지문〉(일부) 및 〈학로계 서문〉

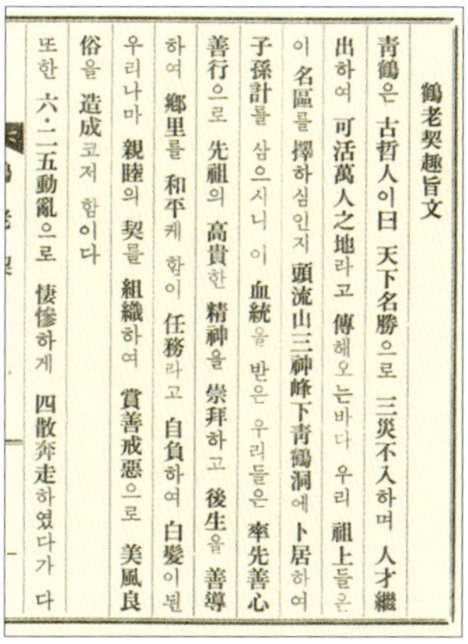

鶴老契趣旨文

青鶴은 古哲人이曰 天下名勝으로 三災不入하며 人才繼
出하여 可活萬人之地라고 傳해오는바다 우리 祖上들은
이 名區를 擇하심인지 頭流山三神峰下青鶴洞에 卜居하여
子孫計를 삼으시니 이 血統을 받은 우리들은 率先善心
善行으로 先祖의 高貴한 精神을 崇拜하고 後生을 善導
하여 鄉里를 和平케 함이 任務라고 自負하여 白髮이된
우리나마 親睦의 契를 組織하여 賞善戒惡으로 美風良
俗을 造成코저 함이다
또한 六·二五動亂으로 悽慘하게 四散奔走하였다가 다

〈학로계 취지문〉(일부)

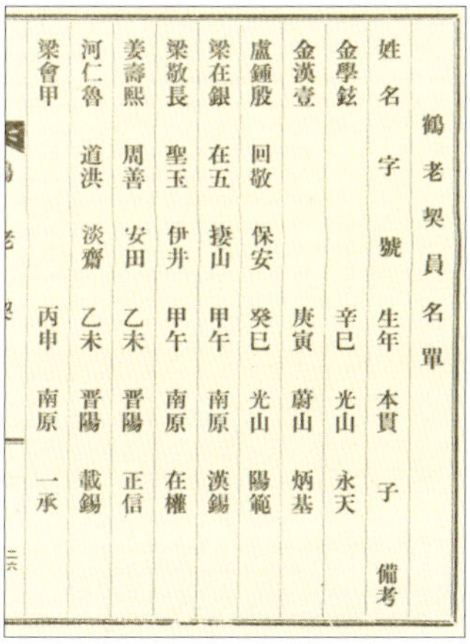

鶴老契員名單

姓名	字	號	生年	本貫	子	備考
金學鉉			辛巳	光山	永天	
金漢壹			庚寅	蔚山	炳基	
盧鍾殷	回敬	保安	癸巳	光山	陽範	
梁在銀	在五	捿山	甲午	南原	漢錫	
梁敬長	聖玉	伊井	甲午	南原	在權	
姜壽熙	周善	安田	乙未	晋陽	正信	
河仁魯	道洪	淡齋	乙未	晋陽	載錫	
梁會甲			丙申	南原	一承	

二六

〈학로계원 명단〉(일부)

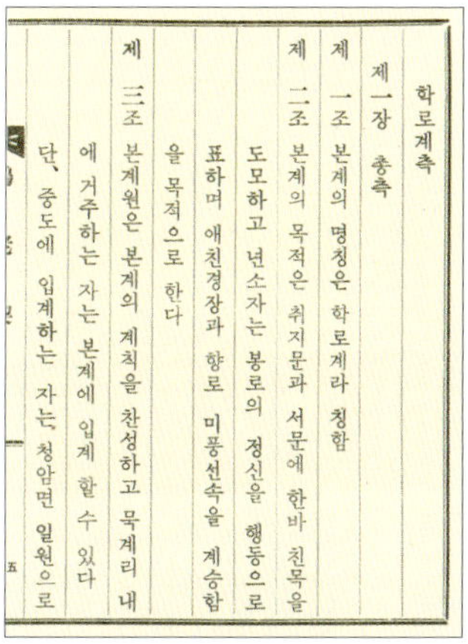

학로계측

제一장 총측

제 一조 본계의 명칭은 학로계라 칭함
제 二조 본계의 목적은 취지문과 서문에 한바 친목을
도모하고 년소자는 봉로의 정신을 행동으로
표하며 애친경장과 향로 미풍선속을 계승함
을 목적으로 한다
제 三조 본계원은 본계의 계칙을 찬성하고 묵계리 내
에 거주하는 자는 본계에 입계 할 수 있다
단、중도에 입계하는 자는、청암면 일원으로

五

〈학로계칙〉(일부)

(2) 묵계리도

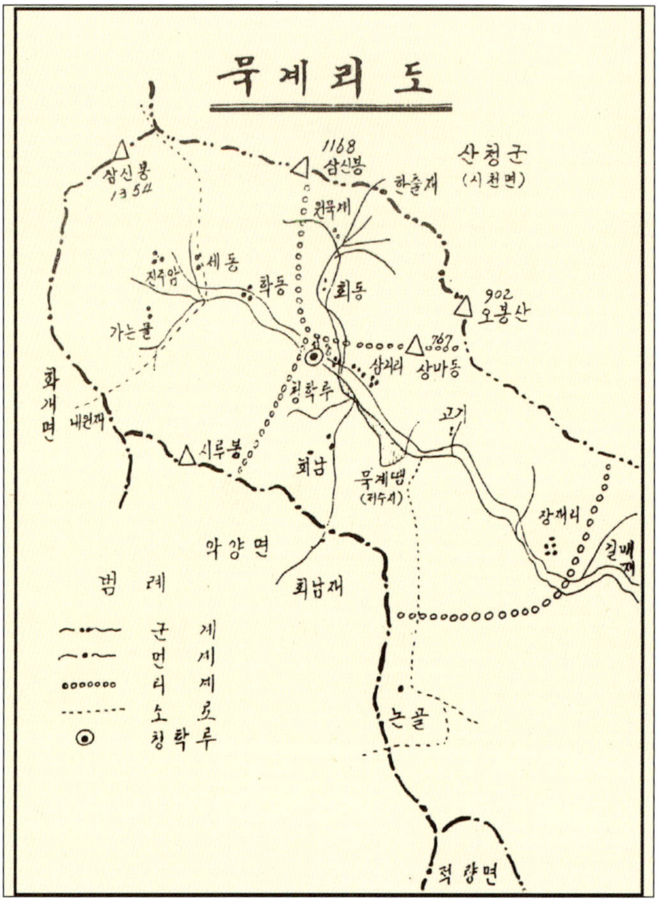

이 묵계리도는《임술년판》과《기묘년판》에도 있다

(3) 청학동 부근도 : 신축년판과 중복, 생략

다. 鶴老契 趣旨文(학로계 취지문) : 신축년판과 중복, 생략

라. 鶴老契 序文(학로계 서문) : 신축년판과 중복, 생략

마. 鶴老契記

夫鶴老契者는 頭流山之西麓에古人所謂有青鶴洞而中有居民鶴壽老人이 辛丑之春에 成契也라. 北有三神峰하고 南有回南嶺하고 西有甑峰하고 東有五峰山하니 其間黙溪林壑이 蔚然深秀하야 兩峽清溪가 潺潺流下則桃花流水谷中天之詩가 非虛言也로다. 鶴洞에 有眞珠庵하고 檜洞에 有麗世寺刹之古墟焉하니 絶壁垣墻이 如前餘在하고 奇形石佛이 于今尙存하니 此區之仙界를 可知矣로다. 秦之武陵桃源이 今之青鶴洞者相似而三災不入하고 八難이 不侵之處也라. 有此別界而非俗人容易往來故로 古云雷破石門하야 可容駟馬라더니 今旣電力破石하야 直通大路하니 古之傳說이 如合符節矣로다. 山勢가 逶迤之間에 數家村落이 往往有之하니 至此局內가 平坦故로 住民이 近三百餘戶 而學校之設이 雄壯하고 陶瓦鉛屋이 櫛比華麗하니 桑田碧海를 有誰知之오 人事가 日益變遷하고 技術文化가 向上發展이라 然이나 世降俗偸하야 經殘敎弛하고 紀綱이 頹敗하야 長幼之序와 男女之別이 無分이라. 故로 吾洞이 以呂氏鄕約之規로 欲效實踐하야 鶴老契員一同이 以美風良俗으로 相扶相助하니 是亦記載於郡誌而一年一度暮春之節에 相招會合하야 遊詠談笑러니 及歲久之餘丙辰春에 以契財로 擇地而三巨하야 又成青鶴樓 則此樂이 亦無窮也라. 豈不美哉아. 父老는 與鶴髮로 同壽하고 年少之人은 亦以奉老之義로 從遊 治石刻名하야 以示永世不忘之意云이라.

歲丙辰春下浣日 光山 盧庸濟 記

■ 학로계기

학로계는 두류산 서쪽에 옛사람들이 말하던 청학동이 있는데 그곳에 오랫동안 살아온 노인들이 신축년 봄에 계를 만든 것이다.

북쪽에는 삼신봉이 있고 남쪽으로는 회남재가 있으며 서쪽에는 시리봉이 있고 동쪽에는 오봉산이 있으니, 그 사이 묵계골은 숲이 울창하고 골은 깊고 빼어나다. 골짝의 맑은 시냇물이 잔잔히 흘러내리니 〈도화유수 곡중천〉[10]이라는 시(詩)가 허언이 아니로다.

학동에 진주암이 있고, 회동에 고려 시대 옛 사찰 터가 있으니 절벽과 같이 높은 담장과

10) 도화유수 곡중천(桃花流水 谷中天): 복숭아꽃이 피고 물이 흐르는 무릉도원

기형의 석불이 지금까지 남아있어서 이곳이 선계임을 알 수 있다.

진(秦)나라 때의 '무릉도원'이 오늘날 청학동과 서로 비슷하여 삼재가 들지 않고 팔란[11]이 침노치 못하는 곳이다. 이 같은 별계 이어서 속인들이 쉽게 왕래하지 못하였으므로 옛 기록에서 이르기를 '우레[천둥]가 석문을 부수어 사마거(四馬車)가 다닐 수 있게될 것이라' 하더니 오늘날 전기를 이용하여 돌을 깨고 대로가 직통하니 옛부터 전해오던 이야기가 부절(符節)[12]을 합한 것과 같다.

산세가 구불구불한 사이에 몇 가구의 마을이 듬성듬성 있으며 이 국내(局內)가 평탄하여 주민이 300여 호에 가까웠다. 설립된 학교가 웅장하고 기와집과 함석집이 즐비하고 화려하니 상전벽해가 될 줄 누가 알았으니. 인사(人事)가 날마다 변천하고 기술문화가 향상되고 발전하였다. 그러나 세월이 흐를수록 풍속이 구차하여 규범이 없어지고 가르침이 해이하여 기강(紀綱)이 퇴패(頹敗)하여 장유(長幼)의 질서와 남녀의 분별이 없어졌다. 그러므로 우리 골[洞]이 여씨(呂氏) 향약의 법을 본받고 실천하여 학로계원 일동이 미풍양속으로 서로 서로 도우니 이를 또한 군지(郡誌)에 기재하고 일 년에 한 번 늦은 봄에 모여 시 읊고 즐겁게 놀았다. 오랜 세월이 흐른 뒤 병진년 봄에 계의 재산으로 삼거리에 터를 정하고, 또한 청학루를 완성하니 이 즐거움 또한 무궁하도다 어찌 아름답지 아니한가.

노인들은 학처럼 오래 살고 젊은이들은 또한 노인을 받드는 의(義)로 함께하여 돌을 다듬고 이름을 비석에 새겨서 오랜 세월이 흘러도 잊지 않겠다는 의지를 드러내었다.

병진년(서기 1976년) 늦은 봄에 광산 노용제 쓰다

바. 鶴老契韻(학로계운) : 중복, 생략

11) 삼재팔란(三災八難)은 '세 가지 재앙'과 '여덟 가지 난'이라는 뜻으로, 모든 재앙과 곤란을 이르는 말이다. 삼재는 불교에서 '화재, 수재, 풍재'의 세 가지 재앙을 의미하기도 하고, 사람에게 닥치는 세 가지 재해, 즉, 도병(刀兵), 기근(饑饉), 질역(疾疫)을 말하기도 한다(네이버 국어사전에서 발췌).

12) 부절(符節)은 예전에 돌이나 대나무 · 옥 등으로 만들어 신표로 삼던 물건이다. 주로 사신들이 가지고 다녔는데 둘로 갈라서 하나는 조정에 보관하고 하나는 본인이 가지고 다니면서 신분의 증거로 사용하였다. "부절을 맞춘 듯 하다." 라는 말은 꼭 들어맞는 경우를 비유적으로 이를 때 쓰는 속담이다. 이 부절과 각인(刻印)을 아울러 부인(符印)이라고 한다(네이버 국어사전에서 발췌).

사. 학로계칙(임술년판)[13)]

제一장 총칙

제一조 본 계의 명칭은「학로계」라 칭한다.

제二조 본 계의 목적은 취지문과 서문에서 정한 바와 같이 친목을 도모하고 연소자는 봉로(奉老)의 정신을 행동으로 나타내며 애친(愛親) 경장(敬長)과 향토 미풍 선속을 계승함을 목적으로 한다.

제三조 본 계원은 본 계의 계칙을 찬성하고 묵계리 내에 거주하는 자는 본 계에 입회할 수 있다. 단, 중도에 입계하는 자는 청암면 일원으로 확대하여 총회에서 3분의 2 이상의 찬동으로 계원 자격을 얻을 수 있다.

제四조 본 계의 운영을 위하여 계장 1명, 부계장 1명, 총무 1명, 감사 2명, 간사 약간 명을 둔다.

제五조 四조의 임원의 임기는 1년으로 정하고 총회에서 선출한다. 단, 중임도 할 수 있다.

제六조 계장은 본 계의 목적달성을 위하여 계무를 총괄하고 계비 수지 일체를 책임진다. 부계장은 계장을 보좌하며 계장 유고 시에는 계장의 임무를 대행한다. 총무는 본 계의 사무 일체를 관장하며 계장의 명에 의하여 계무(계의 업무)를 집행한다. 감사는 계무 전반을 감사한다. 간사는 계무 집행의 의결과 계원 모든 행사에 수신 연락 경비 징수 또는 행사 준비를 한다.

제二장 계무

제七조 계비는 계원의 출자로서 계무를 운영한다. 단, 계 총회비는 당일 계원 각자가 부담한다. 계 자금이 풍부할 때는 이식으로 지출한다.

제八조 계의 목적을 달성하기 위하여 하기(下記)와 같이 경조 조항을 정하고 실천한다.

一. 경사 및 선행 효행 표창

二. 조의

13) 1982년의《임술년판》이후에는 '계칙'을 한글로만 기술했다. 1961년의《신축년판》과 크게 달라진 점은 다음과 같다. ○회원 자격을 '청암면 내로 확대'(제3조), ○'감사'(제4조)를 두었다, ○회원 선화(仙化) 시 조기를 1폭으로 줄이고 대신 처상(妻喪)을 신설하여 조기 1폭을 추가(10조), ○16조 이하를 '제3장 총회와 임원회'로 분리하고, '총회일(양력 5월 10일)에 우천 시는 익일로 순연한다.'라는 내용 등을 포함했다.

三. 지도

四. 사임

제九조 八조 一항에 의하여 본 계원 및 묵계리 내에 선행 및 효행 기타 사회적으로 지표가 된 사실이 유할 시는 계 총회의 결의로서 표창한다. 부상은 당시 총회 또는 임원회에서 계비로서 결정 지급한다.

제十조 계원 중 당상시 八조의 二항에 의하여 조의를 하기와 같이 정한다.

一. 계원 선화(仙化) 시는 조기 한(一) 폭과 탁주 한(壹) 말을 부의하고 노전제를 올린다.

二. 부모 당상 시와 처상에는 조기 한 폭을 부의한다.

제十一조 八조 三항에 의하여 향토의 미풍양속을 위하여 좌기 행위를 한 자는 계장이 임원회를 소집하여 회에서 선도하는 뜻으로 본인으로 하여금 반성토록 훈계한다.

一. 불효하고 존장에게 불경하여 사회 물의를 일으킨 자.

제十二조 八조 四항에 의하여 계원의 기본금 또는 협찬금으로 총회의 결의로 자체 사업 또는 사회사업을 할 수 있다.

제十三조 본 계원으로서 실격자는 하기 항목에 해당하는 자로 한다.

一. 본인의 의사로 탈계 희망자

二. 계비와 총회 2회 이상 미납 불참자

三. 계원 3분의 2 이상의 결의로서 탈퇴 가결된 자

四. 탈퇴 계원은 계금 반환 청구를 할 수 없다.

제十四조 본 계원은 五十세 이상으로 하고 五十세 미만은 봉로계원으로서 본계를 도운다.

제十五조 본 계원 중 사망한 자의 상속자는 자동 속계자가 된다.

제三장 총회와 임원회

제十六조 총회는 정기총회와 임시총회를 둔다.

一. 정기총회는 매년 양력 五月 十日로 정하되 우천일 때 익일(翌日)로 순연한다. 단 특별한 천재지변이 발생할 시 임원회의 결의로서 변경 통지한다.

二. 임시총회는 계원의 과반수 소집 요구와 임원회가 필요하다고 인정할 때 소집한다.

제十七조 임원회는 매년 추수기에 계금 징수를 위하여 개최한다.

부칙

第十八조 본 계칙의 개폐 및 수정 증정은 계원 3분의 2 이상 출석에 출석계원 과반수 이상의 찬동으로 결정한다.

第十九조 본 계칙은 辛丑年 三月 日부터 시행한다.

辛丑(西紀一九六一年) 三月 日

창계시 임원 명단

계 장	이재권(李在權)
부계장	양수호(梁水好)
총 무	오태환(吳泰煥)
간사서기	이군선(李君善)
간 사	장규도(張圭度)
간 사	노용제(盧庸濟)

아. 鶴老契員 名簿(1982년 임술년판)[14]

(학로계원 명부)

성명 姓名		자 字	호 号	생년 간지 서기 연대 生年의 干支(西紀 年代)	본관 本貫	자 子	비고 備考
1	김학현 金學鉉			신사 辛巳(1881년)	광산 光山	영천 永天	
2	김한일 金漢壹			경인 庚寅(1890년)	울산 蔚山	병기 炳基	
3	노종은 盧鍾殷	회경 回敬	보안 保安	계사 癸巳(1893년)	광산 光山	양범 陽範	
4	양재은 梁在銀	재오 在五	서산 捿山	갑오 甲午(1894년)	남원 南原	한석 漢錫	
5	양경장 梁敬長	성옥 聖玉	이정 伊井	갑오 甲午(1894년)	남원 南原	재권 在權	
6	강수희 姜壽熙	주선 周善	안전 安田	을미 乙未(1895년)	진양 晋陽	정신 正信	
7	하인로 河仁魯	도홍 道洪	담제 淡齊	을미 乙未(1895년)	진양 晋陽	재석 載錫	
8	우상근 禹相根			을미 乙未(1895년)	단양 丹陽	종열 鍾烈	
9	양회갑 梁會甲			병신 丙申(1896년)	남원 南原	일승 一承	
10	조용이 趙用伊			병신 丙申(1896년)	함안 咸安	봉래 鳳來	
11	조기일 趙璂日	정익 政翼		병신 丙申(1896년)	옥천 玉川	영섭 永燮	
12	박판봉 朴判峯			병신 丙申(1896년)	밀양 密陽	동초 冬初	
13	한판금 韓判金	창오 昌五		병신 丙申(1896년)	청주 淸州	홍배 洪培	
14	강봉옥 姜奉玉		매계 梅溪	정유 丁酉(1897년)	진양 晋陽	준택 俊垞	
15	오위수 吳胃秀			정유 丁酉(1897년)	해주 海州	범환 範煥	
16	양재정 梁在丁	진원 珍元		정유 丁酉(1897년)	남원 南原	을석 乙錫	
17	정희우 鄭禧祐			무술 戊戌(1898년)	진양 晋陽	인석 仁錫	
18	이재권 李在權	경석 敬石	인계 仁溪	무술 戊戌(1898년)	전주 全州	일석 日錫	
19	양수호 梁水好	병수 秉洙	학산 鶴山	기해 己亥(1899년)	남원 南原	삼준 三俊	한근 漢根

14) 1961년 《신축년판》에 수록된 학로계(봉로계 포함) 회원은 모두 108명이었으나 1982년에 출판된 《임술년판》에는 167명이 수록되어 회원 수가 59명이나 증가하였다. 그 내역을 살펴보면, 신축년 판에 수록된 회원 중에서 7명(이상찬, 김채용, 김현옥, 문준헌, 김평교, 도점용, 이봉환)이 탈계하고, 하인로 등 66명이 추가로 가입한 것으로 보인다. 이렇게 회원이 늘어난 이유는, 첫째, 학로계가 활성화되면서 중도 입계자가 늘어났고, 둘째, 계칙 제15조에 따라 본 계원 중 사망한 자의 상속자가 대부분 그 회원 자격을 속계 받았으며, 셋째, 계칙 제3조의 단서 조항을 수정하여 '회원 자격을 묵계리에서 청암면'으로 함으로써 입계한 사람이 늘어난 것이 원인이었을 것으로 추측된다. 《임술년판》에서는 생년의 '서기 연대'를 추가하였고, 생년 순으로 일부 순서를 조정한 흔적이 보인다.

20	崔敬秀(최경수)		林隱(임은)	庚子(경자)(1900년)	慶州(경주)	淳在(순재)	
21	梁在庚(양재경)	在元(재원)	黙堂(묵당)	庚子(경자)(1900년)	南原(남원)	文錫(문석)	
22	金点祚(김점조)			辛丑(신축)(1901년)	慶州(경주)	萬錫(만석)	
23	鄭俊植(정준식)			辛丑(신축)(1901년)	晋陽(진양)	正喆(정철)	
24	李大甫(이대보)			辛丑(신축)(1901년)	全州(전주)	凡永(범영)	
25	韓道三(한도삼)			辛丑(신축)(1901년)	淸州(청주)	基錫(기석)	
26	河大雙(하대쌍)	極路(극로)		壬寅(임인)(1902년)	晋陽(진양)	載模(재모)	
27	李敬宰(이경재)	順石(순석)		壬寅(임인)(1902년)	全州(전주)	廷仁(정인)	
28	梁壽煥(양수환)			壬寅(임인)(1902년)	南原(남원)	奉祚(봉조)	
29	徐明燮(서명섭)	明伍(명오)		癸卯(계묘)(1903년)	達城(달성)	炳五(병오)	
30	盧鍾壽(노종수)	鍾云(종운)	農隱(농은)	癸卯(계묘)(1929년)	光山(광산)	漢永(한영)	
31	金永淳(김영순)	永道(영도)	溪山(계산)	癸卯(계묘)(1903년)	金海(김해)	生洙(생수)	
32	金祥点(김상점)	德和(덕화)		甲辰(갑진)(1904년)	蔚山(울산)	順柱(순주)	
33	崔乙秀(최을수)			乙巳(을사)(1905년)	慶州(경주)	大翌(대익)	
34	金圭奉(김규봉)	聖九(성구)	仙堂(선당)	乙巳(을사)(1905년)	慶州(경주)	垞龍(택용)	
35	金点岩(김점암)			丙午(병오)(1906년)	金海(김해)	容培(용배)	
36	鄭再永(정재영)			丙午(병오)(1906년)	延日(연일)	旼和(민화)	
37	梁仁壽(양인수)	漢世(한세)		丙午(병오)(1906년)	南原(남원)	錫伊(석이)	
38	李君善(이군선)			丙午(병오)(1906년)	全州(전주)	成基(성기)	
39	李官宰(이관재)	壽宰(수재)		丙午(병오)(1906년)	全州(전주)	容伊(용이)	
40	李賛玉(이찬옥)			丙午(병오)(1906년)	全州(전주)	容琪(용기)	
41	鄭義永(정의영)	点三(점삼)		丙午(병오)(1906년)	延日(연일)	正和(정화)	
42	李廷原(이정원)	廷玉(정옥)	農醫(농의)	丙午(병오)(1906년)	全州(전주)	巾揆(건규)	
43	李道宰(이도재)	學基(학기)		丙午(병오)(1906년)	全州(전주)	廷佑(정우)	
44	金聖斗(김성두)	成九(성구)	高山(고산)	丙午(병오)(1906년)	金海(김해)	東鎔(동용)	
45	盧鍾千(노종천)	在柱(재주)		丁未(정미)(1907년)	光山(광산)	殷濟(은제)	
46	梁在道(양재도)	乭伊(돌이)		丁未(정미)(1907년)	南原(남원)	基錫(기석)	

47	변관일 卞寬一	동이 東伊	죽천 竹川	정미 丁未(1907년)	밀양 密陽	용대 容大	
48	이정범 李廷範			정미 丁未(1907년)	전주 全州	창규 昌揆	
49	이만재 李萬宰			정미 丁未(1907년)	전주 全州	정두 廷斗	
50	노종도 盧鍾道	종길 鍾吉		정미 丁未(1907년)	광산 光山	윤제 潤濟	
51	양성갑 梁聖甲	성순 聖淳	운호 雲虎	무신 戊申(1908년)	남원 南原	홍석 洪錫	
52	하또용 河又龍	정형 正亨		무신 戊申(1908년)	진양 晋陽	재도 載道	
53	양재길 梁在吉	성오 聖五	회천 檜川	무신 戊申(1908년)	남원 南原	규석 圭錫	
54	이연수 李然壽	덕천 德川	월계 月溪	무신 戊申(1908년)	전주 全州	석규 錫圭	
55	김삼순 金三淳	내순 乃淳		기유 己酉(1909년)	김해 金海	재종 在鍾	
56	김기용 金己用	판영 判永		기유 己酉(1909년)	경주 慶州	점준 点俊	
57	강달용 姜達龍			기유 己酉(1909년)	진양 晋陽	점석 点錫	
58	노종율 盧鍾律	금석 今錫		기유 己酉(1909년)	광산 光山	해용 海龍	
59	강우명 姜又明	칠만 七萬	월봉 月奉	기유 己酉(1909년)	진양 晋陽	복태 福泰	
60	손흥이 孫興伊	손흥 孫興		기유 己酉(1909년)	밀양 密陽	수만 守萬	
61	배차홍 裵次洪	태환 泰煥		경술 庚戌(1910년)	성주 星州	재문 在文	
62	배미암 裵米岩	봉춘 奉春		경술 庚戌(1910년)	성주 星州	갑조 甲祚	
63	박보원 朴普源	임원 任源	향정 香亭	경술 庚戌(1910년)	함양 咸陽	만석 萬錫	
64	강태석 姜泰錫			경술 庚戌(1910년)	진양 晋陽	대희 大熙	
65	장규도 張圭度	양진 良珍	정안 正安	신해 辛亥(1911년)	단양 丹陽	주석 周錫	
66	양재성 梁在聖	또성 又聖		신해 辛亥(1911년)	남원 南原	용석 龍錫	
67	강윤범 姜允範			신해 辛亥(1911년)	진양 晋陽	태철 泰喆	
68	최재호 崔在浩			신해 辛亥(1911년)	전주 全州	도환 道煥	
69	하시석 河時石	돌이 乭伊		신해 辛亥(1911년)	진양 晋陽	현규 賢揆	
70	조남득 趙南得	남준 南俊	춘호 春湖	임자 壬子(1912년)	함안 咸安	수명 秀明	
71	김성권 金聖權		두암 斗岩	임자 壬子(1912년)	김해 金海	재영 在永	
72	강태희 姜泰熙	재희 在熙		임자 壬子(1912년)	진양 晋陽	도세 道世	
73	노용제 盧庸濟	성진 性珍	운당 雲堂	계축 癸丑(1913년)	광산 光山	병환 柄煥	

74	김신태 金新台			계축 癸丑(1913년)	김해 金海	용도 龍道	
75	양재천 梁在千	홍수 洪水	성천 成川	계축 癸丑(1913년)	남원 南原	도석 道錫	
76	이점재 李点宰			계축 癸丑(1913년)	전주 全州	정화 廷和	
77	도영조 都永祚			갑인 甲寅(1914년)	성주 星州	봉선 奉善	
78	노종억 盧鍾億	태주 泰柱		갑인 甲寅(1914년)	광산 光山	판제 判濟	
				이상 학로계원			

봉로계원
奉老契員

	성명 姓名	자 字	호 号	생년 서기 연대 生年(西紀 年代)	본관 本貫	자 子	비고 備考
79	오태환 吳泰煥	인범 仁範	송학 松鶴	을묘 乙卯(1915년)	해주 海州	동수 東洙	
80	김기언 金奇彦			을묘 乙卯(1915년)	김해 金海	택권 澤權	
81	안수필 安壽弼			을묘 乙卯(1915년)	순흥 順興	재영 在永	
82	노대제 盧大濟			을묘 乙卯(1915년)	광산 光山	병주 炳柱	
83	하병정 夏秉鼎			을묘 乙卯(1915년)	달성 達城	국현 國鉉	
84	노종완 盧鍾完			을묘 乙卯(1915년)	광산 光山	봉제 鳳濟	
85	이정환 李廷煥	정태 廷泰		병진 丙辰(1916년)	전주 全州	경규 慶揆	
86	박재석 朴在錫	화춘 花春	광석 光石	병진 丙辰(1916년)	면천 沔川	순환 淳煥	
87	정상태 鄭祥泰			병진 丙辰(1916년)	진양 晋陽	학구 學九	
88	정덕영 鄭德永			병진 丙辰(1916년)	연일 延日	창화 昶和	
89	하상준 河相駿			병진 丙辰(1916년)	진양 晋陽	원용 原鎔	
90	조상용 趙祥龍			정사 丁巳(1917년)	함안 咸安	병래 丙來	
91	신문성 愼文晟			정사 丁巳(1917년)	거창 居昌	길범 吉範	
92	박주수 朴周壽			정사 丁巳(1917년)	함양 咸陽	영식 永植	
93	김규안 金圭按			정사 丁巳(1917년)	경주 慶州		
94	김재욱 金在旭			정사 丁巳(1917년)	김해 金海	보곤 保坤	
95	김복진 金福震	연복 連福		정사 丁巳(1917년)	경주 慶州	재도 在道	
96	김기선 金基善			무오 戊午(1918년)	김해 金海	영규 永揆	
97	양태석 梁泰錫	태수 泰洙	유계 柔溪	무오 戊午(1918년)	남원 南原	영도 泳道	

98	김용덕 金容德	상수 上洙	계산 溪山	무오 戊午(1918년)	광산 光山	종운 鍾云	
99	강대희 姜大熙	대일 大日	평산 平山	기미 己未(1919년)	진양 晋陽	정신 正信	
100	이은호 李殷鎬			경신 庚申(1920년)	전주 全州		
101	배두환 裵斗煥			경신 庚申(1920년)	성주 星州	재운 在云	
102	박윤식 朴允植			경신 庚申(1920년)	함양 咸陽	준영 焌永	
103	강진갑 姜辰甲			경신 庚申(1920년)	진양 晋陽	희수 熙洙	
104	송수헌 宋守憲	수복 守福		경신 庚申(1920년)	은진 恩津	재명 在明	
105	김남근 金南根	동명 東明		경신 庚申(1920년)	김해 金海	돈열 敦烈	
106	이정덕 李廷德			신유 辛酉(1921년)	전주 全州	종규 鍾揆	
107	이정하 李廷夏			신유 辛酉(1921년)	전주 全州	실규 室睽	
108	노신준 盧辛俊			신유 辛酉(1921년)	광산 光山	수제 洙濟	
109	노관석 盧寬錫			신유 辛酉(1921년)	광산 光山	도영 道永	
110	서갑조 徐甲祚			신유 辛酉(1921년)	달성 達城	인석 寅錫	
111	이일성 李日性	두영 斗永	유계 遊溪	신유 辛酉(1921년)	전주 全州	원근 元根	
112	김병태 金丙台			신유 辛酉(1921년)	김해 金海	용호 容浩	
113	박순봉 朴淳鳳	중모 重模	초은 樵隱	신유 辛酉(1921년)	면천 沔川	인동 麟東	
114	양길석 梁吉錫		유전 遊田	임술 壬戌(1922년)	남원 南原	영철 泳哲	
115	노길제 盧吉濟			임술 壬戌(1922년)	광산 光山	병화 柄和	
116	노인제 盧仁濟			임술 壬戌(1922년)	광산 光山	병조 柄祚	
117	이금수 李今秀			계해 癸亥(1923년)	전주 全州	병환 柄煥	
118	하재범 河載範			계해 癸亥(1923년)	신양 晋陽	앙수 良洙	
119	노범제 盧範濟			계해 癸亥(1923년)	광산 光山	병식 柄植	
120	노또범 盧叉範			계해 癸亥(1923년)	광산 光山	두선 斗善	
121	이우재 李宇宰			계해 癸亥(1923년)	전주 全州	연선 延善	
122	이재순 李載淳			갑자 甲子(1924년)	함평 咸平	택수 澤壽	
123	이재우 李在雨		회산 檜山	을축 乙丑(1925년)	경주 慶州	상길 相吉	
124	최주열 崔周烈	변열 釆烈	청산 青山	을축 乙丑(1925년)	경주 慶州	원식 原植	

125	朴淳甲(박순갑)			乙丑(을축)(1925년)	沔川(면천)	圭東(규동)		
126	姜雄渭(강웅위)		竹軒(죽헌)	乙丑(을축)(1925년)	晋陽(진양)	東会(동운)		
127	宋志憲(송지헌)			乙丑(을축)(1925년)	恩津(은진)	在術(재술)		
128	鄭桓元(정환원)			乙丑(을축)(1925년)	晋陽(진양)			
129	李廷出(이정출)			乙丑(을축)(1925년)	全州(전주)	点揆(점규)		
130	權永植(권영식)			乙丑(을축)(1925년)	安東(안동)	甲龍(갑용)		
131	朴淳玉(박순옥)			丙寅(병인)(1926년)	沔川(면천)	漢東(한동)		
132	鄭容憲(정용헌)			丙寅(병인)(1926년)	晋陽(진양)	銀基(은기)		
133	鄭俊錫(정준석)	正錫(정석)	回峯(회봉)	丁卯(정묘)(1927년)	河東(하동)	仁培(인배)		
134	金龍祥(김용상)			丁卯(정묘)(1927년)	安東(안동)	正吉(정길)		
135	姜在洙(강재수)			丁卯(정묘)(1927년)	晋陽(진양)	永彔(영록)		
136	李德基(이덕기)			丁卯(정묘)(1927년)	慶州(경주)	永圭(영규)		
137	李之煥(이지환)	南銓(남전)	雲海(운해)	戊辰(무진)(1928년)	陜川(협천)	玄浩(현호)		
138	卞永祚(변영조)			戊辰(무진)(1928년)	密陽(밀양)	長植(장식)		
139	朴福文(박복문)			戊辰(무진)(1928년)	密陽(밀양)	龍源(용원)		
140	河載權(하재권)		林堂(임당)	己巳(기사)(1929년)	晋陽(진양)	仁善(인선)		
141	鄭圭相(정규상)			己巳(기사)(1929년)	晋陽(진양)	大郁(대욱)		
142	盧尙濟(노상제)			己巳(기사)(1929년)	光山(광산)	柄在(병재)		
143	金德遵(김덕준)			己巳(기사)(1929년)	金海(김해)	彰晩(창만)		
144	文達壽(문달수)	達植(달식)		己巳(기사)(1929년)	南平(남평)	敬煥(경환)		
145	李在永(이재영)			己巳(기사)(1929년)	星山(성산)	相旻(상민)		
146	梁必永(양필영)			己巳(기사)(1929년)	南原(남원)	孝錫(효석)		
147	趙東七(조동칠)			庚午(경오)(1930년)	豊壤(풍양)	星九(성구)		
148	金奇鉉(김기현)			庚午(경오)(1930년)	金海(김해)	点錫(점석)		
149	金月敎(김월교)	沅培(원배)	晩松(만송)	辛未(신미)(1931년)	蔚山(울산)	鎭灝(진호)		
150	徐貴童(서귀동)	廷植(정식)		辛未(신미)(1931년)	達城(달성)	逢秋(봉추)		
151	鄭漢孝(정한효)	康九(강구)	靑辰(청진)	癸酉(계유)(1933년)	晋陽(진양)	椙元(창원)		

152	河載均(하재균)			癸酉(계유)(1933년)	晉陽(진양)	自善(자선)	
153	曺龍煥(조용환)			癸酉(계유)(1933년)	昌寧(창령)	昌國(창국)	
154	盧[日+尙]永(노상영)			癸酉(계유)(1933년)	光山(광산)	柄云(병운)	
155	金道柱(김도주)			甲戌(갑술)(1934년)	蔚山(울산)	炳回(병회)	
156	李相坰(이상경)	相勳(상훈)		乙亥(을해)(1935년)	慶州(경주)	盛熙(성희)	
157	李烘揆(이홍규)			丙子(병자)(1936년)	全州(전주)	學道(학도)	
158	金大允(김대윤)			丙子(병자)(1936년)	金海(김해)	鍾圭(종규)	
159	盧在永(노재영)			丙子(병자)(1936년)	光山(광산)	柄德(병덕)	
160	盧基濟(노기제)			丙子(병자)(1936년)	光山(광산)	柄燁(병엽)	
161	鄭在喆(정재철)			戊寅(무인)(1938년)	晉陽(진양)	孝錫(효석)	
162	梁水錫(양수석)			戊寅(무인)(1938년)	南原(남원)	廷烈(정열)	
163	李光琥(이광호)			己卯(기묘)(1939년)	慶州(경주)	相睦(상목)	
164	李廷運(이정운)			庚辰(경진)(1940년)	全州(전주)	良揆(양규)	
165	姜魯渭(강노위)			辛巳(신사)(1941년)	晉陽(진양)	東暶(동선)	
166	盧賞滿(노상만)			辛巳(신사)(1941년)	光山(광산)	柄合(병합)	
167	李現揆(이현규)			辛巳(신사)(1941년)	全州(전주)	學周(학주)	

〈학로계 창립 기념비〉를 찾아서

1961년 학로계 창계 당시, 삼거리 신작로 옆 큰 바위 위에 세웠던 〈학로계 창립기념비〉(이하, '구비(舊碑)'라 한다)를 1972년경 묵계리 도로 확장공사로 철거하고, 청학루 건립과 때를 맞추어 1976년 7월, 섬들 입구 청학루 입구에 세웠다. 이것이 현재 청학루입구에 있는 〈묵계청학동 학로계창립기념비〉이다.

그 후 4332년(1999) 5월 〈봉로계원 계록비〉가 그 오른쪽에 추가 설립됨으로써 현재에 두 개의 쌍둥이 비가 서게 된 내력이다.

지난 2020년 3월, 이 책 집필을 위한 자료 조사 중, 문득 구비(舊碑)의 존재가 떠올라 김삼주 학로계장, 양점동 총무와 이일석, 김기현, 김만석 등 선배 향우들을 통해 수소문한 끝에 청학루 입구 현재 새 비 뒤쪽에 구비가 전면(前面)을 땅으로 향한 채 방치된 사실을 확인했다. 언젠가 온전한 형태로 복원되기를 기대한다.

현재 신비(新碑)의 모습

양점동 총무가 맨손으로 더듬어 가며 구비의 각자를 확인하고 있다.

구비(舊碑)의 현재 모습

〈특집〉

청학루 건립사업 전말

靑鶴樓 建立事業 顚末

가. 임술년판 학로계록 둘러보기-
학로계 사업실적 · 청학루기 등

1982년의 《임술년판》에는 1976년 7월 청학루 준공과 관련하여 '청학루 건립 사업개요', 즉 '사업개요', '건립 취지문', '낙성 축시' 등을 수록하였다. 특히 내용에 《원장부》와 '청학루 건립 찬조자 방명록 현판'을 참고하여 '청학루 건립사업의 전모'를 정리, 추가했다. 다음은 《임술년판》의 '사업실적'과 '청학루 건립 취지문', '청학루기', '청학루건립추진위원 명단' 등이다.

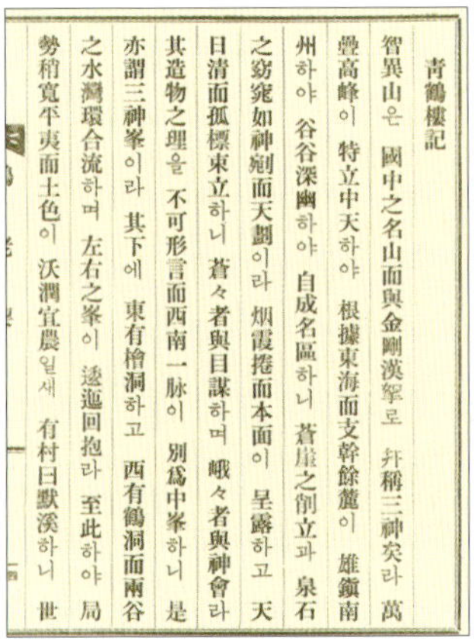

青鶴樓記

智異山은 國中之名山而與金剛漢拏로 幷稱三神矣라 萬疊高峰이 特立中天하야 根據東海而支幹餘麓이 雄鎭南州하야 谷谷深幽하야 自成名區하니 蒼崖之削立과 泉石之窈窕如神剜而天斲이라 烟霞捲而本面이 呈露하고 天日淸而孤標束立하니 蒼々者與目謀하며 峨々者與神會라 其造物之理을 不可形言而西南一脉이 別爲中峯하니 是亦謂三神峯이라 其下에 東有檜洞하고 西有鶴洞而兩谷之水瀰環合流하며 左右之峯이 遶迤回抱라 至此하야 局勢稍寬平夷而土色이 沃潤宜農일새 有村曰默溪하니 世

청학루기(일부)

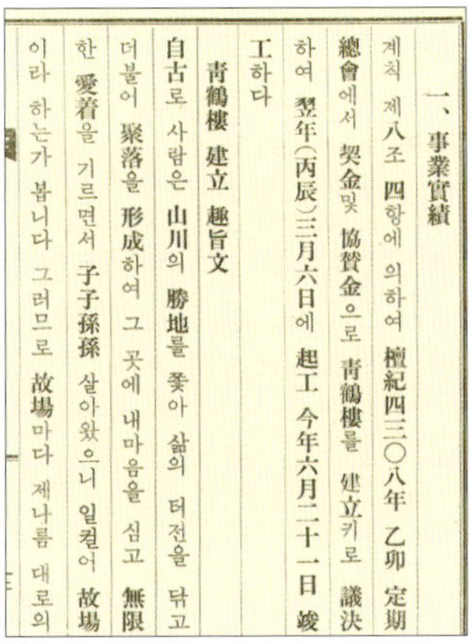

一、事業實績

계칙 제八조 四항에 의하여 檀紀四三〇八年 乙卯 定期總會에서 契金및 協賛金으로 青鶴樓를 建立키로 議決하여 翌年(丙辰)三月六日에 起工 今年六月二十一日 竣工하다

青鶴樓 建立 趣旨文

自古로 사람은 山川의 勝地를 좇아 삶의 터전을 닦고 더불어 聚落을 形成하여 그 곳에 내마음을 심고 無限한 愛着을 기르면서 子子孫孫 살아왔으니 일컫어 故場이라 하는가 봅니다 그러므로 故場마다 제나름 대로의

사업실적과 청학루 건립 취지문(일부)

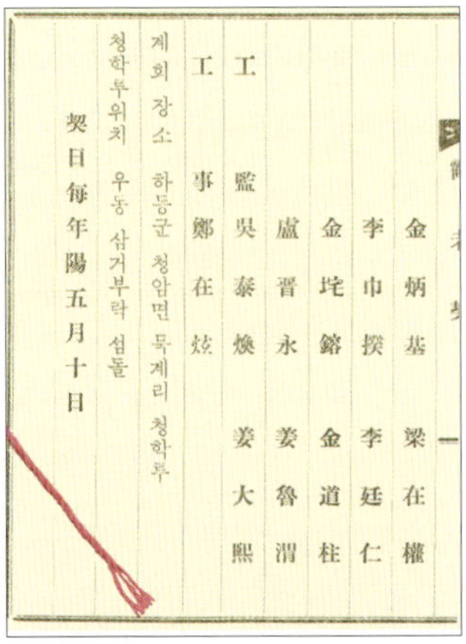

金炳基 梁在權
李巾撰 李廷仁
金圪鎔 金道柱
盧晉永 姜魯渭
工 監 吳泰煥 姜大熙
工 事 鄭在炫
계회 장소 하동군 청암면 묵계리 청학루
청학루위치 우동 삼거부락 섬돌
契日每年陽五月十日

청학루 건립 추진위원 명단(2)

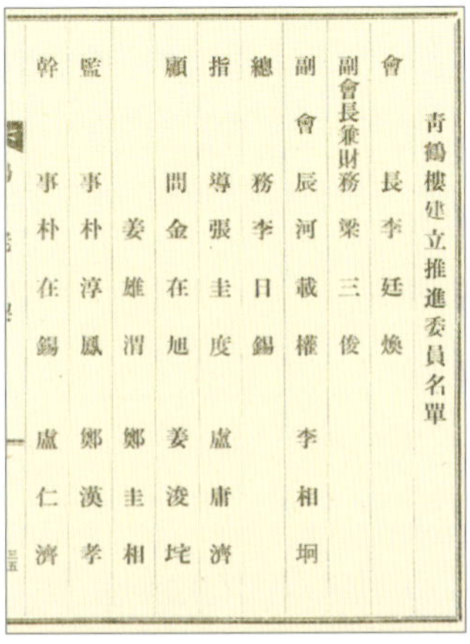

青鶴樓建立推進委員名單

會長 李廷煥
副會長兼財務 梁三俊
副會長 河載權 李相堈
總務 李日錫
指導 張圭度 盧庸濟
顧問 金在旭 姜浚圪
姜雄渭 鄭圭相
監事 朴淳鳳 鄭漢孝
幹事 朴在錫 盧仁濟

청학루 건립 추진위원 명단(1)

나. 事業 概要

契則 제八조 四항에 의하여 檀紀四三〇八年(1975) 乙卯 定期 總會에서 契金 및 協贊金으로 青鶴樓를 建立키로 議決[15]하여 翌年(丙辰) 三月 六日에 起工하여 同年 六月 二十一日에 竣工했다.

다. 青鶴樓 建立 趣旨文

自古로 사람은 山川의 勝地를 좇아 삶의 터전을 닦고 더불어 聚落을 形成하여 그곳에 내 마음을 심고 無限한 愛着을 기르면서 子子孫孫 살아왔으니 일컬어 故場이라 하는가 봅니다. 그러므로 故場마다 제 나름대로 緣由가 歲月과 더불어 特有의 鄕土史를 꾸며 놓고 있는 것이 아니겠습니까?

이 故場은 雄靈한 智異山을 背陵으로 廣闊한 南海를 俯廊으로 地勝한 곳이나 文獻上으로는 聚落形成의 過程을 鑑考키 어렵고 다만 先賢들의 青鶴洞 祕記讚說이나 隣近 山野에 散在한 賢哲의 발자취와 默溪寺趾를 비롯한 大小寺庵의 遺趾와 數姓家의 居住世代 等을 根據하여 推考컨대 四百余 星霜의 歷史를 가진 옛 賢哲高僧의 隱居勝地라 하겠습니다.

흐르는 烟月속에 山川은 依舊하나 人事는 可變이라 數次의 兵亂으로 옛 모습은 간곳없고 이제는 落後된 山間僻村으로 轉落하여 山紫水明한 이곳에 보자 할 景觀하나 없음을 慨嘆한 이 故場 人士들은 檀紀 四二九四年(辛丑) 春에 發足 行事해온 이 고장의 春遊契인 鶴老契 奉老契의 去年 總會에서 契金을 보다 價値있게 使用하기 위하여 青鶴洞 說話에 緣由한 青鶴樓를 建立하여 鶴壽千年과 더불어 永久한 鄕土 文化財로 만들어 後世人으로 하여금 地域開發에 奮發케 하는 嚆矢로 삼자는 梁三俊의 提議에 契員 一同 滿場 一致의 決議로서 이에 青鶴樓 建立 推進委員會를 構成하고 契金 壹百五十餘萬원을 바탕으로 全 住民의 人力 및 資財 負擔과 郡內 有志人士님의 많은 協贊으로 이제 樓의 竣工을 보게 되었기에 이에 趣旨와

---

15) 학로계의 역사를 기록한 「원장부(학로계칙, 명부)」에 의하면 청학루 건립이 공식적으로 처음 논의된 것은 1968년(戊申) 3월 30일에 열린 총회로 보인다. 그 후, 1975년(乙卯) 5월 4일(음 3.23) 총회에서 '청학루 건립'을 확정했고, 동년 12월 임원회에서 예산, 건물 규모, 추진 위원회, 기공식, 상량식, 낙성일 등을 구체적으로 결정한 21가지의 '주요 실행 사항'을 결의함으로써 청학루 건립이 구체화 되었다.

經過를 밝혀 後日에 証코자 합니다.

더불어 本樓 創建의 礎石을 만들어 주신 鶴老契 發起人 諸位와 創契時 契長 故 李在權氏 都有司였던 吳泰煥氏를 비롯하여 本樓의 竣工을 위하여 獻身 勞力한 李廷煥氏 梁三俊氏의 勞苦에 謝意를 表하며 特히 本樓의 完成을 위해 始終 살펴주신 本郡 許淳道 郡守任의 厚誼에 深甚한 感謝 드리는 바입니다.

西紀一九七六年(丙辰) 七月 十七日

青鶴樓 建立 推進委員會

라. 青鶴樓 建立 事業 推進 概要[16)]

학로계의 역사를 기록한 《元帳簿》(鶴老契則 名簿)의 기록에 의하면 청학루 건립이 공식적으로 처음 논의된 것은 1968년 戊申年 3월 30일에 열린 總會로 보인다. 특히, 1975年 乙卯年 總會에서 青鶴樓를 建立키로 決議하고, 同年 12월 10일 任員會에서 예산, 추진 위원회 구성, 건물 규모, 공사자, 공사 감독자, 기공식, 상량식, 낙성식 등에 관한 구체적인 실행 사항 21가지를 결정함으로써 青鶴樓 建立 事業이 본격적으로 推進되게 된다.

(1) 1968年 戊申年 總會決議事項

■ 契費 關係(不參者 處理 22名)
■ 青鶴樓(敬老堂) 建立의 件
▣ 任員 選擧 再任으로 決定함
▣ 建立費 醵出의 件
▣ 建立費 徵收 時期
▣ 任員의 할 일(임무)

16) 《元帳簿(학로계칙 · 명부)》의 「1975년 을묘년 총회 주요 결의사항」에 근거하여 작성했으며, 일부 용어는 현대적인 어법에 맞추어 순화했다. 《원장부》(1961~1983년)를 스캔하여 별첨했다.

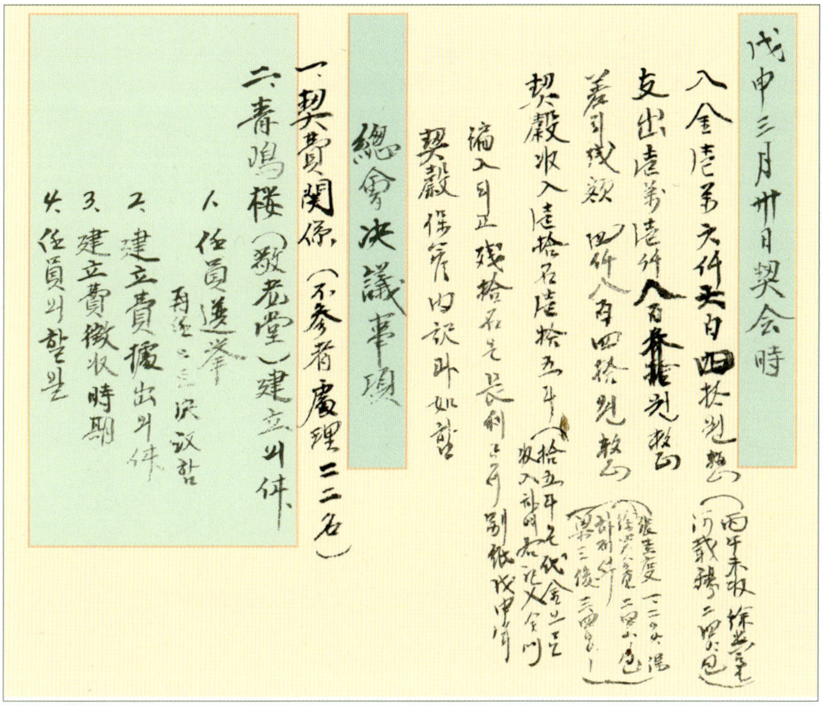
戊申三月卅日契会時

總會決議事項

一. 契貰關係 (不參者 處理 二二名)

二. 靑鶴樓(敬老堂)建立의 件

1. 任員選擧

2. 建立費據出의 件

3. 建立費徵收時期

4. 任員의 할 일

무 신 삼 월 삼 십 일 계 회 시 총 회 결 의 사 항
'戊申三月三十日契會時 總會決議事項'을 기록한 원장부. 이 회의에서 '청학루 건립'이 정식 의제로 채택되어 건립비 거출, 임원이 할 일 등을 결정함.

년 기 유 년 총 회 결 의 사 항
(2) 1969年 己酉年 總會 決議事項

일 서 명 문 탈 계 처 분
一. 徐命文 脫契 處分

일 노 보 관 정 조 이 두 반 결 손 처 분
一. 盧○○ 保管 正粗 貳斗半 缺損 處分

일 청 학 루 건 립 추 진 관 계
一. 靑鶴樓 建立 推進 關係

년 을 묘 년 총 회 중 요 결 의 사 항
(3) 1975年 乙卯年 總會 重要 決議 事項

일 계 곡 전 량 추 수 기 수 집 청 학 루 건 립
一. 契穀 全量을 秋收期에 收集하여 靑鶴樓를 建立키로 함

일 장 소 선 정 대 지 구 입 임 원 회 일 임
一. 場所 選定 및 垈地 購入은 任員會[17]에 一任키로 함

---

17) 원장부의 회의록에는 '役員會(역원회)'라고 명기 되어 있으나 '역원회'는 '임원회'의 일본식 용어이므로 계칙에 명시되어 있는 '임원회(任員會)'로 수정했다.

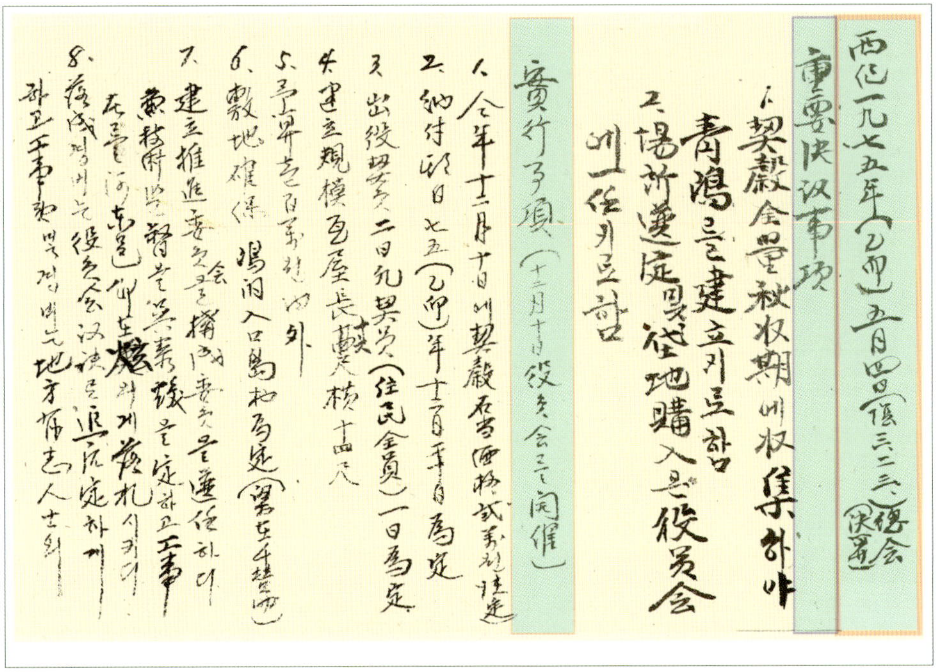

'1975년(을묘) 5월 4일(음 3.23) 총회 중요 결의사항'을 기록한《원장부》
(3페이지에 걸친 내용 중 필요한 부분만 편집함)

(4) 1975년 12월 任員會에서 決議한 主要 實行 事項[18]

- 今年 十二月 十日에 契穀 石當 價格 貳萬원 結定.
- 納付 期日 七五(乙卯)年 十二月 二十日로 定함.
- 出役 契員 二日, 凡契員(住民 全員) 一日로 定함.
- 建立 規模 瓦屋 長十六尺 橫十四尺.
- 予算 壹百萬원 內外.
- 敷地 確保 鶴洞 入口 島村(섬들)으로 定함(梁在千 贊助).
- 建立推進委員會를 構成, 委員을 選任하다. 兼 技術監督을 吳泰煥으로 定하고 工事者를 河東邑 鄭在炫에게 落札시키다.

18) 《元帳簿》(학로계칙 · 명부)의 '1975년 12월 임원회의 실행 사항'에 근거하여 작성.

■ 落成 經費는 任員會 議決로 追後 定하게 하고 工事費 및 경비는 地方 有志 人士의 贊助를 얻어 補充하고 不足이 生할 時 契員이 負擔게 함.

■ 運營 경비는 任員會가 認定하는 範圍에서 支出토록 한다.

■ 本樓 建立의 總責과 其他 施行 事項을 會長 李廷煥, 副會長 梁三俊에게 專任한다.

■ 起工式을 西紀 一九七六年 檀紀 四三零九年(丙辰) 舊三月 六日로 定한다.

■ 上樑式을 今年 舊四月 十七(丁卯)日 酉時로 定, 實行한다.

■ 落成式을 今年 舊六月 二十一日로 定하고 實行한다.

■ 記文을 北川 居住 敬齋 金璣柱先生에게 請作 揭示하고 趣旨文을 副會長 烏軒 梁三俊에게 記述케 한다.

■ 落成日에 遠近 會賓의 賀韻錄을 記錄, 永久 保存케 한다.

■ 落成日까지 收集된 贊助 芳名을 樓覽에 揭記, 謝意를 表케 한다.

■ 工事를 爲하여 契穀 一斤當 價格을 百원式 決定, 現金으로 收集케 한다.

■ 工事 完了 後, 收支 殘額은 利息 月 四分으로 決定, 貸出하여 丁巳年(1977) 契日에 元利 收金토록 한다.

■ 新入 契員에 對하여 入契費 五五○○원을 定하여 三十九名을 加入케 하다 (標石 刻名을 한다).

■ 丙辰年(1976) 契會日을 落成日과 兼行하여 舊六月 二十一日 施行한다.

(5) 推進委員會 名單 (추진위원회 명단)

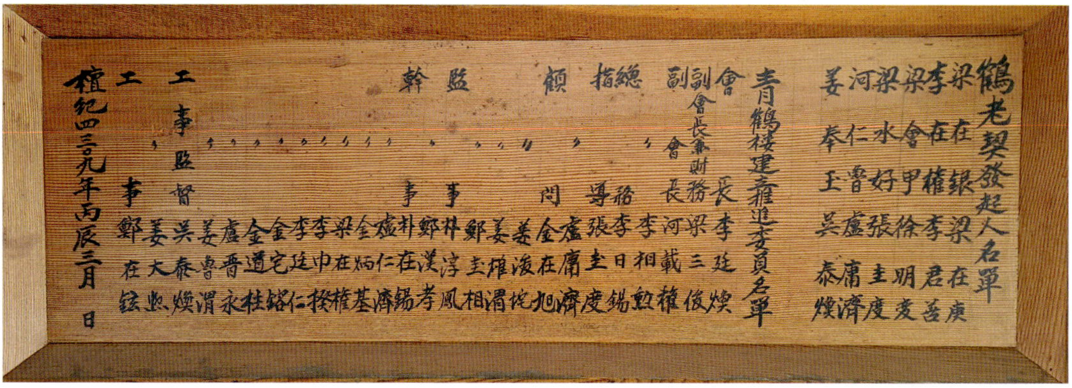

청학루 현판. 〈학로계 발기인 명단 및 청학루 건립추진위원 명단〉

회 장 會長	이 정 환 李廷煥
부 회 장 겸 재 무 副會長 兼 財務	양 삼 준 梁三俊
부 회 장 副會長	하 재 권 이 상 경 河在權 李相坰
총 무 總務	이 일 석 李日錫
지 도 指導	장 규 도 노 용 제 張圭度 盧庸濟
고 문 顧問	김 재 욱 강 준 택 강 웅 위 정 규 상 金在旭 姜俊垞 姜雄渭 鄭圭相
감 사 監事	박 순 현 정 한 효 朴淳炫 鄭漢孝
간 사 幹事	박 재 석 노 인 제 김 병 기 양 재 권 이 건 규 朴在錫 盧仁濟 金炳基 梁在權 李巾揆 이 정 인 김 택 용 김 도 주 노 진 영 강 노 위 李廷仁 金垞鎔 金道柱 盧晋永 姜魯渭
공 사 감 독 工事 監督	오 태 환 강 대 희 吳泰煥 姜大熙
공 사 工事	정 재 현 鄭在炫

(6) 1976年(丙辰) 總會時 重要 決議 事項[19]

■ 收支 決算 內容 以上을 落成日까지 請算에 明示한다

■ 全 任員을 아직 未完成된 樓의 補完을 爲하여 一年 더 再任키로 한다. 卽 癸丑年 任員이 四年間 連任케 됨(靑鶴樓 建立 條件에 있음).

■ 請算(工事 完了 後) 十九條에 依하여 收支 殘金은 月 四分利로 契會日 十日 前에 元利金 納入을 條件附로 貸出한다.

■ 推進委員會의 解散 問題

▣ 樓邊의 淨化事業을 爲하여 一年間 더 延長하여 다음 해 丁巳年 總會日에 解散케 한다.

■ 本樓의 永久 保存을 爲하여 本郡 郡守님께 洋灰幾拾包를 要請하여 許諾이 될 時에 人夫 出力은 推進委員會의 決議를 得하여 人力 動員을 하도록 한다.

■ 本契의 資産은 契員의 資産이나 靑鶴樓 管理에 필요로 할 時는 契員 過半數 贊同이 有할 時 議決을 거쳐 使用케 한다.

■ 本樓의 管理는 里民 全體가 共히 責任을 지며 鄕土文化事業으로서 居民 全體의 所有로 삼는다.

마. 靑鶴樓 建立 工事 淸算 收支 內譯[20]

■ 收入部: 計壹百九拾七萬九仟四百九拾五원(₩1,979,495)

▣ 契穀 貸錢: 八拾八萬六百원(正租元利九仟三百八拾斤貸錢, 一斤當百원, 姜○: 三萬원, 盧○: 二萬七仟四百원 不計上)

▣ 移越 現金: 三拾九萬五仟원

19) 《원장부(元帳簿)》의 '1976년 음력 6월 21일에 개최된 병진년 총회 기록'을 근거로 작성

20) 《학로계칙 · 명부[원장부(元帳簿)]》의 '1975년 12월 임원회의 실행 사항' 중 '기공(起工)부터 낙성(落成), 결산(決算)까지 청산 수지 내역'에 근거하여 작성.

▣ 贊助: 七拾七萬壹仟五百원

▣ 新入契金(三拾九名): 貳拾壹萬四仟五百원

▣ 契員 一人 負擔: 壹拾壹萬貳仟五百원(75名, 1,500원씩)

▣ 計: 壹百九拾七萬九仟四百九拾五원(₩1,979,495)

■ 支出部: 計 壹百六拾萬四仟九百五拾원(₩1,604,950)

▣ 六月 十四日 以前 支出: 二拾萬四仟三拾원(인부 주대, 기타. 以前의 경조비 포함)

▣ 六月 十四日 以後 支出: 三拾二萬三仟四百二拾원(낙성 경비 포함. 일반 시설 잡비 포함)

▣ 刻名: 三拾九名(一人 五百원)

▣ 技術 工事 落札 價格: 壹百萬원

▣ 하길봉宅 수고비: 六仟원

▣ 鄭在炫 社長 판공비: 五萬원

▣ 精算관계 추진위원회 회의 시 주 · 식대: 貳仟원

▣ 計: 壹百六拾萬四仟九百五拾(₩1,604,950)원

■ 合計 殘額: 計 四拾參萬參仟九百四拾五원(₩433,945)

▣ 以上 殘額: 三拾七萬四仟五百四拾五원

▣ 未收(강○세, 노○영) 五萬七仟四百원

▣ 贊助(추가): 姜又明(新基): 貳仟원

一九七七年 三月 二十日 監事畢

監事 朴淳炫 鄭漢孝(인)

청학루기
바. 青鶴樓記

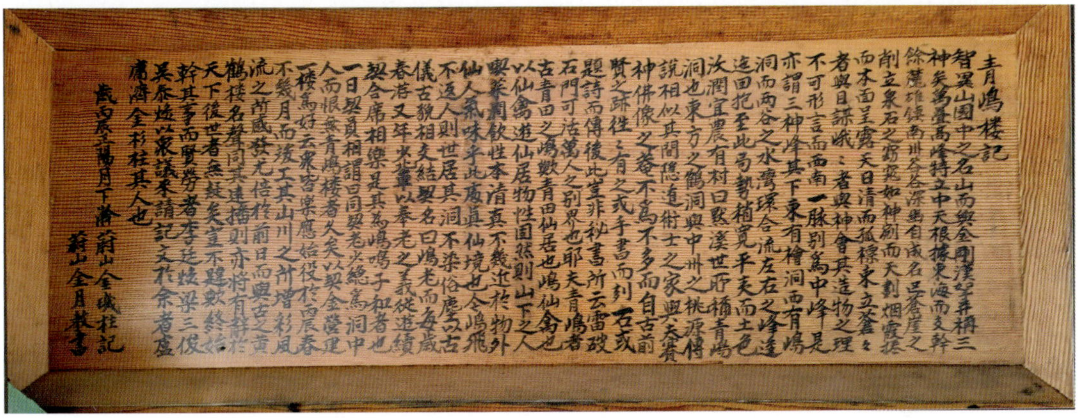

청학루 현판-〈청학루기〉 경재 김기주 선생이 짓고 본동 출신 김월교 선생이 글씨를 썼다.

지리산 국중지명산이여금강한라 병칭삼신의
智異山은 國中之名山而與金剛漢拏로 幷稱三神矣라.

만첩고봉 특립중천 근거동해이지간여록 웅진남주 곡곡심유
萬疊高峰이 特立中天하야 根據東海而支幹餘麓이 雄鎭南州하야 谷谷深幽하야

자성명구 창애지삭립 천석지요조여신완이천획
自成名區하니 蒼崖之削立과 泉石之窈窕如神剜而天劃이라.

연하권이본면 정로 천일청이고표속립 창창자여목모 아아자여신회
烟霞捲而本面이 呈露하고 天日淸而孤標東立하니 蒼蒼者與目謨하며 峨峨者與神會라.

기조물지리 불가형언이서남일맥 별위중봉 시역위삼신봉 기하
其造物地理을 不可形言而西南一脈이 別爲中峯하니 是亦謂三神峰이라 其下에

동유회동 서유학동이양곡지수만환합류 좌우지봉 위이회포
東有檜洞하고 西有鶴洞而兩谷之水灣環合流하며 左右之峯이 逶迤回抱라.

지차 국세초관평이이토색 옥윤의농 유촌왈묵계 세소칭청학동야
至此하야 局勢稍寬平夷而土色이 沃潤宜農일새 有村曰默溪하니 世所稱靑鶴洞也라.

동방지학동 여중주지도원 전설 상사 기간 은둔술사지가
東方之鶴洞이 與中州之桃源으로 傳說이 相似라 其間에 隱遁術士之家와

여부새신불상지암 불위부다이자고전현지적 왕왕유지 혹수서이각석
與夫賽神佛像之菴이 不爲不多而自古前賢之迹이 往往有之일새 或手書而刻石하고

혹제시이전후 차기비비서소운뇌파석문 가활만인지별계야야 부청학자
或題詩而傳後하니 此豈非祕書所云雷破石門에 可活萬人之別界也耶아 夫靑鶴者는

고청전지학여 청전 선거야 학 선금야 이선금 유선거 물성
古靑田之鶴歟인저 靑田은 仙居也오. 鶴은 仙禽也라 以仙禽으로 遊仙居하니 物性이

고연즉산하지인 끽채간음 성본청진 불기근어물외선인기미호 차처
固然則山下之人이 喫菜澗飮하야 性本淸眞하니 不幾近於物外仙人氣味乎아 此處는

진선경야 금학비불반 인즉세거기동 불염속진 이고의고모 상교결계
眞仙境也라. 今鶴飛不返하고 人則世居其洞하야 不染俗塵하고 以古儀古貌로 相交結契하야

명왈학로이매세춘유 우연소배이봉로지의 종유속계 합석상락
名曰鶴老而每世春遊하고 又年少輩以奉老之義로 從遊續契하야 合席相樂하니

시기위학명자화자야
是其爲鶴鳴子和者也라.

일일 계원 상위왈동계로소총위동중인이한무청학루자구의
一日에 契員이 相謂曰同契老少總爲洞中人而恨無靑鶴樓者久矣라

以契金으로 營建一樓爲好云하니 衆皆樂應일새 始役於丙辰春하야 不幾月而竣功하니 其山川之所增彩와 風流之所感發이 尤倍於前日而與古之黃鶴樓로 名聲이 同其遠播則亦將有辭於天下後世者無疑矣라 豈不韙歟아 從始幹其事而賢勞者 李廷煥 梁三俊 吳泰煥이요 以衆議로 來請 記文於余者 盧庸濟 金杉柱其人也로다.

歲 丙辰(1976) 正陽月 下澣에
蔚山 金璣柱 記하노라

■ 청학루기(靑鶴樓記)

지리산(智異山)은 나라 안의 명산(名山)으로 금강산(金剛山) 한라산(漢拏山)과 더불어 삼신산(三神山)으로 불린다. 겹겹이 둘러싸인 만첩(萬疊) 높은 봉우리가 중천(中天)에 우뚝 서서 동해(東海)에서 뻗어 나와 그 가지와 줄기인 남은 산기슭은 웅장히 남쪽 지역에 터를 잡았다. 골골이 깊고 그윽하여 저절로 이름난 명승지를 이루니 높은 벼랑과 아름다운 산수(山水)는 신(神)이 깎아내고 하늘이 그린 것 같았다. 안개가 걷히면 진면모가 드러나고 날이 맑으면 고고한 꼭대기가 묶어 놓은 듯 서 있으니, 푸르고 푸른 풍경에 시선이 압도당하고, 우뚝 솟은 바위에 정신이 높아진다. 그 조물주(造物主)의 이치를 형언(形言)할 수 없는데, 서남쪽 한 줄기가 별도로 중봉(中峰)이 되었으니 이를 또한 삼신봉(三神峰)이라 이른다.

그 아래 동쪽에 회동(檜洞)이 있고 서쪽에 학동(鶴洞)이 있는데 두 골짜기의 물은 굽어 돌아 합류하며 좌우(左右)의 봉우리는 구불구불 안고 돌다가 형세가 점점 완만하여 평평해지고 토색(土色)이 기름져 농사(農事)짓기에 알맞은 곳에 이르게 되는데, 이곳에 마을이 있어 '묵계(默溪)'라 하니 세상에서 일컫는 소위 청학동(靑鶴洞)이다.

동방(東方)의 학동(鶴洞)은 중국(中國)의 도원(桃源)과 더불어 전설이 서로 유사하다. 그 사이사이에 은둔 술사(術士)의 거처와 불상(佛像)을 모신 암자(庵子)가 수없이 많이 있고, 예로부터 어진 이의 노닐던 자취가 가끔 있었다. 혹 손수 글을 써서 돌에 새기고 혹 시(詩)를 지어 후세에 전하였으니, 이곳이 어찌 비서(祕書)에서 말한 '우레가 돌문을 깨뜨려 가히 만 사람을 살릴 수 있는 별천지'가 아니겠는가?

대저 청학(靑鶴)이란 옛날 청전(靑田)의 학(鶴)이 아니던가. 청전(靑田)은 신선(神仙)이 사는 곳이고 학(鶴)은 신선의 새이다. 신선의 새이기에 신선의 거처에서 노니니 물성(物性)이 진실로 그러하므로 산 아래 사람은 나물 먹고 시냇물 마시며 성품(性品)이 본래 맑고 참되니 세상 밖 선인(仙人)의 정취에 거의 가깝지 않겠는가? 이곳은 참다운 선경(仙境)이다. 이제 학(鶴)은 날아가 돌아오지 않고, 사람이 세세로 그 동에 살며 세속(世俗)에 물들지 아니하고, 옛 거동과 모습으로써 서로 사귀어 계를 결성하여 '학로(鶴老)'라 이름 하고서 매년 봄에 노닌다. 또 젊은 사람들은 늙은이를 받드는 뜻으로 '봉로(鳳老)'따라 놀며 계를 이어 같은 자리에서 서로 즐겼으니 이것이 그 '학(鶴)이 울어 자식을 화목하게 한다'는 것이다.

하루는 계원들이 서로 말하기를 계원(契員) 모두와 마을 사람들이 청학루(靑鶴樓)가 없는 것이 한(恨)이 된 지 오래되었다. 계금(契金)으로 누각 한 채를 영건(營建)함이 좋을 것이라는 말에 모두 다 기꺼이 호응하였다. 병진(丙辰)년 봄에 일을 시작하여 몇 달도 안 되어 그 일을 마쳤으니, 그 산천(山川)에 광채를 더하고 풍류(風流)의 느끼고 실천한 것이, 전날의 두 배가 되었다. 옛날의 황학루(黃鶴樓)와 더불어 명성(名聲)이 함께 멀리 퍼져나갈 것이니 또한 장차 천하의 후세 사람들에게 칭송의 말이 있을 것임은 의심의 여지가 없을 것이니 어찌 좋지 않으랴.

시종 그 일을 주관하고 수고한 자는 이정환(李廷煥) 양삼준(梁三俊) 오태환(吳泰煥)이고 여러 사람의 중론을 모아 나에게 기문(記文)을 청해온 사람은 노용제(盧庸濟) 김삼주(金杉柱)이다.

1976년 1월 하순에

울산 김기주가 쓴다.

사. 청학루 낙성식(1976년 7월 17일) 이모저모

(1) 낙성식 당시 초대장

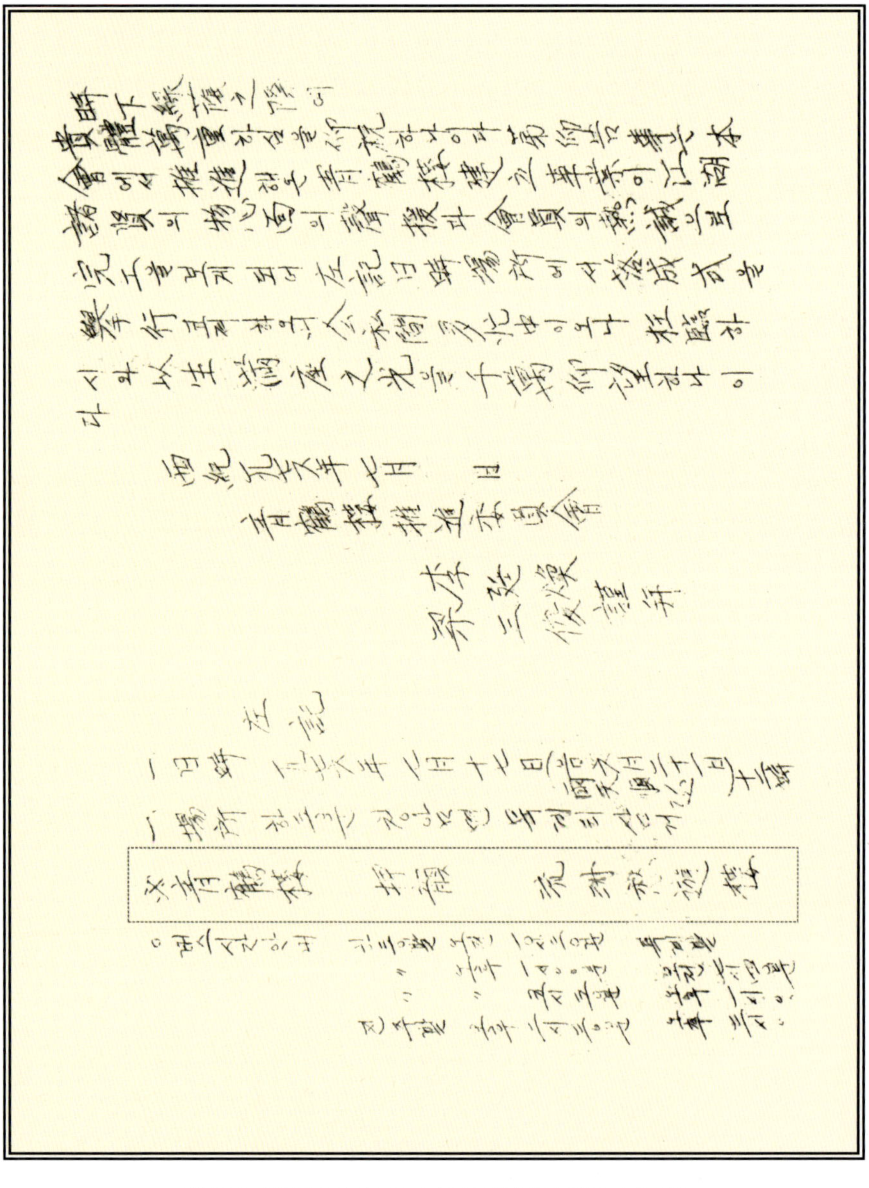

1976년 청학루 낙성식 당시 〈초대장〉(자료 제공: 양호성)

위의 초대장을 그대로 활자화하였으니 당시 편지 글투를 참고하시기 바랍니다(편저자)

시하녹음지제(時下綠陰之際)에

귀체만중(貴體萬重) 하심을 앙축(仰祝) 하나이다. 제앙고사(第仰告事)는 본회(本會)에서 추진(推進)해온 청학루건립사업(青鶴樓建立事業)이 강호제현(江湖諸賢)의 물심면(物心面)의 성원(聲援)과 회원(會員)의 열성(熱誠)으로 완공(完工)을 보게 되어, 하기(下記) 일시장소(日時場所)에서 낙성식(落成式)을 거행(擧行)코저 하오니 공사간다망중(公私間多忙中)이오나 왕림(枉臨) 하시와 이생만좌지광(以生滿座之光)을 천만앙망(千萬仰望) 하나이다.

서기 1976년 7월 17일(西紀一九七六年 七月 日)

청학루건립추진위원회(青鶴樓建立推進委員會)

이정환(李廷煥)

양삼준(梁三俊) 근배(謹拜)

하기(下記)[21)]

- 일시(日時) 1976년 7월 일(西紀一九七六年 七月 十七日) 12시(十二時)
  음력 6월 21일(陰 七月 十七日). 우천 순연(雨天 順延)
- 장소(場所) 하동군 청암면 묵계리 삼거

※ 청학루(青鶴樓) 압운(押韻) 유 주 수 유 루(流 洲 愁 遊 樓)

○ 버스 시간 안내

- 하동발 오전 10시 30분
  오후 1시 00분
  오후 5시 30분
- 묵계발 오전 7시 40분
  오후 1시 00분
  오후 3시 00분
- 진주발 오후 2시 30분

21) 1976년 청학루 낙성식 당시 〈초대장〉처럼 세로쓰기 문장에서는 '좌기(左記)'로 되어 있으나 가로쓰기 문장에서는 문장의 흐름에 맞게 모두 '하기(下記)'로 수정했다.

(2) 청학루 낙성식 식순

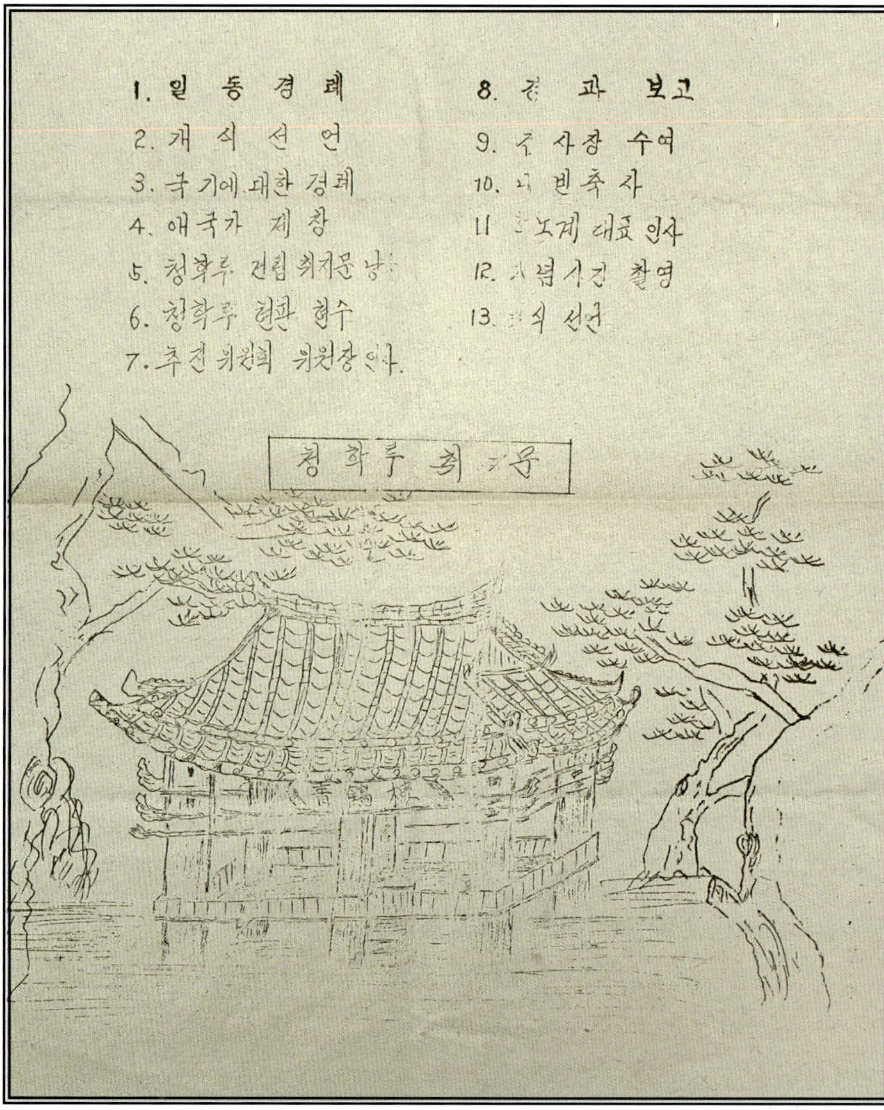

1976년 청학루 낙성식 당시 〈식순〉(자료 제공: 양호성)

1. 일동 경례
2. 개식 선언
3. 국기에 대한 경례
4. 애국가 제창
5. 청학루건립취지문 낭독
6. 청학루 현판 현수
7. 추진위원회 위원장 인사
8. 경과 보고
9. 감사장 수여
10. 내빈 축사
11. 학로계 대표 인사
12. 기념 사진 촬영
13. 폐식 선언

아. 청학루 건립기금 찬조자 명단[22]

靑鶴樓(청학루) 建立基金(건립기금) 贊助者(찬조자) No.1(현금 39명 51.9만원, 부지 희사 1명)

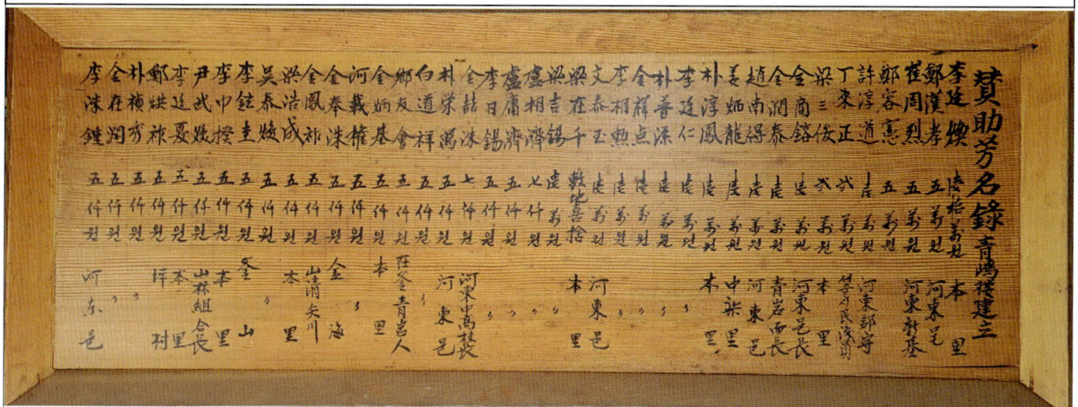

1	李廷煥(이정환)	壹十萬원(일십만)	本里(본리)
2	鄭漢孝(정한효)	五萬원(오만)	河東邑(하동읍)
3	崔周烈(최주열)	五萬원(오만)	河東 新基(하동 신기)
4	鄭容憲(정용헌)	五萬원(오만)	
5	許淳道(허순도)	壹萬원(일만)	河東郡守(하동군수)
6	鄭來正(정래정)	貳萬원(이만)	서울市 民議員(시 민의원)
7	梁三俊(양삼준)	貳萬원(이만)	本里(본리)
8	金商鎔(김상용)	壹萬원(일만)	河東邑長(하동읍장)
9	金潤泰(김윤태)	壹萬원(일만)	靑岩面長(청암면장)
10	趙南得(조남득)	壹萬원(일만)	河東邑(하동읍)
11	姜炳龍(강병룡)	壹萬원(일만)	中梨里(중이리)
12	朴淳鳳(박순봉)	壹萬원(일만)	本里(본리)
13	李廷仁(이정인)	壹萬원(일만)	本里(본리)
14	朴普源(박보원)	壹萬원(일만)	本里(본리)
15	金祥点(김상점)	壹萬원(일만)	本里(본리)

22) 청학루의 〈靑鶴樓建立贊助(청학루건립찬조) 芳名錄(방명록)〉 현판을 근거로 작성했다. 4매의 현판에는 모두 145명(이 중에 본리 80명)의 찬조자 명단이 소개되어 있다. 본리 이정환 님 등 144명의 찬조금이 총 817,500원이었고, 양재천 님은 부지를 희사하였다.

16	이상훈 李相勳	일만 壹萬원	본리 本里
17	문태옥 文泰玉	일만 壹萬원	하동읍 河東邑
18	양재천 梁在千	부지 희사 敷地 喜捨	본리 本里
19	양길석 梁吉錫	일만 壹萬원	본리 本里
20	노상제 盧相濟	칠천 七仟원	본리 本里
21	노용제 盧庸濟	오천 五仟원	본리 本里
22	이일석 李日錫	오천 五仟원	본리 本里
23	김철수 金喆洙	칠천 七仟원	하동중 · 여고교장 河東中 · 女高校長
24	박영만 朴栄萬	오천 五仟원	하동읍 河東邑
25	백도상 白道祥	오천 五仟원	하동읍 河東邑
26	향우회 鄕友會	오천 五仟원	재부 청암인 在釜 靑岩人
27	김병기 金炳基	오천 五仟원	본리 本里
28	하재권 河載權	오천 五仟원	본리 本里
29	김봉수 金奉洙	오천 五仟원	김해 金海
30	김봉조 金鳳祚	오천 五仟원	산청 시천 山淸 矢川
31	양호성 梁浩成	오천 五仟원	본리 本里
32	오태환 吳泰煥	오천 五仟원	본리 本里
33	이현규 李鉉圭	오천 五仟원	부산 釜山
34	이건규 李巾揆	오천 五仟원	본리 本里
35	윤무환 尹武煥	오천 五仟원	산림조합장 山林組合長
36	이정하 李廷夏	오천 五仟원	본리 本里
37	정홍조 鄭烘祚	오천 五仟원	평촌 坪村
38	박정수 朴禎秀	오천 五仟원	평촌 坪村
39	김재윤 金在潤	오천 五仟원	평촌 坪村
40	이수종 李洙鍾	오천 五仟원	하동읍 河東邑
	이하 빈칸		

청학루 건립기금 찬조자

靑鶴樓 建立基金 贊助者 No.2 (현금 41명 16.4만원)

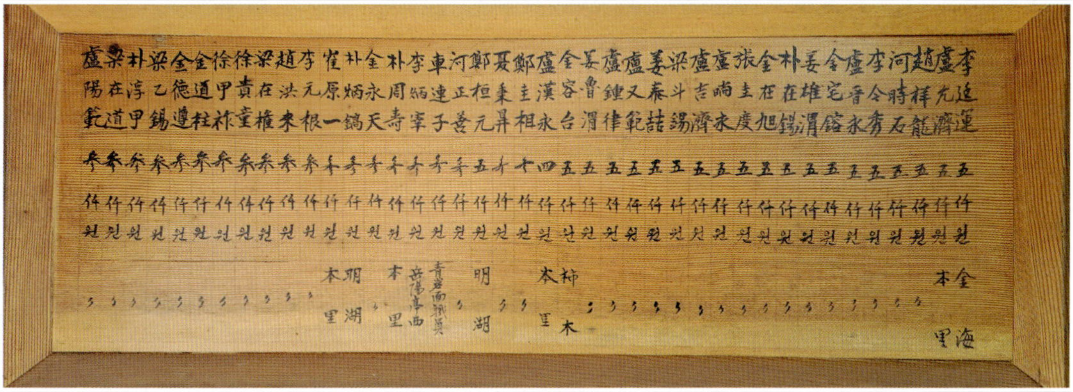

41	이정운 李廷運	오천 五仟원	김해 金海
42	노윤제 盧允濟	오천 五仟원	본리 本里
43	조상용 趙祥龍	오천 五仟원	본리 本里
44	하시석 河時石	오천 五仟원	본리 本里
45	이금수 李今秀	오천 五仟원	본리 本里
46	노진영 盧晋永	오천 五仟원	본리 本里
47	김택용 金宅鎔	오천 五仟원	본리 本里
48	강웅위 姜雄渭	오천 五仟원	본리 本里
49	박재석 朴在錫	오천 五仟원	본리 本里
50	김재욱 金在旭	오천 五仟원	본리 本里
51	장규도 張圭度	오천 五仟원	본리 本里
52	노상영 盧晌永	오천 五仟원	본리 本里
53	노길제 盧吉濟	오천 五仟원	본리 本里
54	양두석 梁斗錫	오천 五仟원	본리 本里
55	강태철 姜泰喆	오천 五仟원	본리 本里
56	노또범 盧又範	오천 五仟원	본리 本里
57	노종률 盧鍾律	오천 五仟원	본리 本里
58	강노위 姜魯渭	오천 五仟원	본리 本里

59	金容台(김용태)	五仟원(오천)	柿木(시목)
60	盧漢永(노한영)	四仟원(사천)	本里(본리)
61	鄭圭相(정규상)	參仟원(삼천)	本里(본리)
62	夏秉鼎(하병정)	參仟원(삼천)	本里(본리)
63	鄭桓元(정환원)	五仟원(오천)	明湖(명호)
64	河正善(하정선)	參仟원(삼천)	明湖(명호)
65	車連子(차연자)	參仟원(삼천)	靑岩面 職員(청암면 직원)
66	李炳宰(이병재)	參仟원(삼천)	岳陽 亭西(악양 정서)
67	朴周壽(박주수)	參仟원(삼천)	本里(본리)
68	金永天(김영천)	參仟원(삼천)	本里(본리)
69	朴炳鎬(박병호)	參仟원(삼천)	明湖(명호)
70	崔原一(최원일)	參仟원(삼천)	本里(본리)
71	李元根(이원근)	參仟원(삼천)	本里(본리)
72	趙洪來(조홍래)	參仟원(삼천)	本里(본리)
73	梁在權(양재권)	參仟원(삼천)	本里(본리)
74	徐貴童(서귀동)	參仟원(삼천)	本里(본리)
75	徐甲祚(서갑조)	參仟원(삼천)	本里(본리)
76	金道柱(김도주)	參仟원(삼천)	本里(본리)
77	金德遵(김덕준)	參仟원(삼천)	本里(본리)
78	梁乙錫(양을석)	參仟원(삼천)	本里(본리)
79	朴淳甲(박순갑)	參仟원(삼천)	本里(본리)
80	梁在道(양재도)	參仟원(삼천)	本里(본리)
81	盧陽範(노양범)	參仟원(삼천)	本里(본리)

청학루 건립기금 찬조자
青鶴樓 建立基金 贊助者 No.3 (현금 41명 11.65만원)

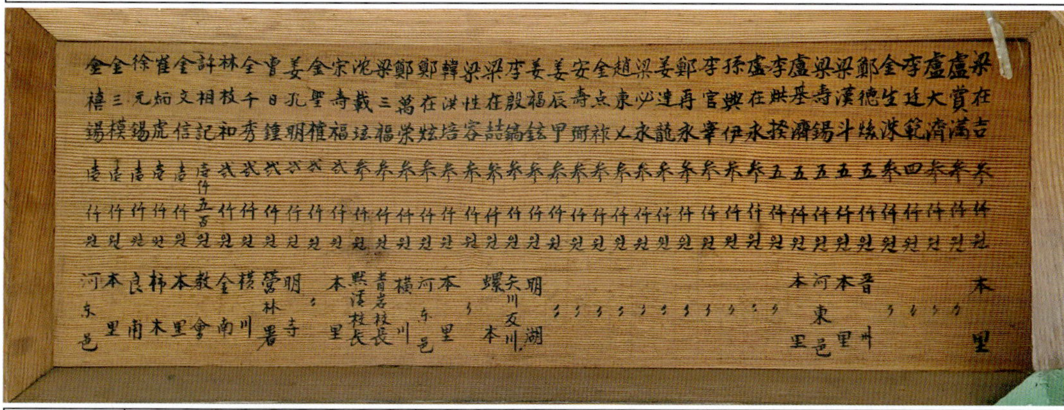

82	양 재 길 梁 在 吉	삼 천 參仟원	본 리 本里
83	노 상 만 盧 賞 滿	삼 천 參仟원	본 리 本里
84	노 대 제 盧 大 濟	삼 천 參仟원	본 리 本里
85	이 정 범 李 廷 範	사 천 四仟원	본 리 本里
86	김 생 수 金 生 水	삼 천 參仟원	본 리 本里
87	정 덕 환 鄭 德 煥	오 천 五仟원	진 주 晋州
88	양 한 두 梁 漢 斗	오 천 五仟원	본 리 本里
89	양 수 석 梁 壽 錫	오 천 五仟원	하 동 읍 河東邑
90	노 기 제 盧 基 濟	오 천 五仟원	본 리 本里
91	이 홍 규 李 烘 揆	오 천 五仟원	본 리 本里
92	노 재 영 盧 在 永	삼 천 參仟원	본 리 本里
93	손 흥 이 孫 興 伊	삼 천 參仟원	본 리 本里
94	이 관 재 李 官 宰	삼 천 參仟원	본 리 本里
95	정 재 영 鄭 再 永	삼 천 參仟원	본 리 本里
96	강 달 용 姜 達 龍	삼 천 參仟원	본 리 本里
97	양 필 영 梁 必 永	삼 천 參仟원	본 리 本里
98	조 동 칠 趙 東 七	삼 천 參仟원	본 리 本里
99	김 점 조 金 点 祚	삼 천 參仟원	본 리 本里

100	安壽弼(안수필)	參仟원(삼천)	本里(본리)
101	姜辰甲(강진갑)	參仟원(삼천)	本里(본리)
102	姜福鉉(강복현)	參仟원(삼천)	明湖(명호)
103	李殷鎬(이은호)	參仟원(삼천)	矢川 反川(시천 반천)
104	梁在喆(양재철)	參仟원(삼천)	螺本(나본)
105	梁性容(양성용)	參仟원(삼천)	螺本(나본)
106	韓洪培(한홍배)	參仟원(삼천)	本里(본리)
107	鄭在炫(정재현)	參仟원(삼천)	河東邑(하동읍)
108	鄭萬栄(정만영)	參仟원(삼천)	橫川(횡천)
109	梁三福(양삼복)	參仟원(삼천)	青岩校長(청암교장)
110	沈載玹(심재현)	參仟원(삼천)	黙溪校長(묵계교장)
111	宋壽福(송수복)	貳仟원(이천)	本里(본리)
112	金聖權(김성권)	貳仟원(이천)	本里(본리)
113	姜孔明(강공명)	貳仟원(이천)	明寺(명사)
114	曺日鍾(조일종)	貳仟원(이천)	營林署(영림서)
115	全千秀(전천수)	貳仟원(이천)	橫川(횡천)
116	林枝和(임지화)	貳仟원(이천)	金南(금남)
117	許相記(허상기)	壹仟五百원(일천오백)	敎會(교회)
118	金文信(김문신)	壹仟원(일천)	本里(본리)
119	崔炳虎(최병호)	壹仟원(일천)	柹木(시목)
120	徐元錫(서원석)	壹仟원(일천)	良甫(양보)
121	金三模(김삼모)	壹仟원(일천)	本里(본리)
122	金禧錫(김희석)	壹仟원(일천)	河東邑(하동읍)
	이하 빈칸		

청학루 건립기금 찬조자
青鶴樓 建立基金 贊助者 No.4 (현금 23명 1.8만원)

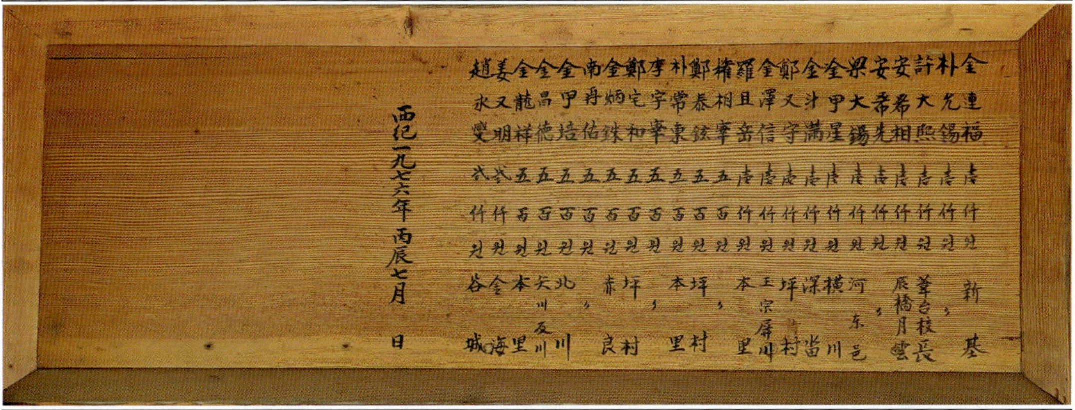

123	김 연 복 金 連 福	일 천 壹仟원	신 기 新基
124	박 윤 석 朴 允 錫	일 천 壹仟원	신 기 新基
125	허 대 희 許 大 熙	일 천 壹仟원	위 태 교 장 葦台校長
126	안 희 상 安 希 相	일 천 壹仟원	진 교 월 운 辰橋 月雲
127	안 희 선 安 希 先	일 천 壹仟원	진 교 월 운 辰橋 月雲
128	양 대 석 梁 大 錫	일 천 壹仟원	하 동 읍 河東邑
129	김 갑 성 金 甲 星	일 천 壹仟원	횡 천 橫川
130	김 두 만 金 斗 滿	일 천 壹仟원	심 답 深沓
131	양 또 수 梁 又 守	일 천 壹仟원	평 촌 坪村
132	김 택 신 金 澤 信	일 천 壹仟원	옥 종 병 천 玉宗 屛川
133	나 차 악 羅 且 岳	일 천 壹仟원	본 리 本里
134	권 상 재 權 相 宰	오 백 五百원	본 리 本里
135	정 태 현 鄭 泰 鉉	오 백 五百원	평 촌 坪村
136	박 상 동 朴 常 東	오 백 五百원	본 리 本里
137	이 우 재 李 宇 宰	오 백 五百원	본 리 本里
138	정 택 화 鄭 宅 和	오 백 五百원	평 촌 坪村
139	김 병 수 金 炳 銖	오 백 五百원	적 량 赤良
140	남 재 우 南 再 佑	오 백 五百원	적 량 赤良

141	金甲培(김갑배)	五百원(오백)	北川(북천)
142	金昌德(김창덕)	五百원(오백)	矢川 反川(시천 반천)
143	金龍祥(김용상)	五百원(오백)	本里(본리)
144	姜又明(강또명)	貳仟원(이천)	金海(김해)
145	趙永燮(조영섭)	貳仟원(이천)	谷城(곡성)

자. 靑鶴樓落成詩軸(押韻은 「流洲○愁○遊○樓」)

청학루낙성시축 압운 류주 수 유 루

■ 靑鶴樓 原韻(청학루 원운)　　昨軒 梁三俊(오헌 양삼준)

仙區千古在頭流(선구천고재두류) 선구는 오랫동안 두류산에 있고
芝草黃精香滿洲(지초황정향만주) 지초와 황정(黃精)의 향기 섬에 가득하네
松栢森森成別界(송백삼삼성별계) 소나무와 잣나무 우거져 별세계를 이루었고
雲山寂寂罷塵愁(운산적적파진수) 구름 낀 산 고요하니 속세의 근심 사라지네
推世利論豈好事(추세이론기호사) 세상따라 이익을 말하니 어찌 좋은 일인가?
登臺和韻是眞遊(등대화운시진유) 학대에 올라 시 읊는 것이 참 놀이이네
洞開人老鶴無返(동개인로학무반) 고을 열리고 사람이 늙도록 학은 돌아오지 않더니
此地巍然靑鶴樓(차지외넌청학누) 이곳에 우뚝하게 청학루가 서 있네

청학루 현판

청 학 루
靑鶴樓
원 운
原韻
오 헌 양 삼 준
烏軒 梁三俊

차 운
次韻
우 당 박 종 범
雨堂 朴鍾凡

차운 우당 박종범
次韻 雨棠 朴鍾凡

편 편 청 학 과 두 류
編翩青鶴跨頭流 훨훨 나는 청학은 두류산 타고 넘어 오고
함 외 청 탄 등 십 주
檻外清灘等十洲 난간 밖 맑은 여울은 십 주에 걸쳐 흐르네
요 대 만 전 유 승 사
腰帶萬錢惟勝事 관복의 허리띠와 만금이 마땅히 좋은 일이나,
우 의 일 몽 역 우 유
羽衣一夢亦優遊 신선 꿈 한번 꾸는 것 또한 한가로운 놀이이네
증 광 초 목 여 상 대
增光草木如相待 초목에 해 비치니 서로 기다린 것 같고
락 의 비 잠 혼 망 수
樂意飛潛渾忘愁 즐거운 뜻 비잠(飛潛) 하니 모두 근심을 잊었네
화 표 천 년 금 부 반
華表千年今復返 천 년동안 떨친 명성 이제 다시 돌아오니
성 성 응 문 옥 경 루
聲聲應聞玉京樓 드높은 소리 응당 옥경루에 들리리라

우 청사 정원석
又 晴沙 鄭元錫

백 석 린 벽 옥 류
白石磷々碧玉流 맑고 깨끗한 백석에 푸른 옥 같은 물 흐르고
천 반 곡 노 송 주
千盤曲々老松洲 일천 굽이 골짜기마다 노송이 가득하네
백 년 금 일 개 청 안
百年今日開青眼 백 년 흐른 오늘날 반갑게 맞이하니
만 리 장 풍 파 구 수
萬里長風破舊愁 만 리 먼 바람에 오랜 근심 사라지네

녹 적 창 태 쇠 초 몰
鹿跡蒼苔衰草沒 사슴 발자국 푸른 이끼는 시든 풀과 사라지고

학 봉 교 목 제 운 유
鶴峯喬木霽雲遊 학봉의 높은 나무엔 구름이 걸려 같이 노니

백 겁 회 여 한 골 입
百怯灰餘寒骨立 오래 불탄 뒤라 바위 돌만 우뚝하고

청 산 낙 일 부 고 루
青山落日俯高樓 푸른 산 지는 해는 높은 누각 굽어보네

■ 又(우) 東軒(동헌) 鄭煥福(정환복)

대 역 경 영 세 월 류
大役經營歲月流 큰일을 경영하며 세월이 흐르고

정 련 주 함 접 방 주
政憐朱檻接芳洲 행정에서 도움 주어 공사를 시작했네

적 묵 계 성 기 학 려
寂默溪聲欺鶴唳 고요한 시냇물 소리 학의 울음 속이고

등 림 물 색 야 시 수
登臨物色惹詩愁 주위의 물색들은 시상을 일으키네

행 시 속 진 종 불 염
幸是俗塵終不染 다행히 속진(俗塵)에 끝까지 물들지 않은

납 량 선 객 기 상 유
納凉仙客幾相遊 시원한 선객(仙客)이 몇이나 놀았는가?

도 자 가 방 빙 환 지
到玆可訪憑懽地 이곳에 찾아와 환지(懽地)에 기대어 보니

지 비 천 장 유 일 루
地祕天藏有一樓 하늘과 땅이 비장한 한 누각이 있네

■ 又(우) 石隱(석은) 南再佑(남재우)

대 사 경 영 기 재 류
大事經營幾載流 대사를 경영한 지 몇 해나 흘렀는가?

지 령 최 호 묵 계 주
地靈最好默溪洲 신령스러운 땅으로 최고 좋은 묵계 골에서

미 장 산 색 능 도 흥
美粧山色能挑興 아름답게 꾸민 산색 능히 흥을 일으키고

한 문 천 성 가 척 수
寒聞泉聲可滌愁 차가운 샘물 소리 가히 근심을 씻는구나!

고 모 명 관 연 좌 석
高帽名冠連座席 고명한 명인들 연좌한 자리에서

제 시 파 주 즉 선 유
題詩把酒卽仙遊 시 짓고 술 마시니 곧 신선놀음이네

가 련 학 무 천 연 국
可憐鶴舞天然局 학이 춤추는 자연스러운 형국이 좋기도 하니

하 선 황 주 구 죽 루
何羨黃州舊竹樓 어찌 황주(黃州)의 옛 죽루를 부러워하랴?

■ 又(우) 江城 文永紹(강성 문영소)

特地煙霞碧玉流(특지연하벽옥류) 특별한 곳이라 안개 끼고 벽옥같은 시내 흐르는데

高臨翬革黙溪洲(고림휘혁묵계주) 높다랗게 날듯한 곳에 묵계 골이 있었네

靈區追想千年事(영구추상천년사) 신령한 지역의 천 년 일을 미루어 생각해 보니

仙世頓忘萬古愁(선세돈망만고수) 신선 세상이라 만고의 근심 모두 잊었겠지.

青鶴一飛不復見(청학일비불부견) 청학은 한 번 날아가 다시 보이지 않으니

黃中十脇何時遊(황중십협하시유) 황중십협(黃中十脇)에서 어느 때나 놀아 볼까?

願言飮落吟成後(원언음락음성후) 원하건대 낙성하고 시 읊은 뒤에

眞是江山第一樓(진시강산제일루) 진실로 강산에서 제일가는 누각이리라.

■ 又(우) 蓮坡 朴在鎌(연파 박재겸)

曾聞青鶴在頭流(증문청학재두류) 일찍이 청학이 두류산에 있다 들었는데

山作環城水作洲(산작환성수작주) 산은 성을 두른듯 물은 땅을 감싼 듯 하네

地祕人望多積善(지비인망다적선) 지세가 비밀스러워 사람들은 적선 많이 하길 바랐고

天藏誰有未求愁(천장수유미구수) 하늘이 감춰두어 찾지 못하고 근심한 이 누구였던가.

飛簷亂雪花方落(비첨란설화방락) 어지러이 날리는 눈처럼 꽃잎이 바야흐로 떨어지고,

入戶香風麝近遊(입호향풍사근유) 문으로 스며드는 향기로운 바람에 사향이 가까이 있음을 알았네

賀客登臨增感歎(하객등림증감탄) 하객들 누에 올라 감탄이 더하여지고

如何求得自然樓(여하구득자연루) 어떻게 이런 자연스러운 누각을 만들어 내었나?

■ 又(우) 錦江 金炳銖(금강 김병수)

爲尋青鶴上頭流(위심청학상두류) 청학을 찾기 위해 두류산에 오르니

山作花心水作洲(산작화심수작주) 산은 꽃과 같고 물은 섬을 만들었네

聞說多年都入夢(문설다년도입몽) 몇 해 동안 말로만 듣고 모두 꿈속 일이었는데

登臨此日却消愁(등림차일각소수) 오늘 이곳에 올라보니 도리어 근심이 사라지네

천 년 방 장 최 선 적
千年方丈崔仙跡 천년의 방장산은 최고운의 선적(仙跡)이고,
사 월 풍 포 정 자 유
四月風蒲鄭子遊 사월에 부는 버들 바람은 정자(鄭子)의 유풍이네
왕 객 래 빈 휴 게 소
往客來賓休憩所 오가는 사람들에게 쉬어가는 장소 되니
거 인 공 덕 재 사 루
居人功德在斯樓 주민들의 공덕이 이 누각에 담겨있네

■ 又(우) 晉陽 鄭萬榮(진양 정만영)

아 행 서 거 수 동 류
我行西去水東流 난 서쪽으로 가는데 물은 동쪽으로 흐르니
심 입 궁 원 별 유 주
深入窮源別有洲 깊숙이 발원지에 들어서자 별도의 고을이 있네
백 석 청 계 무 한 호
白石淸溪無限好 백석과 청계가 한없이 좋기만 하니
유 인 재 사 기 소 수
幽人才士幾消愁 은자와 재사들 몇이나 근심을 삭였나.
천 장 지 비 수 능 식
天藏地祕誰能識 하늘과 땅이 감춘 비밀 누가 알 수 있을는지
송 로 운 농 학 재 유
松老雲濃鶴在遊 늙은 소나무 구름 짙은 곳에 학이 놀고 있구나
성 불 여 군 심 불 속
誠不如君心不束 진실로 그대처럼 마음을 단속하지 않았다면
산 재 안 득 기 사 루
散財安得起斯樓 돈 들여 이 누각을 어찌 세울 수 있었으랴

■ 又(우) 梅谷 姜亨洙(매곡 강형수)

곡 곡 청 계 쇄 옥 류
曲曲淸溪碎玉流 굽이굽이 맑은 시내는 옥가루처럼 흐르고
청 등 로 백 만 정 주
靑藤老栢滿汀洲 푸른 등나무 오래된 잣나무가 물가 마을에 가득하네
빙 란 돈 망 삼 경 열
憑欄頓忘三庚熱 난간에 기대니 삼복더위를 문득 잊고
대 작 도 소 만 종 수
對酌都消萬種愁 술잔 드니 만 가지 근심이 다 사라지네
구 양 폐 래 신 양 전
舊樣癈來新樣展 옛 모습은 사라지고 새로운 모습 펼쳐지니
전 인 유 거 후 인 유
前人遺去後人遊 전인들 남기고 간 곳에 후인이 노니는구나!
풍 광 여 허 겸 시 주
風光如許兼詩酒 풍광이 좋아 시와 술을 겸하게 되니
나 득 주 공 불 상 루
那得住笻不上樓 어찌 지팡이 놓고서 누각에 오르지 아니하랴?

■ 又(우)　　雨林 劉洪碩(양림 유홍석)

청 학 고 명 만 고 류
青鶴高名萬古流 청학의 높은 이름 만고에 흐르는데
세 인 전 설 승 영 주
世人傳說勝瀛洲 세인들 전하는 말 영주보다 낫다네
만 장 시 주 성 환 락
滿場詩酒成歡樂 가득 모인 사람들 시와 술로 즐거움을 일으키고
무 한 풍 광 원 객 수
無限風光遠客愁 한도 없는 풍광은 객의 근심 멀어지게 하네
잠 탈 속 진 참 성 회
暫脫俗塵參盛會 잠깐 세속을 벗어나 성대한 모임에 참석해
료 득 선 분 작 청 유
聊得仙分作淸遊 그런대로 신선의 연분 얻어 맑은 놀이 하였네
령 구 승 적 종 난 폐
靈區勝跡終難廢 신령한 곳의 훌륭한 자취 끝내 사라지지 않으리니
수 계 탄 성 창 일 루
修契殫誠創一樓 수계(修契)의 정성이 한 누각을 이루었네

■ 又(우)　　河東邑 天安 全相秀(하동읍 천안 전상수)

단 청 이 필 회 풍 류
丹青已畢會風流 단청을 마치고 멋드러진 자리에 모이니
혹 애 산 정 혹 애 주
或愛山精或愛洲 어떤 이는 산을 사랑하고 어떤 이는 물가를 사랑하네
하 일 증 무 요 선 사
夏日曾無搖扇事 여름인데도 일찍이 부채 흔들 일 없고
춘 풍 지 유 락 화 수
春風只有落花愁 봄바람에 다만 꽃 떨어질까 근심하네
무 빈 조 수 수 간 목
無貧釣叟垂竿睦 부족함 없이 낚시하는 늙은이는 낚싯대 드리우고 온화하며
원 해 초 동 반 록 유
遠害樵童伴鹿遊 해로움을 멀리한 초동(樵童)은 사슴과 짝하여 노는구나!
중 력 승 천 응 지 리
衆力承天應地利 여러 사람 힘으로 하늘을 받들고 지리에 응하여서
웅 호 불 하 고 인 루
雄豪不下古人樓 웅장하고 빼어남 고인의 누각에 뒤지지 않네

■ 又(우)　　東湖 姜奎薰(동호 강규훈)

청 학 고 명 여 세 류
青鶴高名與世流 청학의 높은 이름 세월과 함께 흘러와
쾌 장 심 사 방 선 주
快將心事訪仙洲 상쾌한 마음으로 선계의 고장을 방문했네
망 중 경 조 시 인 취
望中景助詩人趣 바라본 경치는 시인의 흥취를 돋아주고
령 상 운 귀 객 자 수
嶺上雲歸客子愁 고개 위 구름은 객의 근심을 쓸어가네

유 약 타 시 뇌 몽 매
有約他時腦夢寐 약속했던 다른 날 꿈속에서 그리워했으니
상 봉 금 일 작 오 유
相逢今日作遨遊 서로 만난 오늘에 즐겁게 놀아 보세
심 진 막 설 사 문 계
尋眞莫說沙門界 진경을 찾는 것 북계(佛界)에 있다고 말하지 말게
승 지 요 림 차 일 루
勝地聊臨此一樓 명승지가 바로 하나의 누각에 임하였다네

■ 又(우) 晉陽 姜福鉉(진양 강복현)

특 지 거 인 시 은 류
特地居人是隱流 특별한 땅에 사람들이 살며 은거했던 곳이고
번 화 유 승 구 영 주
繁華惟勝舊瀛洲 번화했던 승경지로 오직 예전의 영주이네
간 화 도 처 무 진 루
看花到處無塵累 꽃 보며 이른 곳에는 세속의 번잡한 일 없고
순 록 다 시 송 세 수
馴鹿多時送世愁 순록(馴鹿)이 많은 시기라 세상 근심 사라지네
래 마 청 금 수 일 흥
來馬靑衿輸逸興 말을 타고 오는 유생은 흥겨움을 실어내고
주 공 백 발 임 환 유
住笻白髮任歡遊 지팡이 짚고 오는 백발노인은 즐겁게 실컷 노는구나!
난 정 수 계 교 전 미
蘭亭修禊交專美 난정(蘭亭)의 계 모임은 교제하며 아름다움을 전승했으니
락 사 년 년 상 차 루
樂事年年上此樓 즐거운 일은 해마다 이 누각에 오르는 것이리.

■ 又(우) 松坡 鄭元和(송파 정원화)

방 장 산 명 여 세 류
方丈山名與世流 방장산이란 이름 세상에 함께 전해져
선 구 봉 도 우 영 주
仙區蓬島又瀛洲 선구인 봉도(蓬島)와 영주(瀛洲)였다네
영 대 금 세 인 로 력
營臺今歲人勞力 올해에 대(臺)를 만든 것은 사람들의 노력이라
람 물 임 시 객 망 수
覽物臨時客忘愁 대에 올라 만물을 바라보며 객은 근심을 잊는다네
삼 경 창 생 감 고 열
三庚蒼生堪苦熱 삼복더위에 창생이 고열을 감내하여
일 천 가 일 족 청 유
一天佳日足淸遊 날씨 화창하고 좋은 날에 청유(淸遊)를 즐길 수 있게 되었네
전 래 의 설 진 청 학
傳來疑說眞靑鶴 전설에는 진실로 청학이 있었다는데
학 불 비 래 기 차 루
鶴不飛來起此樓 학은 날아가 오지 아니하고 이 누각만 건립했네

■ 又　　橫川 忍堂 金鍾烈

우　　횡천 인당 김종렬

산준곡심수자류
山峻谷深水自流 산 높고 골 깊은데 물은 스스로 흐르고
고저석경문정주
高低石逕問汀洲 높고 낮은 돌길에 물가 섬을 물어서 찾네
음시파주림시사
吟詩把酒臨時事 시 읊고 술 마시는 지금의 일을 대하자
경야우가이일수
耕野憂家異日愁 밭 갈거나 집안일 걱정은 다른 날의 근심일세
세변신조현사피
世變新潮賢士避 세상이 변해 신풍조 밀려오면 현사는 피할 것이니
지령고호일인유
地靈古湖逸人遊 영지의 옛 호수에 은사가 노닐리라.
연래수계청유처
年來修契淸幽處 해마다 계 모임 하던 맑고 그윽한 곳에
유사익연청학루
有舍翼然靑鶴樓 날개를 펼친 듯한 건물이 있으니 청학루라네

■ 又　　月城 金澤信

우　　월성 김택신

두대신산리옥류
頭戴神山履玉流 머리에 신산을 이고 옥류를 밟으니
기화요수일선주
琪花瑤樹一仙洲 아름다운 꽃과 나무 신선의 섬이네
별천일월휘삼교
別天日月輝三教 별천지의 해와 달은 삼교(三教)를 빛내고
특지풍운소백수
特地風雲掃百愁 특별한 땅의 풍운은 일백 근심 쓸어내네
시주난사향로락
詩酒難辭香老樂 시와 술 사양키 어렵고 늘그막의 즐거움 향기로우니
금기하손죽현유
琴棋何遜竹賢遊 거문고와 바둑 어찌 죽림칠현의 노닒만 못하랴?
당여회억창상사
儻如回憶滄桑事 아마도 이 상전벽해의 일을 기억하리니
응시유인독의루
應是幽人獨倚樓 마땅히 유인(幽人)이 홀로 누각에 의지하리라

■ 又　　雲汀 安希先

우　　운정 안희선

일입두류세월류
一入頭流歲月流 한 번 두류산에 들어와 세월이 흐르니
시지방장격영주
始知方丈隔瀛洲 비로소 방장이 영주와 떨어졌음을 알겠네
우여방초첨시흥
雨餘芳草添詩興 비 온 뒤의 방초는 시의 흥을 더해 주고
영상귀운야객수
嶺上歸雲惹客愁 고개 위의 흘러가는 구름은 객의 근심을 자아내네

결교다년희면화
結交多年稀面話 오랫동안 사귀었으나 얼굴 보며 말할 기회 드물었는데
수초차일작선유
受招此日作仙遊 오늘 초대받고서 신선처럼 자유롭게 노니네
고금수이동취미
古今雖異同趣味 고금이 비록 다르나 취미는 서로 같으니
청학여하황학루
靑鶴如何黃鶴樓 청학루가 황학루에 비해 어떠한가.

■ 又 孔炳鎬
우 공병호

단확영롱백일류
丹臒玲瓏白日流 단확이 영롱하고 백일이 흘러가
시지청학재방주
始知靑鶴在芳洲 비로소 청학이 좋은 곳에 있음을 알겠네
앙반나갈진조건
仰攀蘿葛眞助健 머리 들고 칡덩굴 당기니 참으로 하늘이 도왔고
부시연진총시수
俯是烟塵摠是愁 굽어보자 연기와 티끌이니 모든게 근심이라네
구주인증무량복
久住人增無量福 오래 거주하여 인구가 늘어나니 무량한 복이었고
초래객한미증유
初來客恨未曾遊 처음 온 손님은 일찍이 노닐지 못한 것이 한이로세
하양자차관광지
河陽自此觀光地 하양은 오늘부터 관광지가 되리니
호시명산호시루
好是名山好是樓 이 좋은 명산에 이렇게 좋은 누각일세

■ 又 光陽 月波 文聖甲
우 광양 월파 문성갑

화동영롱월영류
畵棟玲瓏月影流 단청한 기둥 영롱하고 달그림자 흐르는데
선 송학하운주
仙々松鶴下雲洲 신선이 타던 소나무 위의 학은 구름 서린 고을에 내려오네
경영십재나감고
經營十載那堪苦 십 년 경영하며 얼마나 괴로움 견디었나!
건축삼춘시해수
建築三春始解愁 춘삼월에 건축하니 비로소 근심 풀리네
웅장정여천제격
雄壯政如天際隔 웅장함은 정말로 하늘 끝을 가릴 듯하고
청량흡사수중유
淸凉恰似水中遊 청량함은 마치 물속에서 노니는 듯하네
등임망각귀가의
登臨忘却歸家意 올라 보니 도리어 집에 돌아갈 마음 잊게 되어
백수타향독의루
白首他鄕獨倚樓 백수(白首) 노인이 타향에서 홀로 누각에 의지하네

우
■ 又　　광양 소계 주정수
光陽 小溪 朱正洙

산 지 제 일 유 두 류
山之第一有頭流 산 중에 제일인 두류산이 있고
두 치 남 강 이 수 주
豆耻南江二水洲 두치와 남강 두 물줄기 흐르네
두 노 정 영 경 세 재
蠹老精英經世在 일두의 정화(精華)인 경세(經世)가 남아 있고
최 옹 소 식 사 인 수
崔翁消息使人愁 고운의 소식이 사람을 근심스럽게 만드는구나!
도 화 일 난 어 랑 멱
桃花日暖漁郎覓 복사꽃 핀 따뜻한 날에는 어부가 찾아오고
계 수 운 심 호 시 유
桂樹雲深虎豺遊 계수나무 구름 낀 곳에서 호시(虎豺)가 노는구나!
차 문 수 가 승 학 거
借問誰家乘鶴去 묻노니 어느 누가 학을 타고 갔는가?
등 림 방 객 하 공 루
登臨放客賀空樓 누에 오른 방객들은 허공에 솟은 누각에 하례하네

우
■ 又　　완산 이우재
完山 李宇宰

방 호 산 흘 묵 계 류
方壺山屹默溪流 방호산 우뚝하고 묵계는 흐르고
로 죽 풍 송 경 영 주
露竹風松競映洲 이슬 맞은 대와 나부끼는 솔잎 다투어 섬을 비추네
훈 주 미 증 성 극 수
薰酒彌增星極壽 향기로운 술은 더해가고 밤 깊어 노인성이 떴는데
청 기 소 각 장 염 수
清棋消却瘴炎愁 한가로운 바둑이 도리어 장염(瘴炎) 근심 물리치네
만 정 화 초 연 중 취
滿廷花草烟中醉 뜰에 가득한 화초는 안개 속에서 취해 가고
탈 속 어 금 물 외 유
脫俗魚禽物外遊 속세 벗어난 어금(魚禽)은 세상 밖에서 노는구나!
명 승 유 린 금 역 험
名勝有隣今亦驗 명승이 이웃에 있어 지금 와서 보노니
동 호 지 척 악 양 루
洞湖咫尺岳陽樓 동정호 지척에 악양루가 있구나.

우
■ 又　　운당 노용제
雲堂 盧庸濟

삼 신 산 하 양 계 류
三神山下兩溪流 삼신산 아래 두 시내가 흐르고
고 목 참 치 영 도 주
古木參差影到洲 고목들 들쑥날쑥하고 그림자 섬에 비치네
거 석 단 환 장 별 계
巨石端環藏別界 큰 돌들이 담을 쌓아 별세계를 감추었고
군 만 족 출 포 고 루
群巒簇出抱高樓 뭇 산들이 연이어 나와 높은 누를 감쌌구나

권 극 등 사 응 유 락
倦屐登斯應有樂 늦게서야 이곳에 올라 즐거움이 있음을 알겠으니
행 인 도 차 각 망 수
行人到此却忘愁 행인들 여기에 와 도리어 근심을 잊겠네
원 방 고 우 상 담 석
遠方故友相談席 먼 곳의 옛 벗들 서로 담소하는 자리
진 일 빙 란 취 차 유
鎭日憑欄醉且遊 온종일 난간에 기대어 취하면서 노니네

■ 又(우) 靑南 全千秀(청남 전천수)

남 치 화 수 속 두 류
南馳華峀屬頭流 남으로 치달린 산줄기 두류산에 붙었는데
연 수 참 치 석 간 주
烟樹參差石澗洲 안개 속 나무는 들쑥날쑥하고 석간수 흘러 고을이 되었네
사 죽 관 현 유 락 사
絲竹管絃惟樂事 현악기와 관악기는 오직 즐거운 일이고
송 풍 나 월 총 시 수
松風蘿月摠是愁 송풍(松風)과 나월(蘿月)은 모두 근심이라네
분 망 도 각 인 다 회
紛忘都却人多會 어지러움 잊고 모두 떠났으나 사람들 많이 모여
소 영 무 상 사 공 유
嘯咏無常士共遊 무상함을 읊조리며 선비들과 함께 노니네
고 적 천 년 분 물 색
古蹟千年分物色 천년의 고적 일의 이치를 분별해 보니
동 명 청 학 일 고 루
洞名靑鶴一高樓 청학동이라는 고을 이름 높은 누각과 같구나

■ 又(우) 河東邑 白周善(하동읍 백주선)

결 사 경 영 세 월 류
結社經營歲月流 시사를 맺어 경영하고 세월이 흘러
동 량 단 확 영 방 주
棟樑丹雘暎芳洲 기둥의 단확이 방주에 비치네
경 장 소 영 다 선 미
瓊章嘯咏多仙味 아름다운 시 읊은 것 선계의 진미 많더니
진 적 등 림 각 세 수
塵跡登臨却世愁 속인의 자취가 올라가 임하자 세상 근심 사라지네
초 자 지 인 송 득 로
樵子志仁松得老 초자(樵子)는 마음 착해 솔처럼 늙어가고
거 인 원 해 록 래 유
居人遠害鹿來遊 거인들의 해가 없는 사슴이 와서 노는구나!
서 생 진 시 기 진 제
徐生眞是欺秦帝 서불(徐市)이는 참으로 진시황을 속였는데
합 입 청 암 작 차 루
盍入靑岩作此樓 어찌 청암에 와서 누각을 건립지 않았는가?

■ 又(우) 盧大濟(노대제)

곡 곡 청 계 양 협 류
曲曲淸溪兩峽流 굽이굽이 맑은 시내 두 골에 흐르는데
위 모 정 사 여 촌 주
爲謀精榭歟村洲 훌륭한 정자를 마을에 세우자 도모하였네
동 벽 운 심 삼 거 리
洞僻雲深三巨里 골은 후미지고 구름 깊은 삼거리에
산 환 수 포 일 고 루
山環水抱一高樓 산이 두르고 물이 감싼 높은 누각이네
지 무 별 유 거 민 원
地無別有居民願 이곳에 주민들 특별히 원하는 것 없으나
학 불 귀 래 숙 조 수
鶴不歸來宿鳥愁 학이 돌아오지 않으니 자는 새는 근심하네
준 공 차 일 쟁 가 무
竣工此日爭歌舞 준공한 오늘 노래와 춤으로 경쟁하듯 하더니
각 망 황 혼 진 취 유
却忘黃昏盡醉遊 도리어 황혼도 잊고 모두 취하여 노니네

■ 又(우) 日農 安希相(일농 안희상)

응 간 등 림 수 곡 류
應簡登臨水曲流 초대받고 와서 보니 물은 굽이 흐르고
명 산 요 목 재 방 주
名山要目在芳洲 명산 중요한 조목 아름다운 고장에 있네
영 상 주 육 인 다 감
盈床酒肉人多感 상에는 술과 고기 가득하고 사람들 감회가 깊어지니
만 지 연 하 객 사 수
滿地烟霞客寫愁 땅에 가득한 연하가 객의 근심을 없애주네
수 리 화 개 군 접 희
樹裏花開群蝶戲 숲속에 꽃 피니 여러 나비 희롱하고
봉 두 운 습 노 룡 유
峯頭雲濕老龍遊 산머리에 구름 끼니 늙은 용이 노는구나!
가 련 금 세 문 장 소
可憐今世文章小 금세에 문장가 적은 것이 가련하니
수 급 고 제 황 학 루
誰及古題黃鶴樓 옛날 황학루에 시 지은 것에 어느 누가 미치리

■ 又(우) 禮樵 吳圭洙(예초 오규수)

만 심 석 벽 압 계 류
萬尋石壁壓溪流 만길 높은 석벽이 흐르는 시냇물을 누르는 듯하니
단 책 주 저 부 차 주
短策躕躇俯此洲 짧은 지팡이 멈추고서 이 마을을 굽어보네
군 산 취 적 풍 성 정
群山翠滴風聲靜 여러 산에는 푸른 기운 어리니 바람 소리 고요하고
소 체 화 잔 조 어 수
小砌花殘鳥語愁 작은 섬돌에 꽃 떨어지니 새 소리 근심스럽네

다 기 세 로 위 수 호
多岐世路爲誰好 갈래 많은 세상 길 어느 누가 좋아하랴?
만 두 소 정 여 자 유
滿肚騷情與子遊 마음 가득한 시 정으로 그대와 노닐리라
청 학 이 비 유 적 묘
靑鶴已飛遺蹟杳 청학은 이미 날아가 남은 자취 묘연한데
천 추 명 재 일 고 루
千秋名在一高樓 천추에 이름은 이 높은 누상에 남아 있네

■ 又(우) 盧仁濟(노인제)

양 협 청 계 불 식 류
兩峽淸溪不息流 두 골짝 맑은 시내 쉬지 않고 흐르고
삼 산 반 락 여 촌 주
三山半落歟村洲 삼신산은 이 마을에 반쯤 걸쳐있네
호 간 정 결 기 형 석
好看淨潔奇形石 보기 좋은 것은 정결한 기형의 돌이요
시 립 단 청 양 각 루
始立丹靑兩閣樓 처음 세운 것은 단청한 양각의 누각이더라
소 인 빈 도 증 무 원
騷人頻到曾無怨 시인들 자주와도 일찍이 원망함이 없었고
소 학 시 래 응 불 수
巢鶴時來應不愁 둥지 트는 학은 수시로 와도 응당 근심하지 않았네
배 반 낭 자 준 공 식
盃盤狼藉竣工式 술상이 낭자한 준공식에서
노 소 상 종 진 일 유
老少相從盡日遊 노소가 함께 종일토록 노니는구나!

■ 又(우) 吳泰煥(오태환)

수 척 석 교 리 섭 류
數尺石橋利涉流 두어 척 돌다리 시내 건너기 편리해
천 애 행 객 왕 래 주
天涯行客往來洲 온 세상 나그네 왕래하는 섬이네
송 창 적 적 금 서 락
松窓寂寂琴書樂 솔가지 드리운 창이 고요하여 거문고와 책이 즐겁고
풍 우 비 비 세 사 수
風雨霏霏世事愁 바람비 몰아치면 세상사 근심스럽네
동 명 청 학 지 선 적
洞名靑鶴知先跡 고을 이름은 청학동이니 선인의 자취 알겠고
로 경 백 암 작 원 유
路經白岩作遠遊 길은 백석동천을 지나서 멀리 나와 노니네
원 득 영 구 시 일 호
願得靈區是日好 바라건대 영구(靈區)를 찾아온 이 날이 좋으니
심 약 연 년 일 상 루
尋約年年一上樓 해마다 한 번 누각에 오르길 약속하노라

■ 又 (우)　　鴻山 姜浚垞 (홍산 강준택)

청계골골향동류
淸溪汨汨向東流 맑은 시내는 동으로 졸졸 흐르고
위함외연백석주
危檻巍然白石洲 위태로운 난간은 백석 골에 우뚝이 섰네
구속아진촌수묵
舊俗雅眞村守黙 옛 풍속 바르고 진실하여 고을은 고요함을 지켰고
후현만재지무수
後賢滿載地無愁 후현(後賢)들 가득하니 이곳엔 근심이 없구나
감수방농청소몽
甘睡方濃靑少夢 바야흐로 단잠 깊어지자 청년 시절 꿈을 꾸고
양생개원차우유
養生皆願此優遊 모두가 양생을 원하여 이곳에서 한가롭고 편안하네
거세분탐승경행
擧世奔耽勝景行 온 세상 분주하게 명승지 찾아다니니
인인일일입사루
人人一一入斯樓 사람들 모두 한 번씩은 이 누각에 와 보겠네

■ 又 (우)　　北川 東崗 金甲培 (북천 동강 김갑배)

거립심진소수류
車笠尋眞溯水流 신분 고하 막론하고 진경 찾으러 흐르는 물 거슬러 오니
사산가기옹방주
四山佳氣擁芳洲 사방 산의 아름다운 기운이 방주를 호위하고 있네
존심지유간서술
存心只有看書術 마음은 다만 글 보는데 두고
양성도무향궐수
養性都無向闕愁 성품은 도무지 근심치 아니함이 없네
모초원두군독와
茅草原頭群犢臥 언덕 위 풀밭에 송아지 무리 누워있고
포화이락난봉유
匏花籬落亂蜂遊 울타리에 핀 박꽃에 벌들이 날아다니네
천시지리겸인력
天時地利兼人力 천시와 지리에다 인력을 겸하여서
삼합구성제일루
三合俱成第一樓 세 가지를 모아 함께 천하제일의 누각을 완성했네

■ 又 (우)　　一愚 金甲秀 (일우 김갑수)

심청학동상두류
尋靑鶴洞上頭流 청학동을 찾아서 두류산에 올라오니
혼혼원천곡곡주
渾渾源泉曲曲洲 넘실넘실 원천의 물 굽이굽이 고을에 흐르네
윤환동량내객하
輪奐棟樑來客賀 크고 아름다운 큰 기둥을 내빈들 치하하니
길거부로기년수
拮据父老幾年愁 애쓰며 일한 부로들 몇 년이나 근심했던가?

草芳院落牛羊吃(초방원락우양흘) 풀 향기 나는 집 동산에 소와 양이 웃고
雲暗厜㕒獐鹿遊(운암수의장록유) 구름 낀 산마루에 노루와 사슴이 노니네
聞說他鄕遊自語(문설타향유자어) 다른 고을에 소문이 나 저절로 말이 들리더니
河陽聳出一高樓(하양용출일고루) 이곳 하양에 높은 누각 하나가 우뚝 솟았구나

■ 又(우) 竹軒(죽헌) 姜雄渭(강웅위)

淸溪曲曲抱山流(청계곡곡포산류) 맑은 시내 굽이굽이 산을 안고 흐르고
竹栢蒼松映長洲(죽백창송영장주) 대와 잣나무 푸른 솔은 긴 섬에 비치네
風光滿眼因吟下(풍광만안인음하) 눈에 가득 풍광 담고 시 읊으며 내려오니
灑落衿期損世愁(쇄락금기손세수) 시원스런 흉금의 포부 세상 근심 덜어주네
夏日鶯啼綠樹裡(하일앵제록수리) 여름날 꾀꼬리 소리는 푸른 숲에서 들려오고
南川北澗魚自遊(남천북간어자유) 남북으로 시내에는 물고기들 유유자적하네
喬木猗猗千歲遠(교목의의천세원) 무성한 높은 나무 천년 토록 길이 남을 것이고
丹靑畵閣萬年樓(단청화각만년루) 단청으로 채색한 누각 만년 토록 우뚝하리라

■ 又(우) 樵隱(초은) 朴淳鳳(박순봉)

方壺山脈向南流(방호산맥향남류) 방호산 줄기 남쪽을 향해 흘러왔고
千古仙庄在此洲(천고선장재차주) 오랜 세월 신선의 거처가 고장에 있네
和氣團團飛畵閣(화기단단비화각) 조화로운 기운 모이고 모여 단정한 누각에 날아들고
妙詩戀戀送塵愁(묘시연련송진수) 오묘한 시로 연연해하며 속세의 근심을 떨쳐내네
綠陰幽谷鶯歌舞(녹음유곡앵가무) 푸른 그늘 깊은 골에 꾀꼬리 노래하며 날고
白石淸溪魚躍遊(백석청계어약유) 흰 돌 맑은 시내에는 물고기들 뛰어오르며 노네
勝地分明多好景(승지분명다호경) 명승지에는 분명히 좋은 경치 많으니
契名鶴老建斯樓(계명학노건사루) 학로계라는 모임에서 이 누각을 건립했네

■ 又　　安東 權寧執

我笻深入問頭流 나 지팡이 짚고 멀리 와 두류산을 묻고
淸夢徘徊十二洲 맑은 꿈 주며 십이 주를 배회하네
萬疊雲山忘世態 만첩의 구름산은 세상의 모습을 잊게 하고
百回川石送人愁 백번 굽이친 물가의 돌은 사람의 근심을 떨쳐주네
可知多士留誠力 많은 선비가 머무르며 성력을 쏟은 줄 알겠으니
將有文章做壯遊 장차 문장가들 시 짓고 유람하며 놀겠네
靑鶴千年無定處 청학은 천년 동안 정해진 거처 없었는데
嘎然從此訪斯樓 이제부터 소리 내 울며 이 누각을 방문하리

■ 又　　蔚山 金月敎

三神峯下水東流 삼신봉 아래에 물은 동으로 흐르고
鳳舞五峯鶴此洲 봉은 오봉에서 춤추고 학은 이곳에 있네
岩石層層存佛像 층층의 암석에는 불상들이 있고
樹林鬱鬱解禽愁 울창한 수풀은 새의 근심 풀어 주네
勝地薰薰芳草綠 명승지 훈훈하고 방초는 푸르르며
淸溪汨汨好魚遊 청계는 콸콸 흐르니 고기들 놀기 좋구나
登臨是日使人警 오늘 올라와 보니 사람을 놀라게 하고
遠近會賓共賀樓 원근에서 모인 손님 모두들 누각을 축하하네

■ 又　　咸安 趙南得

三神峯下默溪流 삼신봉 아래에 묵계가 흐르고
仙界芬香之消愁 신선의 향기가 근심을 지우네
登臨臺上嘆詩拙 대 위에 올라가 시가 졸렬함을 탄식하니
眞是方壺第一樓 참으로 이것이 방호산의 제일루일세

우 옥종 신당 정재규
■ 又 玉宗 新塘 鄭在奎

영축자성세월류
營築玆城歲月流 이 성을 쌓으며 세월이 흐르고
녹음승경요장주
綠陰勝景繞長洲 녹음 진 경치가 긴 섬을 둘렀네
풍래수면파여금
風來水面波如錦 바람 부는 수면에 물결이 비단 같고
일난지전학불수
日暖芝田鶴不愁 햇볕 따스한 지초밭엔 학이 근심치 않네
화동우휘영월립
畵棟尤輝迎月立 단청한 기둥 더욱 빛나 달빛 맞아 우뚝하고
신시조흥반춘유
新詩助興伴春遊 새로운 시 흥을 도와 봄을 짝해 노는구나!
준공성력어사대
竣工誠力於斯大 일을 이룬 정성과 노력 여기에 성대하니
원객휴공상차루
遠客携笻上此樓 멀리서 지팡이 짚고 온 손님 이 누각에 오르네

우 횡천 정순화
■ 又 橫川 鄭順和

노자고저수자류
路自高低水自流 길은 스스로 높고 낮고 물은 저절로 흐르고
동명청학시방주
洞名靑鶴是芳洲 고을 이름이 청학동이라 아름다운 마을이구나
백일훈풍인공회
白日薰風人共會 화창한 날 훈훈한 바람 불고 사람들 함께 모였고
창연고목조무수
蒼烟古木鳥無愁 푸른 안개 낀 고목에는 새의 근심이 없네
시례교환현사취
詩禮交歡賢士趣 시 지으며 사귀는 기쁨은 현사들의 풍취이고
거기래왕속민유
車騎來往俗民遊 차 타고 왕래하는 것은 속민들의 놀이이네
산심촌벽묵계리
山深村僻默溪里 깊은 산 속 궁벽한 마을인 묵계리
영세전지차일루
永世傳之此一樓 영원토록 이 하나의 누각 전해지리라

우 옥종 이동해
■ 又 玉宗 李東海

청학동전벽옥류
靑鶴洞前碧玉流 청학동 앞에 벽옥 같은 물 흐르고
층란백척원부주
層欄百尺遠浮洲 백 척의 층층 난간 멀리 떠 있는 성 같네
기암절벽위선경
奇岩絶壁圍仙境 기암절벽이 선경을 둘러싸고 있고
교목전등야고수
喬木纏藤惹古愁 교목에 얽힌 덩굴이 옛 시름을 일으키네

군 이 참 간 행 음 락
君已參看行飮樂 그대 이미 참여해 향음례의 즐거움을 보았으니

아 사 일 거 주 청 유
我思一去做清遊 나도 한 번 가서 맑은 유람 하려 하네

풍 아 월 소 선 수 재
風哦月嘯先誰在 풍월 읊기를 그 누가 먼저 하랴?

최 호 문 장 대 영 루
崔灝文章大詠樓 훌륭한 문장가들이 이 누각에서 크게 읊으리라

■ 又(우) 玉宗 梁在郁(옥종 양재욱)

청 계 일 곡 포 암 류
清溪一曲抱岩流 맑은 시내 한 굽이 바위 안고 흐르고

학 동 여 비 압 피 주
鶴棟如飛壓彼洲 학루의 기둥 나는 듯이 저 고을을 압도하네

벽 수 동 하 상 호 경
碧樹彤霞常護境 푸른 나무 붉은 노을이 항상 경계에 둘러있고

백 운 창 벽 총 관 수
白雲蒼壁摠關愁 흰 구름 푸른 절벽은 모두 근심을 잠그는구나!

군 능 휴 주 다 번 취
君能携酒多番醉 그대 능히 술 마시고 여러 번 취하였으니

아 욕 호 붕 수 거 유
我欲呼朋數去遊 나는 친구 불러 여러 번 가서 노닐려 하네

후 지 인 생 사 복 즙
後至人生思復葺 뒷 시대 살게 된 사람들이 다시 지붕 잇기를 생각했으니

종 금 백 세 환 명 루
從今百歲幻名樓 지금부터 백세토록 이름난 누각으로 변하거라

■ 又(우) 菊亭 鄭烘祚(국정 정홍조)

서 동 양 수 합 남 류
西東兩水合南流 동서의 두 물줄기 합하여 남으로 흐르고

화 각 금 비 반 서 주
畵閣今飛半嶼洲 단청한 누각 이제라도 날듯이 섬마을 가운데 있네

수 재 변 여 구 태
樹々在邊如舊態 나무들이 주위를 두른 것이 옛 모습과 같으니

인 거 차 척 진 수
人々居此滌塵愁 사람들은 이곳에 살며 속세의 근심 씻었겠구나

학 동 주 민 개 출 력
鶴洞住民皆出力 학동의 주민들 모두가 힘을 내어

방 호 선 자 도 사 유
方壺仙子到斯遊 방호산 신선들 이곳에 와서 노닐겠네

전 래 명 지 한 무 적
傳來名地限無蹟 명승지로 전해왔으나 자취 없어 한스러웠는데

수 계 동 심 건 일 루
修契同心健一樓 한마음으로 계를 모아 누각 하나를 세웠네

■ 又(우) 郡山市 文仙洞 海陽 吳炯基(군산시 문선동 해양 오형기)

萬疊山深二水流(만첩산심이수류) 만첩 깊은 산 속에 두 물줄기가 흐르는데
翼然畵閣壓長洲(익연화각압장주) 날개 펼칠듯한 단청한 누각은 장주(長洲)를 압도하네
老松猶存干霄志(노송유존간소지) 노송은 여전히 남아 하늘 높이 닿은 듯하고
芳草偏多喚客愁(방초편다환객수) 방초는 지나치게 많아 객의 근심을 부르는구나!
石柱何時雷破闊(석주하시뇌파활) 돌기둥은 어느 땐가 우레가 깨트려 트였고
仙緣是日續我遊(선연시일속아유) 신선은 오늘에 연이 닿아 나의 유랑을 이었네
可今崔浩生斯世(가금최호생사세) 지금 최고운이 이 세상에 살아 계셨으면
不但品題黃鶴樓(부단품제황학루) 다만 황학루에 비견하지만은 않았으리라

■ 又(우) 玉宗 雲皓 河在煥(옥종 운호 하재환)

靑鶴樓成瑞氣流(청학루성서기류) 청학루 낙성되니 상서로운 기운 흐르고
來賓祝賀動三洲(내빈축하동삼주) 축하하러 오는 손님 세 고을이 움직였네
雲藏垣屋增祥彩(운장원옥증상채) 구름이 원옥(垣屋)을 감추어 상서로운 모습 더해지고
月暎山村遠世愁(월영산촌원세수) 달빛이 산촌을 비추니 세상 근심 멀어지네
休道金剛多勝界(휴도금강다승계) 금강산에 명승지가 많다고 말하지 마시게
須知是處卽仙遊(수지시처즉선유) 이곳이 바로 신선들이 놀던 곳임을 알겠으니
默溪物色如斯好(묵계물색여사호) 묵계의 경치가 이같이 좋으니
詩士登臨訪此樓(시사등림방차루) 시 짓는 선비들 이 누각을 찾아오리

■ 又(우) 玉宗 加汀 梁局煥(옥종 가정 양국환)

頭流南面默溪流(두류남면묵계류) 두류산 남쪽에 묵계가 흐르고
千嶂開成十里洲(천장개성십리주) 일천 봉우리 펼쳐져 십 리 마을을 이루었네
松檜參天多歲月(송회참천다세월) 송회(松檜)는 하늘에 닿을 듯 솟아 오랜 세월 보냈고
烟霞滿地絶塵愁(연하만지절진수) 연하(烟霞)가 땅에 가득하니 속세 근심 끊어지네

거맹공력신장조
居氓共力神將助 주민들 함께 노력하고 신장이 도왔으니

원객휴공일여유
遠客携笻日與遊 멀리서 지팡이 짚고 온 손님 종일토록 노니네

청학한비하처거
靑鶴翰飛何處去 청학은 높이 날아 어디로 갔는지

게미유유일고루
揭楣唯有一高樓 처마 높다랗게 누각 하나만 남아 있구나

■ 又(우)　玉宗(옥종) 梁誠煥(양성환)

묵수잔잔일야류
默水潺潺日夜流 묵계 수 잔잔히 밤낮으로 흐르고

외연정자압정주
巍然亭子壓汀洲 우뚝한 정자가 물가 마을을 압도하네

명구유결동군방
名區有訣同君訪 명구에 비결 있어 그대와 함께 방문하니

선적무정사아수
仙笛無情使我愁 선적(仙笛)은 무정하여 나를 근심케 하는구나!

목덕조관지도태
木德鳥官知道泰 복희씨와 금천씨 도의 큼을 알겠고

임풍계월속선유
林風溪月屬仙遊 숲속 바람과 시내의 달은 신선의 놀이에 속하네

방호만첩연운리
方壺萬疊煙雲裏 방호산 만첩은 안개 속에 잠겼으니

청학편편하차루
靑鶴翩翩下此樓 청학은 훨훨 날아 이 누각에 내려오리

■ 又(우)　玉宗(옥종) 梁章煥(양장환)

방장차아벽수류
方丈嵯峨碧水流 방장산 우뚝 높고 푸른 물 흐르는데

연하묘묘접영주
煙霞渺渺接瀛洲 안개 속에서 아득하게 영주를 접했구나

첨단명월농선미
簷端明月濃仙味 처마 끝 밝은 달은 선미(仙味)가 농후하고

함외청풍세객수
檻外淸風洗客愁 난간 밖 맑은 바람은 객의 근심을 씻는구나!

임학함정고사둔
林壑含情高士遁 숲속 골짜기는 고사(高士)가 은둔했던 정취를 머금었고

동천득의백운유
洞天得意白雲遊 동천(洞天)은 백운이 노니는 의미를 얻었구나!

유유천재명공소
悠悠千載名空邵 오랜 세월 동안 마을에 이름만 남았으니

청학하시비상루
靑鶴何時飛上樓 청학은 어느 때 누각에 날아오려나

우 석구열
■ 又 昔求烈

청학사전벽간류
青鶴榭前碧澗流 청학루 앞으로 푸른 시내가 흐르고
난등고죽잡영주
亂藤孤竹雜縈洲 어지러운 넝쿨 외로운 대와 서로 엉켜있네
이지유곡소진사
已知幽谷少塵事 이미 깊은 골에 진세의 일 적은 줄 알았는데
갱상고정원세수
更上高亭遠世愁 다시 높은 정자에는 세상 근심 멀구나
백대흥망빈환몽
百代興亡頻幻夢 백 대의 흥망은 자주 있는 환상의 꿈이고
사시가영임오유
四時歌詠任遨遊 사시마다 노래하고 시 읊음은 놀이의 임무이네
한정하필상산은
閒情何必商山隱 한가한 정이 어찌 반드시 상산(商山)에 은거하는 것뿐이랴
차지무방심일루
此地無妨尋一樓 이 땅에서 한 누를 찾는 것도 무방하리라

우 경재 김기주
■ 又 敬齋 金璣柱

영중풍경최두류
嶺中風景最頭流 산봉우리 가운데 풍경이 제일 좋은 두류산
예장등림부벽주
曳杖登臨俯碧洲 지팡이 짚고 올라와 푸른 섬 굽어보네
벽지천년개구동
僻地千年開舊洞 궁벽한 땅에 천년 동안 예전 마을을 개척해
명산차일기신루
名山此日起新樓 이름난 산에 이날 새 누각을 건립했네
층암촉립송유언
層岩矗立松猶偃 층층 바위 우뚝 솟아 솔은 오히려 누운듯하고
백조훤비학사수
百鳥喧飛鶴似愁 뭇 새들 시끄럽게 나니 학은 근심하는듯하네
금고유유다세월
今古悠悠多歲月 예전부터 지금까지 아득히 오랜 세월 동안
기인래도작승유
幾人來到作勝遊 몇 사람이나 여기 와서 즐겁게 놀았던가?

우 취헌 김종봉
■ 又[23] 翠軒 金鍾鳳

묵계활수향동류
默溪活水向東流 묵계에 콸콸 흐르는 물 동으로 흘러
천리불휴도해주
千里不休到海洲 천 리를 쉬지 않고 바다 섬에 도달하네

---

23)《임술년판 계록》(1982년)에는 모두 51수의 축시가 실려있다. 이중 학로계 원의 시는 11수였다. 青鶴樓落成詩(청학루낙성시) 押韻(압운)은 '流洲(류주)○愁(수)○遊(유)○樓(루)'이었다. 이 압운은 청학루 낙성식 초청장을 통해 사전에 공개하였다.

층 장 회 환 개 별 계
層嶂回環開別界 층을 이룬 산봉우리 돌아들어 별세계를 열었고
소 구 돌 올 입 고 루
小丘突兀立高樓 작은 언덕 산 우뚝 솟듯 높은 누각 서 있네
제 시 유 공 방 인 의
題詩惟恐妨人意 시 지으며 오직 남의 뜻 방해할까 두렵고
작 주 시 능 척 아 수
酌酒時能滌我愁 술 마실 때 능히 나의 근심 씻는구나!
막 도 험 정 행 역 고
莫道險程行歷苦 험한 여정에 행차가 힘들었다 말하지 마시게
입 모 풍 경 족 청 유
入眸風景足淸遊 눈에 들어온 풍경이 맑은 유람에 충분하다네

03

기묘년판(己卯年版) 증보 학로계록 (1999년, 세 번째 계록)

가. 기묘년판 계록의 개요

《기묘년판》은 1999년에 증보(增補)판을 낸다. 《신축년판》과 《임술년판》의 내용을 모두 담고, 계원의 명단에 아들에 이어 손자와 증손자까지 실었다는 점이 특색이다. 《기묘년판》은 2000년 정월에 인쇄하여 배부한 것으로 보이는데, 그 이전 판에서는 표지에서부터 오자(誤字)가 보이는 등 편집에 아쉬운 부분이 좀 있었지만, 《기묘년판》은 편집도 잘 되었고 인쇄도 선명하다. 표지는 치자 물을 들인 듯 황색이고, 장정은 5개의 구멍을 뚫어 붉은 실로 꿰매는 전통적인 '오침안정법(五針眼訂法)'을 썼으며, 총 페이지 수는 78페이지에 달했다. 전문 인쇄업체인 진주 한림인쇄사에서 제작했고, 크기는 가로 180mm×세로 264mm였다.

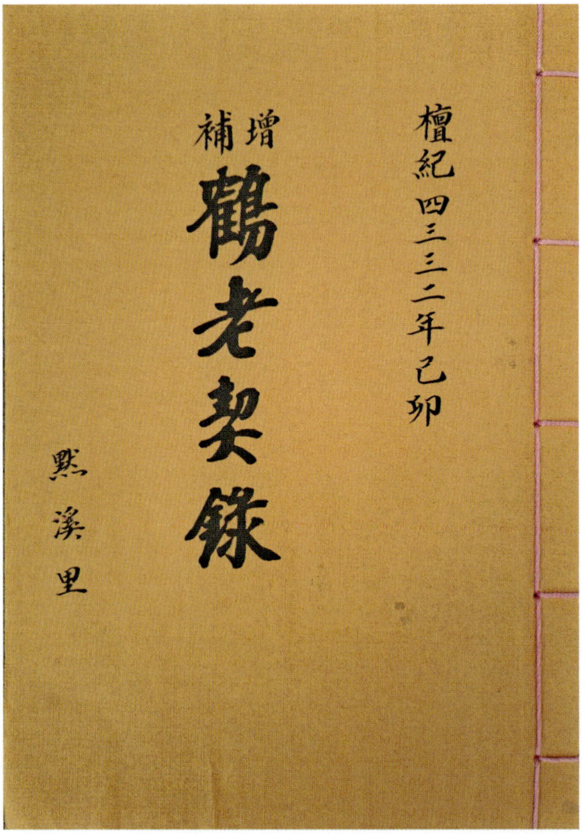

1999년에 발간된 세 번째 《증보 학로계록》 표지. 이하 《기묘년판》이라 한다.

나. 기묘년판 원본 둘러보기

(1) 학로계 취지문 등

세 번째 학로계록은 《증보학로계록(增補鶴老契錄)》으로 '한림인쇄사(翰林印刷社, 진주시 상봉서동)에서 2000년 정월에 출판했다. 활자도 좋고, 오탈자가 대부분 수정되었으며, 그 이전에 나온 《신축년판》과 《임술년판》을 포함하고 있다. 이하에 '학로계 취지문'과 '학로계기', '학로계칙' 등을 소개한다.

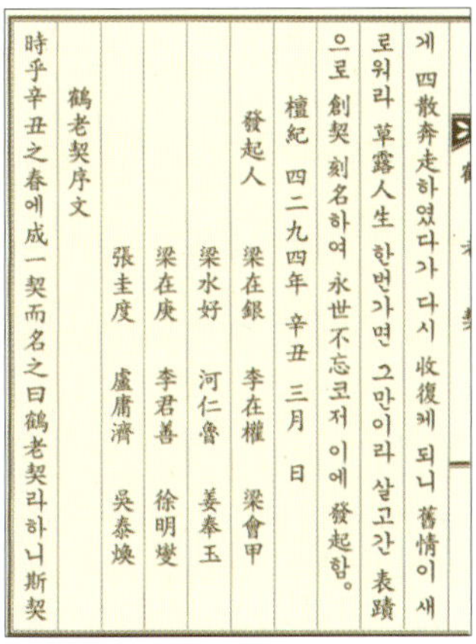
게 四散奔走하였다가 다시 收復케 되니 舊情이 새
로워라 草露人生 한번가면 그만이라 살고간 表蹟
으로 創契 刻名하여 永世不忘코저 이에 發起함。
檀紀 四二九四年 辛丑 三月 日
發起人 梁在銀 李在權 梁會甲
梁水好 河仁魯 姜奉玉
梁在庚 李君善 徐明燮
張圭度 盧庸濟 吳泰煥
鶴老契序文
時乎辛丑之春에成一契而名之曰鶴老契라하니斯契

〈鶴老契 趣旨文〉 끝과 〈序文〉 첫 부분

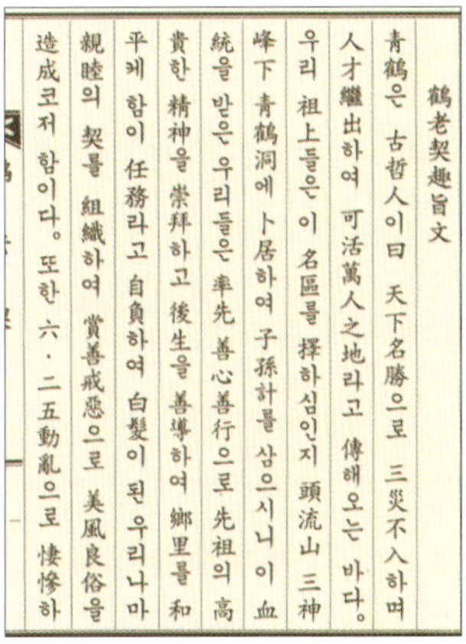
鶴老契趣旨文
青鶴은 古哲人이曰 天下名勝으로 三災不入하며
人才繼出하여 可活萬人之地라고 傳해오는 바다。
우리 祖上들은 이 名區를 擇하심인지 頭流山 三神
峰下 青鶴洞에 卜居하여 子孫計를 삼으시니 이 血
統을 받은 우리들은 率先 善心善行으로 先祖의 高
貴한 精神을 崇拜하고 後生을 善導하여 鄕里를 和
平케 함이 任務라고 自負하여 白髮이 된 우리나마
親睦의 契를 組織하여 賞善戒惡으로 美風良俗을
造成코저 함이다。 또한 六·二五動亂으로 悽慘하

〈鶴老契 趣旨文〉 첫 부분

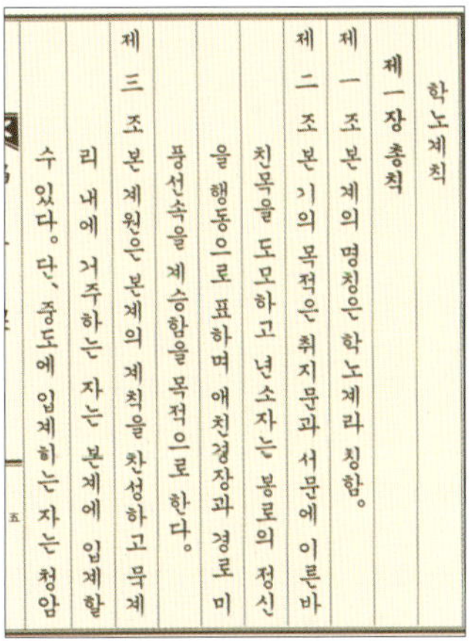
학노계칙
제一장 총칙
제 一 조 본계의 명칭은 학노계라 칭함。
제 二 조 본 기의 목적은 취지문과 서문에 이른바
친목을 도모하고 년소자는 봉로의 정신
을 행동으로 표하며 애친경장과 경로 미
풍선속을 계승함을 목적으로 한다。
제 三 조 본 계원은 본계의 계칙을 찬성하고 무계
리 내에 거주하는 자는 본계에 입계할
수 있다。 단、 중도에 입계히는 자는 청암
五

〈학로계칙〉 첫 부분

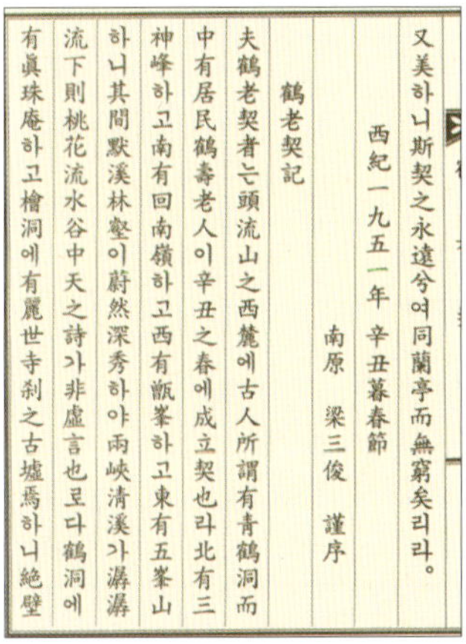
又美하니斯契之永遠兮여同蘭亭而無窮矣리라。
西紀一九五一年 辛丑暮春節
南原 梁三俊 謹序
鶴老契記
夫鶴老契者는頭流山之西麓에古人所謂有青鶴洞而
中有居民鶴壽老人이辛丑之春에成立契也라北有三
神峰하고南有回南嶺하고西有甑峯하고東有五峯山
하니其間默溪林壑이蔚然深秀하야兩峽清溪가潺潺
流下則桃花流水谷中天之詩가非虛言也로다鶴洞에
有眞珠庵하고檜洞에有麗世寺刹之古墟焉하니絶壁

〈序文〉 끝과 〈鶴老契記〉 첫 부분

(2) 학로계 낙성운, 청학루기, 학로계원 명단 등

《기묘년판》에는 《임술년판》과 같이 계원명단을 학로계원과 봉로계원으로 분리하여 게재하였으나, 손자와 증손자 이름까지 확대하여 표시한 것이 특징이다. 참고로 오헌(旿軒) 양삼준(梁三俊) 선생은 젊은 시절에 호를 오헌(烏軒)이라고 한 적도 있다.

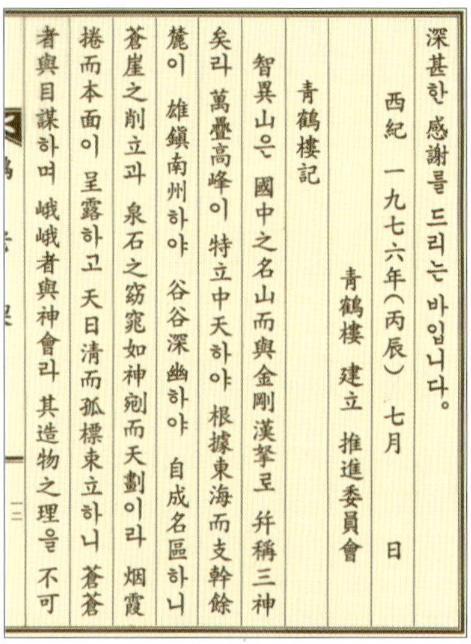

深甚한 感謝를 드리는 바입니다。

西紀 一九七六年(丙辰) 七月 日

青鶴樓 建立 推進委員會

青鶴樓記

智異山은 國中之名山而與金剛漢拏로 幷稱三神矣라 萬疊高峰이 特立中天하야 根據東海而支幹餘麓이 雄鎭南州하야 谷谷深幽하야 自成名區하니 蒼崖之削立과 泉石之窈窕如神剜而天劃이라 烟霞捲而本面이 呈露하고 天日淸而孤標束立하니 蒼蒼者與目謀하며 峨峨者與神會라 其造物之理을 不可

청학루기 경재 김기주
青鶴樓記(敬齋 金璣柱)

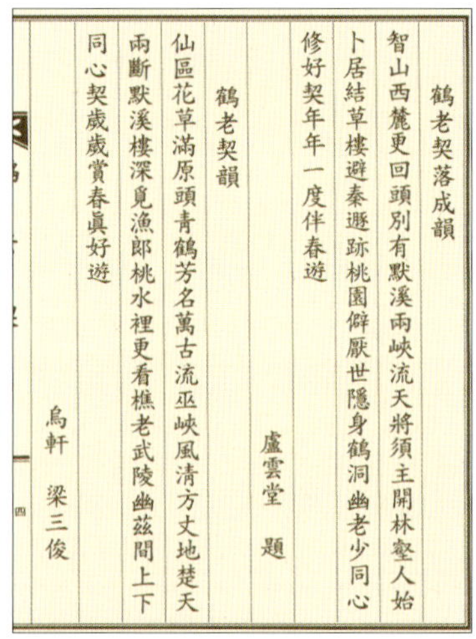

鶴老契落成韻

智山西麓更回頭別有默溪兩峽流天將須主開林壑人始卜居結草樓避秦遯跡桃園僻厭世隱身鶴洞幽老少同心修好契年年一度伴春遊

盧雲堂 題

鶴老契韻

仙區花草滿原頭青鶴芳名萬古流巫峽風淸方丈地楚天雨斷默溪樓深覓漁郎桃水裡更看樵老武陵幽茲間上下同心契歲歲賞春眞好遊

烏軒 梁三俊

학로계낙성운 운당 노용제 오헌 양삼준
鶴老契落成韻(雲堂 盧庸濟, 旿軒 梁三俊)

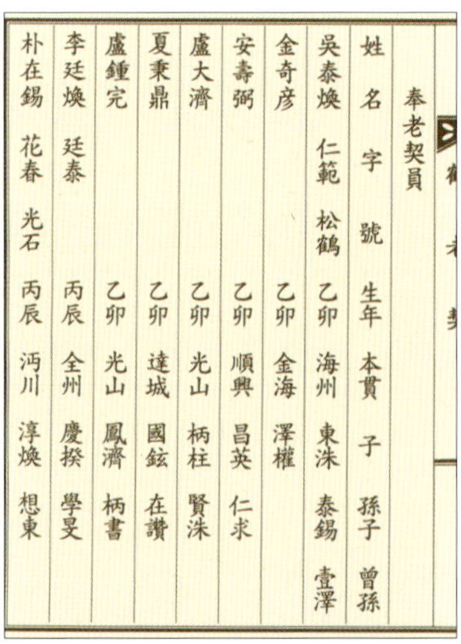

奉老契員

姓名	字	號	生年	本貫	子	孫子	曾孫
吳泰煥	仁範	松鶴	乙卯	海州	東洙	泰錫	壹澤
金奇彦			乙卯	金海	澤權		
安壽弼			乙卯	順興	昌英	仁求	
盧大濟			乙卯	光山	柄柱	賢洙	
夏秉鼎			乙卯	達城	國鉉	在讚	
盧鍾完			乙卯	光山	鳳濟	柄書	
李廷煥	廷泰		丙辰	全州	慶揆	學旻	
朴在錫	花春	光石	丙辰	沔川	淳煥	想東	

봉로계원 명단
奉老契員 名單(손자, 증손자 추가)

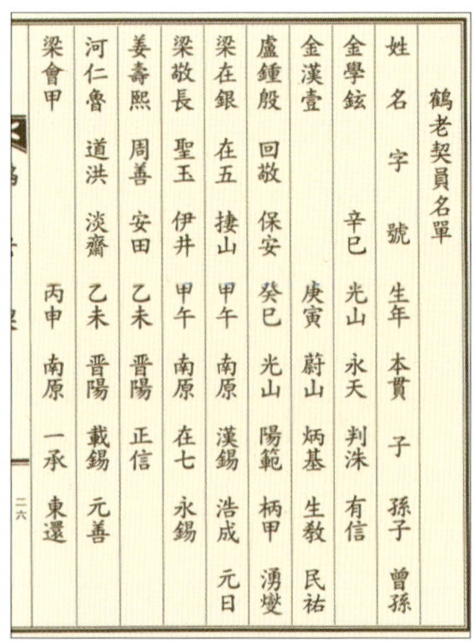

鶴老契員名單

姓名	字	號	生年	本貫	子	孫子	曾孫
金學鉉		辛巳	光山	永天	判洙	有信	
金漢壹			庚寅	蔚山	炳基	生敎	民祐
盧鍾殷	回敬	保安	癸巳	光山	陽範	柄甲	湧燮
梁在銀	在五	捿山	甲午	南原	漢錫	浩成	元日
梁敬長	聖玉	伊井	甲午	南原	在七	永錫	
姜壽熙	周善	安田	乙未	晋陽	正信		
河仁魯	道洪	淡齋	乙未	晋陽	載錫	元善	
梁會甲			丙申	南原	一承	東還	

학로계원 명단
鶴老契員 名單(손자, 증손자 추가)

다. 鶴老契 趣旨文 : 중복으로 생략

라. 鶴老契 序文[24]

時乎辛丑之春에 成一契而名之曰 鶴老契라 하니 斯契之所以成 所以名者 何由오. 頭流之南에 有萬古名勝하니 則是青鶴洞也라. 依於先師所評하면 雖在小邦이나 勝於中華云 則此洞之名區를 可知矣로다. 故로 洞中父老 成其契 而相敦相睦하야 顯其洞府也오. 名其契 而與鶴壽無異하여 萬壽無疆之意者也로다.

以是觀之컨대 此契之所以成者名者意 異於汎契者也라. 豈與俗契之春川獵秋賞菊이리오. 善隣好仁으로 爰覺後生而歸於美風良俗일새 於是에 洞中青少乃爭贊契誼而以其奉老之意로 損財盡誠助契曰 奉老契員이라 하니 此豈非上有好者면 下必有甚焉者리오. 不止成契之美라 奉契之美 又美하니 斯契之永遠兮 誓山海而不墮矣리라.

辛丑 暮春節 梁三俊 謹序

■ 학로계 서문

때는 바야흐로 신축년 봄에 하나의 계를 모아 학로계라 이름하니 이 계의 성립과 이름을 그렇게 지은 것은 어떤 연유에서인가? 두류산의 남쪽에 만고(萬古)의 명승지가 있으니 바로 '청학동'이다. 옛 현인들의 평론에 의하면 비록 작은 나라에 있으나 중화보다 훌륭하다고 하였으니 이곳이 명승지임을 가히 알 수 있다.

그러므로 마을 어른들이 이 계를 만들고 서로 돈독하고 화목하게 찌내어서 그 동부(洞府)를 세상에 알렸다. 그 계의 이름의 의미는 학의 수명과 다름없이 만수무강의 뜻을 담은 것이다.

24) 《신축년판》의 내용을 일부 수정한 곳이 보인다.

이로써 보건대 이 계의 결성과 이름에 담긴 의미가 다른 계(契)와는 다르니 어찌 일반 계(契)들이 봄에 냇가에서 천렵하고 가을에 국화 감상하는 것과 같을 수 있겠는가?

좋은 이웃들과 인(仁)을 좋아하는 것으로 이에 후생들을 일깨워 미풍양속으로 돌아가게 하니 이에 마을 청소년들이 다투어 계의 취지에 찬동하고 그 노인을 받드는 뜻으로 재물을 내어 정성을 다해 계를 도우면서 이르기를 '봉로계원'이라고 하니 이것이 어찌 '손위 어른들이 좋은 일을 하면 손 아래 젊은이들이 반드시 그것보다 더 좋은 일을 한다.'라는 경우가 아니겠는가!

계를 조성한 아름다움에 그치지 않고 계의 아름다운 풍속을 받들어 더욱 아름다우니 이 계는 영원하리니 산과 바다에 맹세하여 사라지지 않으리라.

신축년 늦은 봄에

남원 양 삼 준 삼가 쓰다.

마. 묵계리도, 청학동도, 학로계칙, 청학루기 등: 중복으로 생략

바. 鶴老契員 名簿(학로계원 명부)(1999년 기묘년판)[25]

	姓名(성명)	字(자)	号(호)	生年(생년)	本貫(본관)	子(자)	孫子(손자)	曾孫/玄孫(증손/현손)
1	金學鉉(김학현)			辛巳(신사)	光山(광산)	永天(영천)	判洙(판수)	有信(유신)/민규
2	金漢壹(김한일)			庚寅(경인)	蔚山(울산)	炳基(병기)	生敎(생교)	泰亨(태형)
3	盧鍾殷(노종은)	回敬(회경)	保安(보안)	癸巳(계사)	光山(광산)	陽範(양범)	柄甲(병갑)	湧燮(용섭)
4	梁在銀(양재은)	在五(재오)	捿山(서산)	甲午(갑오)	南原(남원)	漢錫(한석)	浩成(호성)	元東/碩珉(원동 석민)
5	梁敬長(양경장)	聖玉(성옥)	伊井(이정)	甲午(갑오)	南原(남원)	在七(재칠)	永錫(영석)	
6	姜壽熙(강수희)	周善(주선)	安田(안전)	乙未(을미)	晉陽(진양)	正信(정신)		
7	河仁魯(하인로)	道洪(도홍)	淡齊(담제)	乙未(을미)	晉陽(진양)	載錫(재석)	元善(원선)	태근
8	禹相根(우상근)			乙未(을미)	丹陽(단양)	鍾烈(종열)	濟日(제일)	재홍
9	梁會甲(양회갑)			丙申(병신)	南原(남원)	一承(일승)	東還(동환)	
10	趙用伊(조용이)			丙申(병신)	咸安(함안)	良濟(양제)	鳳來(봉래)	
11	趙璂日(조기일)	政翼(정익)		丙申(병신)	玉川(옥천)	永燮(영섭)	雲鶴(운학)	
12	朴判峯(박판봉)			丙申(병신)	密陽(밀양)	冬初(동초)	大喆(대철)	
13	韓判金(한판금)	昌五(창오)		丙申(병신)	淸州(청주)	洪培(홍배)	柄柱(병주)	명래
14	姜奉玉(강봉옥)		梅溪(매계)	丁酉(정유)	晉陽(진양)	浚垞(준택)	春根(춘근)	윤호
15	吳胃秀(오위수)			丁酉(정유)	海州(해주)	範煥(범환)	根植(근식)	
16	梁在丁(양재정)	珍元(진원)		丁酉(정유)	南原(남원)	乙錫(을석)	浩泰(호태)	성동
17	鄭禧祐(정희우)			戊戌(무술)	晉陽(진양)	仁錫(인석)	貴洙(귀수)	
18	李在權(이재권)	敬石(경석)	仁溪(인계)	戊戌(무술)	全州(전주)	日錫(일석)	元揆(원규)	學俊(학준)
19	梁水好(양수호)	秉洙(병수)	鶴山(학산)	己亥(기해)	南原(남원)	三俊(삼준)	興東(흥동)	炳朝(병조)
20	崔敬秀(최경수)		林隱(임은)	庚子(경자)	慶州(경주)	在云(재운)	承鎭(승진)	유준
21	梁在庚(양재경)	在元(재원)	默堂(묵당)	庚子(경자)	南原(남원)	文錫(문석)	浩玟(호민)	우철
22	金点祚(김점조)			辛丑(신축)	慶州(경주)	萬錫(만석)	相喆(상철)	영인

25) 1961년 《신축년판》에 수록된 학로계(봉로계) 회원은 모두 108명이었으나 1982년에 출판된 《임술년판》에는 167명으로 회원 수가 59명이나 증가(7명 탈계, 66명 입계)했다. 또 1999년의 기묘년에는 190명이 수록되어 회원 수가 23명이 증가(탈계 0)하였으며, 특히 손자에 이어 증손자까지 수록했다.

23	鄭俊植(정준식)			辛丑(신축)	晋陽(진양)	正喆(정철)		
24	李大甫(이대보)			辛丑(신축)	全州(전주)	凡永(범영)		
25	韓道三(한도삼)			辛丑(신축)	清州(청주)	基錫(기석)	東韓(동한)	
26	河大雙(하대쌍)	極路(극로)		壬寅(임인)	晋陽(진양)	載模(재모)	泰善(태선)	赳龍(혈용)
27	李敬宰(이경재)	順石(순석)		壬寅(임인)	全州(전주)	廷仁(정인)	擇揆(택규)	
28	梁壽煥(양수환)			壬寅(임인)	南原(남원)	泰祚(태조)	기希(희)	
29	徐明燮(서명섭)	明伍(명오)		癸卯(계묘)	達城(달성)	炳吉(병길)	慶洙(경수)	
30	盧鍾壽(노종수)	鍾云(종운)	農隱(농은)	癸卯(계묘)	光山(광산)	漢永(한영)	柄龍(병용)	주섭
31	金永淳(김영순)	永道(영도)	溪山(계산)	癸卯(계묘)	金海(김해)	生洙(생수)	辰錄(진록)	상갑
32	金祥点(김상점)	德和(덕화)		甲辰(갑진)	蔚山(울산)	順柱(순주)	炳局(병국)	成在(성재)
33	崔乙秀(최을수)			乙巳(을사)	慶州(경주)	大翌(대익)		
34	金圭奉(김규봉)	聖九(성구)	仙堂(선당)	乙巳(을사)	慶州(경주)	垞龍(택용)	永敏(영민)	대진
35	金点岩(김점암)			丙午(병오)	金海(김해)	容培(용배)	正祐(정우)	기현
36	鄭再永(정재영)			丙午(병오)	延日(연일)	旼和(민화)	然盱(연우)	성무
37	梁仁壽(양인수)	漢世(한세)		丙午(병오)	南原(남원)	錫伊(석이)		
38	李君善(이군선)			丙午(병오)	全州(전주)	成基(성기)	鐘國(종국)	光洙(광수)
39	李官宰(이관재)	壽宰(수재)		丙午(병오)	全州(전주)	廷容(정용)	明奎(명규)	
40	李贊玉(이찬옥)			丙午(병오)	全州(전주)	容琪(용기)	甲珍(갑진)	별섭/항
41	鄭義永(정의영)	点三(점삼)		丙午(병오)	延日(연일)	正和(정화)	然佑(연우)	필교
42	李廷原(이정원)	廷玉(정옥)	農醫(농의)	丙午(병오)	全州(전주)	巾揆(건규)	學明(학명)	용진
43	李道宰(이도재)	學基(학기)		丙午(병오)	全州(전주)	廷佑(정우)	春揆(춘규)	학재
44	金聖斗(김성두)	成九(성구)	高山(고산)	丙午(병오)	金海(김해)	東容(동용)	기곤	
45	盧鍾千(노종천)	在柱(재주)		丁未(정미)	光山(광산)	殷濟(은제)	雲植(운식)	성섭
46	梁在道(양재도)	乭伊(돌이)		丁未(정미)	南原(남원)	基錫(기석)	永彩(영채)	희동
47	卞寬一(변관일)	東伊(동이)	竹川(죽천)	丁未(정미)	密陽(밀양)	容大(용대)	情洙(정수)	
48	李廷範(이정범)			丁未(정미)	全州(전주)	昌揆(창규)	學伊(학이)	동주
49	李萬宰(이만재)			丁未(정미)	全州(전주)	廷斗(정두)	先浩(선호)	

50	盧 鍾 道(노종도)	鍾吉(종길)		丁未(정미)	光山(광산)	潤濟(윤제)	柄雪(병설)	영섭
51	梁 聖 甲(양성갑)	聖淳(성순)	雲虎(운호)	戊申(무신)	南原(남원)	洪錫(홍석)	敬鎬(경호)	태진
52	河 又 龍(하또용)	正亨(정형)		戊申(무신)	晉陽(진양)	載道(재도)	相善(상선)	
53	梁 在 吉(양재길)	聖五(성오)	檜川(회천)	戊申(무신)	南原(남원)	奎錫(규석)	泳郁(영욱)	虓東(효동)
54	李 然 壽(이연수)	德川(덕천)	月溪(월계)	戊申(무신)	全州(전주)	錫圭(석규)		
55	金 三 淳(김삼순)	乃淳(내순)		己酉(기유)	金海(김해)	在鍾(재종)	仁洙(인수)	
56	金 己 用(김기용)	判永(판영)		己酉(기유)	慶州(경주)	点俊(점준)	會湦(회생)	
57	姜 達 龍(강달용)			己酉(기유)	晉陽(진양)	点錫(점석)	尙佑(상우)	규현
58	盧 鍾 律(노종율)	今錫(금석)		己酉(기유)	光山(광산)	海龍(해용)	炳坤(병곤)	嘏晭/俊(하주준)
59	姜 又 明(강우명)	七萬(칠만)	月奉(월봉)	己酉(기유)	晉陽(진양)	福泰(복태)		
60	孫 興 伊(손흥이)	孫興(손흥)		己酉(기유)	密陽(밀양)	守萬(수만)	涌喰(용식)	
61	裵 次 洪(배차홍)	泰煥(태환)		庚戌(경술)	星州(성주)	在文(재문)	碩連(석연)	이성
62	裵 米 岩(배미암)	奉春(봉춘)		庚戌(경술)	星州(성주)	甲祚(갑조)	炫善(현선)	
63	朴 普 源(박보원)	任源(임원)	香亭(향정)	庚戌(경술)	咸陽(함양)	道植(도식)	焌亨(준형)	
64	姜 泰 錫(강태석)			庚戌(경술)	晉陽(진양)	大熙(대희)	信柱(신주)	민석
65	張 圭 度(장규도)	良珍(양진)	正安(정안)	辛亥(신해)	丹陽(단양)	慶錫(경석)	源喆(원철)	동영
66	梁 在 聖(양재성)	又聖(또성)		辛亥(신해)	南原(남원)	相錫(상석)	泳日(영일)	주동
67	姜 允 範(강윤범)			辛亥(신해)	晉陽(진양)	泰喆(태철)	寅壬(인임)	智鎬(지호)
68	崔 在 浩(최재호)			辛亥(신해)	全州(전주)	道煥(도환)	元碩(원석)	
69	河 時 石(하시석)	乭伊(돌이)		辛亥(신해)	晉陽(진양)	賢揆(현규)	甲浩(갑호)	
70	趙 南 得(조남득)	南俊(남준)	春湖(춘호)	壬子(임자)	咸安(함안)	秀明(수명)	廷原(정원)	
71	金 聖 權(김성권)		斗岩(두암)	壬子(임자)	金海(김해)	在永(재영)		
72	姜 太 熙(강태희)	在熙(재희)		壬子(임자)	晉陽(진양)	道世(도세)	景云(경운)	
73	盧 庸 濟(노용제)	性珍(성진)	雲堂(운당)	癸丑(계축)	光山(광산)	柄煥(병환)	孟燮(맹섭)	준기
74	金 新 台(김신태)			癸丑(계축)	金海(김해)	龍道(용도)	昶坤(창곤)	
75	梁 在 千(양재천)	洪水(홍수)	成川(성천)	癸丑(계축)	南原(남원)	道錫(도석)	浩永(호영)	
76	李 点 宰(이점재)			癸丑(계축)	全州(전주)	廷和(정화)		

77	都永祚(도영조)			甲寅(갑인)	星州(성주)	奉斗(봉두)	昌英(창영)	
78	盧鍾億(노종억)	泰柱(태주)		甲寅(갑인)	光山(광산)	判濟(판제)	在煥(재환)	준서
	이상 학로계							

奉老契員(봉로계원)

	姓名(성명)	字(자)	号(호)	生年(생년)	本貫(본관)	子(자)	孫子(손자)	曾孫(증손)
79	吳泰煥(오태환)	仁範(인범)	松鶴(송학)	乙卯(을묘)	海州(해주)	世現(세현)	旻書(민서)	祉澔(지호)
80	金奇彦(김기언)			乙卯(을묘)	金海(김해)	澤權(택권)		
81	安壽弼(안수필)			乙卯(을묘)	順興(순흥)	昌永(창영)	仁求(인구)	
82	盧大濟(노대제)			乙卯(을묘)	光山(광산)	炳柱(병주)	賢洙(현수)	
83	夏秉鼎(하병정)			乙卯(을묘)	達城(달성)	國鉉(국현)	在讚(재찬)	
84	盧鍾完(노종완)			乙卯(을묘)	光山(광산)	鳳濟(봉제)	柄書(병서)	연수
85	李廷煥(이정환)	廷泰(정태)		丙辰(병진)	全州(전주)	慶揆(경규)	學旻(학민)	
86	朴在錫(박재석)	花春(화춘)	光石(광석)	丙辰(병진)	沔川(면천)	淳煥(순환)	想東(상동)	형준
87	鄭祥泰(정상태)			丙辰(병진)	晋陽(진양)	學規(학규)	印植(인식)	연후
88	鄭德永(정덕영)			丙辰(병진)	延日(연일)	昌和(창화)	재훈	
89	河相駿(하상준)			丙辰(병진)	晋陽(진양)	原鎔(원용)		
90	趙祥龍(조상용)			丁巳(정사)	咸安(함안)	丙來(병래)	亨根(형근)	
91	愼文晟(신문성)			丁巳(정사)	居昌(거창)	吉範(길범)		
92	朴周壽(박주수)			丁巳(정사)	咸陽(함양)	永植(영식)	치언	
93	金圭按(김규안)			丁巳(정사)	慶州(경주)	允鎔(윤용)	正勳(정훈)	
94	金在旭(김재욱)			丁巳(정사)	金海(김해)	保坤(보곤)	德浩(덕호)	
95	金福震(김복진)	連福(연복)		丁巳(정사)	慶州(경주)	在道(재도)		
96	金基善(김기선)			戊午(무오)	金海(김해)	永揆(영규)	天碩(천석)	수연
97	梁泰錫(양태석)	泰洙(태수)	柔溪(유계)	戊午(무오)	南原(남원)	泳道(영도)	현東(동)	다하
98	金容德(김용덕)	上洙(상수)	溪山(계산)	戊午(무오)	光山(광산)	鍾云(종운)	도훈	
99	姜大熙(강대희)	大日(대일)	平山(평산)	己未(기미)	晋陽(진양)	正信(정신)	圭錫(규석)	철민

100	李殷鎬(이은호)			庚申(경신)	全州(전주)			
101	裵斗煥(배두환)			庚申(경신)	星州(성주)	在云(재운)	珠軝(주변)	
102	朴允植(박윤식)			庚申(경신)	咸陽(함양)	焌永(준영)		
103	姜辰甲(강신갑)			庚申(경신)	晉陽(진양)	貴洙(귀수)		
104	宋守憲(송수헌)	守福(수복)		庚申(경신)	恩津(은진)	在明(재명)	梗鎬(경호)	운길
105	金南根(김남근)	東明(동명)		庚申(경신)	金海(김해)	敦烈(돈열)	圭亨(규형)	찬호
106	李廷德(이정덕)			辛酉(신유)	全州(전주)	鍾揆(종규)	학정	
107	李廷夏(이정하)			辛酉(신유)	全州(전주)	室暌(실규)	基勳(기훈)	
108	盧辛俊(노신준)			辛酉(신유)	光山(광산)	洙濟(수제)	영훈	
109	盧寬錫(노관석)			辛酉(신유)	光山(광산)	道永(도영)	병은	
110	徐甲祚(서갑조)			辛酉(신유)	達城(달성)	寅錫(인석)	錤永(기영)	
111	李日性(이일성)	斗永(두영)	遊溪(유계)	辛酉(신유)	全州(전주)	元根(원근)	淨魯(정로)	민규
112	金丙台(김병태)			辛酉(신유)	金海(김해)	容浩(용호)	동현	
113	朴淳鳳(박순봉)	重模(중모)	樵隱(초은)	辛酉(신유)	沔川(면천)	麟東(인동)	烱注(형주)	永奭(영석)
114	梁吉錫(양길석)		遊田(유전)	壬戌(임술)	南原(남원)	泳喆(영철)	正東(정동)	혁
115	盧吉濟(노길제)			壬戌(임술)	光山(광산)	柄和(병화)	尉燮(위섭)	
116	盧仁濟(노인제)			壬戌(임술)	光山(광산)	柄모(병)	양燮(섭)	
117	姜浚鎔(강준용)			壬戌(임술)	晉陽(진양)	成杓(성표)	대인	
118	李今秀(이금수)			癸亥(계해)	全州(전주)	柄煥(병환)	재기	종현
119	河載範(하재범)			癸亥(계해)	晉陽(진양)	良洙(양수)	태경	
120	盧範濟(노범제)			癸亥(계해)	光山(광산)	柄碩(병석)	옥징	기영
121	盧又範(노또범)			癸亥(계해)	光山(광산)	斗善(두선)	병실	정섭
122	李宇宰(이우재)			癸亥(계해)	全州(전주)	廷善(정선)	俊瓔(준영)	
123	鄭守和(정수화)			癸亥(계해)	延日(연일)	連泰(연태)		
124	朴点祚(박점조)			癸亥(계해)	密陽(밀양)	성옥	지한	
125	李載淳(이재순)			甲子(갑자)	咸平(함평)	澤壽(택수)		
126	李在雨(이재우)		檜山(회산)	乙丑(을축)	慶州(경주)	相吉(상길)	賢俊(현준)	

127	崔周烈(최주열)	釆烈(변열)	靑山(청산)	乙丑(을축)	慶州(경주)	原碩(원석)		
128	朴淳甲(박순갑)			乙丑(을축)	沔川(면천)	奎東(규동)	逈泰(형태)	
129	姜雄渭(강웅위)		竹軒(죽헌)	乙丑(을축)	晋陽(진양)	東会(동운)	명성	
130	宋志憲(송지헌)			乙丑(을축)	恩津(은진)	在術(재술)	영호	준영
131	鄭桓元(정환원)			乙丑(을축)	晋陽(진양)	炳周(병주)		
132	李廷出(이정출)			乙丑(을축)	全州(전주)	点揆(점규)		
133	權永植(권영식)			乙丑(을축)	安東(안동)	甲龍(갑용)	氣成(기성)	성욱
134	朴淳玉(박순옥)			丙寅(병인)	沔川(면천)	漢東(한동)	春昊(춘호)	
135	鄭容憲(정용헌)			丙寅(병인)	晋陽(진양)	銀基(은기)		
136	朴又祚(박우조)			丙寅(병인)	密陽(밀양)	강진	찬종	
137	鄭俊錫(정준석)	正錫(정석)	回峯(회봉)	丁卯(정묘)	河東(하동)	仁培(인배)	지완	
138	金龍祥(김용상)			丁卯(정묘)	安東(안동)	正吉(정길)	炅律(경율)	
139	姜在洙(강재수)	在滎(재영)		丁卯(정묘)	晋陽(진양)	永彔(영록)	泰旭(태욱)	
140	殷在杓(은재표)			丁卯(정묘)	幸州(행주)	熙昌(희창)	상원	예준
141	李德基(이덕기)			丁卯(정묘)	慶州(경주)	명圭(규)		
142	金商鎔(김상용)		竹堂(죽당)	丁卯(정묘)	金海(김해)	聖融(성융)	용석	
143	李之煥(이지환)	南銓(남전)	雲海(운해)	戊辰(무진)	陜川(협천)	玄浩(현호)	晟勳(성훈)	
144	卞永祚(변영조)			戊辰(무진)	密陽(밀양)	長植(장식)	烱(형)우	
145	朴福文(박복문)			戊辰(무진)	密陽(밀양)	龍源(용원)	준기	
146	河載權(하재권)		林堂(임당)	己巳(기사)	晋陽(진양)	仁善(인선)	泰(태)중	준서
147	鄭圭相(정규상)			己巳(기사)	晋陽(진양)	大郁(대욱)	나름	
148	盧尙濟(노상제)			己巳(기사)	光山(광산)	炳在(병재)	지수	
149	金德遵(김덕준)			己巳(기사)	金海(김해)	彰晩(창만)	희재	
150	文達壽(문달수)	達植(달식)		己巳(기사)	南平(남평)	再煥(재환)	相基(상기)	
151	李在永(이재영)			己巳(기사)	星山(성산)	相旻(상민)		
152	梁必永(양필영)			己巳(기사)	南原(남원)	孝錫(효석)	영민	
153	李廷寸(이정촌)			己巳(기사)	全州(전주)	成揆(성규)	학현	용우

154	조동칠 趙東七			경오 庚午	풍양 豊壤	성구 星九	남욱	
155	김기현 金奇鉉			경오 庚午	김해 金海	동석 東錫	병수 丙洙	
156	김월교 金月敎	원배 沅培	추계 秋溪	신미 辛未	울산 蔚山	진호 鎭灝	상현	
157	서귀동 徐貴童	정식 廷植	삼계 三溪	신미 辛未	달성 達城	봉추 逢秋	동원	
158	김연현 金連鉉			신미 辛未	김해 金海	해룡 海龍	유빈	이안
159	이만수 李萬秀			계유 癸酉	전주 全州	병도 丙道	상훈	
160	정한효 鄭漢孝	강구 康九	하윤 河允	계유 癸酉	진양 晋陽	창원 椙元		
161	하재균 河載均			계유 癸酉	진양 晋陽	자선 自善	태현 泰鉉	
162	조용환 曺龍煥			계유 癸酉	창령 昌寧	창국 昌國		
163	노상영 盧晌永			계유 癸酉	광산 光山	병운 炳云	인섭	유현
164	김도주 金道柱		학정 鶴亭	갑술 甲戌	울산 蔚山	병회 炳回	홍교 弘敎	
165	김복록 金福錄			갑술 甲戌	김해 金海	문수 文洙		
166	이상경 李相坰	상훈 相勳		을해 乙亥	경주 慶州	성희 盛熙	재민 在敏	
167	이홍규 李烘揆			병자 丙子	전주 全州	학도 學道	원도	
168	김대윤 金大允			병자 丙子	김해 金海	종규 鍾圭	준수	
169	노재영 盧在永			병자 丙子	광산 光山	병덕 柄德	용진	
170	노기제 盧基濟			병자 丙子	광산 光山	병엽 柄燁	익경 翼炅	
171	양두석 梁斗錫			병자 丙子	남원 南原	호생 浩生	귀동	수호
172	정재철 鄭在喆			무인 戊寅	진양 晋陽	효성 孝成	원준 源埈	
173	최기수 崔基洙			무인 戊寅	탐진 耽津	진용 振鎔		
174	양수석 梁水錫			무인 戊寅	남원 南原	정열 廷烈	영동 永東	
175	김기언 金奇彦			무인 戊寅	김해 金海	철석 澈錫	영진	
176	이광호 李光琥			기묘 己卯	경주 慶州	상목 相睦	진영 眞英	
177	이정운 李廷運			경진 庚辰	전주 全州	양규 良揆	성민	
178	김수봉 金守鳳			경진 庚辰	김해 金海	창석 昌錫	종훈	
179	강노위 姜魯渭			신사 辛巳	진양 晋陽	동선 東暶		
180	노상만 盧賞滿			신사 辛巳	광산 光山	동인	현후	

181	이 현 규 李 現 揆			신 사 辛巳	전 주 全州	학 주 學周		
182	한 석 민 韓 錫 碈			신 사 辛巳	청 주 淸州	대 정 大正		
183	이 용 성 李 龍 成			신 사 辛巳	전 주 全州	광 호 廣號		
184	이 갑 규 李 甲 揆		백 암 白岩	갑 신 甲申	전 주 全州	학 學운	시후	
185	이 중 근 李 仲 根			정 해 丁亥	전 주 全州	현 로 顯魯		
186	김 삼 주 金 杉 柱			정 해 丁亥	울 산 蔚山	병 석 炳奭		
187	김 진 金 辰			임 진 壬辰	성 산 星山	신 信		
188	양 점 동 梁 点 東			병 신 丙申	남 원 南原	병 욱 炳郁	진 규 鎭圭	
189	권 종 수 權 鍾 洙			신 축 辛丑	안 동 安東	정 오 正五		
190	하 효 선 河 孝 善			정 미 丁未	진 양 晋陽	태 양 泰陽		
191	박 수 동 朴 守 東			병 신 丙申	면 천 沔川	정 현 呈玹		
192	김 영 교			계 사 癸巳	김 해 金海	주섭		
193	양 재 선 梁 在 善			경 진 庚辰	남 원 南原	인석	태후	
194	양 영 식			신 묘 辛卯	남 원 南原	승진		

※《신미년판》은 인쇄소 정보가 없다.《임술년판》과《기묘년판》에는 판권 페이지가 있어서 이곳에 함께 소개한다.

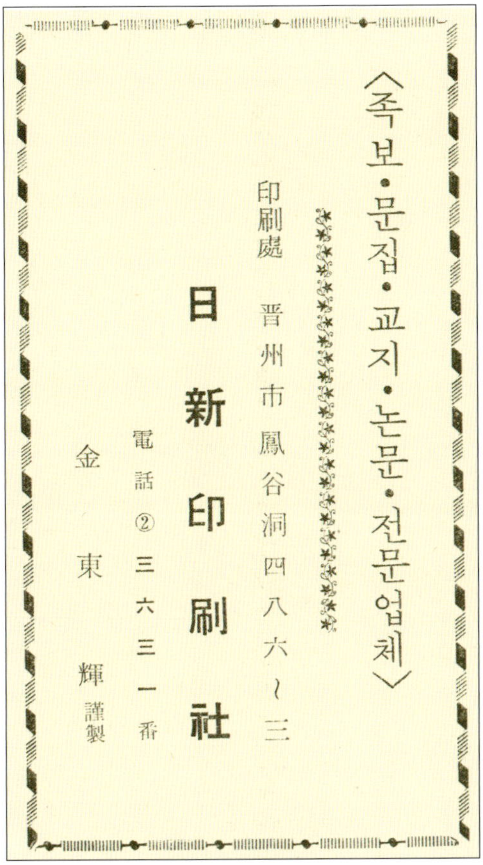

〈족보·문집·교지·논문·전문업체〉

印刷處 晉州市鳳谷洞四八六~三

日新印刷社

電話 ② 三六三一番

金東輝 謹製

《임술년판》(1982년)
인쇄처: 일신인쇄사(진주)

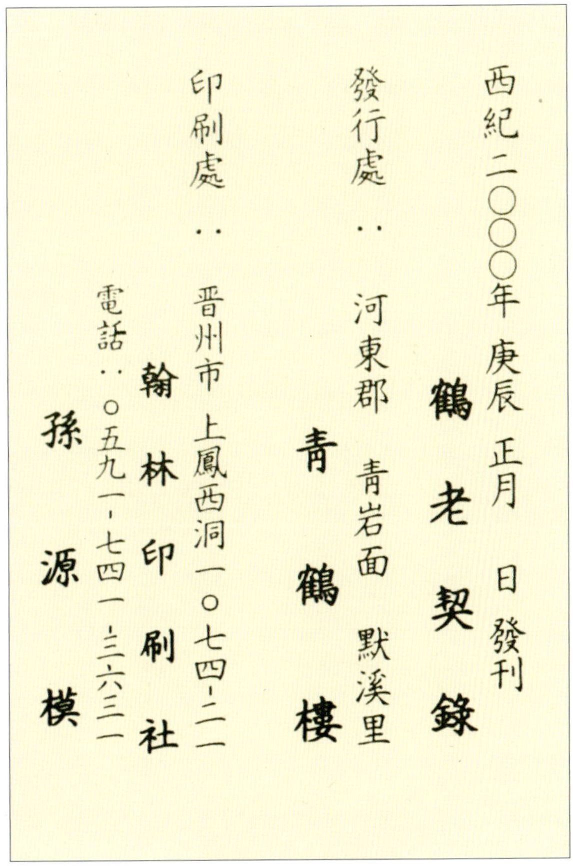

西紀二〇〇〇年 庚辰 正月 日 發刊

鶴老契錄

發行處 : 河東郡 青岩面 默溪里

青鶴樓

印刷處 : 晉州市 上鳳西洞 一〇七四-二一

翰林印刷社

電話 : 〇五九一-七四一-三六三一

孫源模

《기묘년판》(1999년)
인쇄처: 한림인쇄사(진주)

04
기타 학로계 관련 자료

가. 鶴老契 歷代 任員 名簿(학로계 기록에 의함)

연도	직위	성 명	비고
1961	회장 會長	이 재 권 李 在 權	신 축 辛丑
	부회장 副會長	오 태 환 吳 泰 煥	
1962	회장 會長	이 재 권 李 在 權	임 인 壬寅
	부회장 副會長	오 태 환 吳 泰 煥	
1963	회장 會長	이 재 권 李 在 權	계 묘 癸卯
	부회장 副會長	오 태 환 吳 泰 煥	
1964	회장 會長	이 재 권 李 在 權	갑 진 甲辰
	부회장 副會長	오 태 환 吳 泰 煥	
1965	회장 會長	박 보 원 朴 譜 源	을 사 乙巳
	부회장 副會長	노 관 석 盧 寬 錫	
1966	회장 會長	박 보 원 朴 譜 源	병 오 丙午
	부회장 副會長	노 관 석 盧 寬 錫	
1967	회장 會長	양 수 호 梁 水 好	정 미 丁未
	부회장 副會長	장 규 도 張 圭 度	
	간사 幹事	오 태 환 이 정 덕 김 병 기 吳 泰 煥 李 廷 德 金 炳 基 하 시 석 이 재 영 강 태 석 河 時 石 李 在 永 姜 泰 錫 박 순 봉 양 재 길 노 신 준 朴 淳 鳳 梁 在 吉 盧 辛 俊	
1968		회장 이하 전원 유임 會長 以下 全員 留任	무 신 戊申
1969	회장 會長	징 규 도 張 圭 度	기 유 己酉
	부회장 副會長	이 지 환 李 之 煥	
	간사 幹事	전원 유임 全員 留任	
1970	회장 會長	장 규 도 張 圭 度	경 술 庚戌
	부회장 副會長	서 귀 동 徐 貴 童	
	간사 幹事	이 정 덕 김 병 기 하 시 석 李 廷 德 金 炳 基 河 時 石 양 재 권 박 순 봉 양 재 길 梁 在 權 朴 淳 鳳 梁 在 吉 노 신 준 盧 辛 俊	

1971	회장 會長	노용제 盧庸濟	신해 辛亥
	부회장 副會長	이재우 李在雨	
	간사 幹事	이정덕 김병기 하시석 李廷德 金炳基 河時石 양재권 박순봉 양재길 梁在權 朴淳鳳 梁在吉 노인제 盧仁濟	
1972		회장 이하 전원 유임 會長 以下 全員 留任	임자 壬子
	간사 보충 幹事 補充	이정인 김택용 李廷仁 金垞鎔	
1973	회장 會長	이정환 李廷煥	계축 癸丑
	부회장 副會長	양삼준 梁三俊	
	간사 幹事	노인제 이정인 김병기 양재권 김택용 박재석 盧仁濟 李廷仁 金炳基 梁在權 金垞鎔 朴在錫 이일석 李日錫	
	감사 監事	정한효 박순봉 鄭漢孝 朴淳鳳	
1974		회장 이하 전원 유임 會長 以下 全員 留任	갑인 甲寅
1975		회장 이하 전원 유임 會長 以下 全員 留任	을묘 乙卯
1975	회장 會長	이정환 李廷煥	청학루 건립 靑鶴樓 建立 추진위원 推進委員
	부회장 겸 재무 副會長 兼 財務	양삼준 梁三俊	
	부회장 副會長	하재권 이상훈 河在權 李相勳	
	총무 總務	이일석 李日錫	
	지도 指導	장규도 노용제 張圭度 盧庸濟	
	고문 顧問	김재욱 강준택 강웅위 정규상 金在旭 姜俊垞 姜雄渭 鄭圭相	
	감사 監事	박순현 정한효 朴淳炫 鄭漢孝	
	간사 幹事	박재석 김병기 양재권 이건규 이정인 朴在錫 金炳基 梁在權 李巾揆 李廷仁 김택용 김도주 노진영 강노위 金垞鎔 金道柱 盧晋永 姜魯渭	
	공감 工監	오태환 강대희 吳泰煥 姜大熙	
	공사 工事	정재현 鄭在炫	
1976		회장 이하 전원 유임 會長 以下 全員 留任	병진 丙辰

1977	회장 會長	박재석 朴在錫	정사 丁巳
	부회장 副會長	박순봉 朴淳鳳	
	간사 幹事	이건규 노기제 하재균 강노위 李巾揆 盧基濟 河在均 姜魯渭 장주석 하병정 노상만 張周錫 夏秉鼎 盧賞滿	
	감사 監事	박보원 강웅위 朴譜源 姜雄渭	
1978		회장 이하 전원 유임 會長 以下 全員 留任	무오 戊午
1979	회장 會長	노종율 盧鍾律	기미 己未
	부회장 副會長	강준택 姜俊坨	
	간사 幹事	노한영 이정하 이홍규 변영조 이상경 盧漢永 李廷夏 李烘揆 卞永祚 李相坰 노길제 배재문 김덕준 盧吉濟 裵在文 金德遵	
	감사 監事	양삼준 노용제 梁三俊 盧庸濟	
1980	회장 會長	양삼준 梁三俊	
	부회장 副會長	노인제 盧仁濟	경신 庚申 본 계를 대한노인회에 통합
	간사 幹事	이원근 정용헌 정재철 김병기 양두석 李元根 鄭容憲 鄭在喆 金炳基 梁斗錫 노재영 정민화 최재운 盧在永 鄭珉和 崔載云	
	감사 監事	하재권 박순봉 河在權 朴淳鳳	
1981		회장 이하 전원 유임 會長 以下 全員 留任	신유 辛酉
1982	회장 會長	양삼준 梁三俊	임술 壬戌
	부회장 副會長	정용헌 鄭容憲	
	총무 總務	이상경 李相坰	
	간사 幹事	이현규 이정덕 양기석 이창규 李現揆 李廷德 梁基錫 李昌揆 김대윤 송재명 노범제 金大允 宋在明 盧範濟	
	감사 監事	하재권 김택용 河在權 金坨鏞	
1983		회장 이하 전원 유임 會長 以下 全員 留任	계해 癸亥
1984	회장 會長	양삼준 梁三俊	갑자 甲子
	부회장 副會長	하재권 河在權	
	이사 理事	박영식 하현규 김만석 양도석 노진영 노병갑 강기석 양길석	
	감사 監事	노병환 강웅위 盧炳煥 姜雄渭	

연도	직책	성명	간지
1985	會長(회장)	梁三俊(양삼준)	乙丑(을축)
	副會長(부회장)	徐正和(서정화)	
	理事(이사)	박영식 하현규 김만석 양도석 노진영 이정용 강기석 양길석	
	監事(감사)	姜雄渭(강웅위) 盧炳煥(노병환)	
	總務(총무)	金道柱(김도주)	
1986	會長(회장)	梁三俊(양삼준)	
	副會長(부회장)	정정화	
	理事(이사)	양필영 이홍규 서귀동 이현호 양기석 이창규 강춘근 최재운	
	監事(감사)	姜雄渭(강웅위) 盧炳煥(노병환)	
	總務(총무)	金道柱(김도주)	
1987	會長(회장)	梁三俊(양삼준)	
	副會長(부회장)	정정화	
	理事(이사)	노병용 정용헌 김만석 이현호 이정용 도봉용	
	監事(감사)	姜雄渭(강웅위) 盧炳煥(노병환)	
	總務(총무)	金道柱(김도주)	
1988	會長(회장)	梁三俊(양삼준)	
	副會長(부회장)	鄭容憲(정용헌)	
	總務(총무)	金道柱(김도주)	
	理事(이사)	權永植(권영식) 河相求(하상구) 金萬石(김만석) 河仁善(하인선) 盧炳和(노병화) 金敦烈(김돈열) 徐仁錫(서인석)	
	監事(감사)	姜雄渭(강웅위) 盧炳煥(노병환)	
1989	會長(회장)	梁三俊(양삼준)	
	副會長(부회장)	鄭容憲(정용헌)	
	總務(총무)	金道柱(김도주)	
	理事(이사)	李學明(이학명) 河相圭(하상규) 李玄浩(이현호) 金萬石(김만석) 梁龍柱(양용주) 梁龍柱(양용주) 姜春根(강춘근) 徐仁錫(서인석)	
	監事(감사)	張慶錫(장경석)	

1990	회장 會長	양삼준 梁三俊	
	부회장 副會長	정용헌 鄭容憲	
	총무 總務	김도주 金道柱	
	이사 理事	이학명 노한영 하상규 이정하 이현호 양도석 李學明 盧漢永 河相圭 李廷夏 李玄浩 梁道錫 김만석 하인선 양용주 김원식 강춘근 정민화 金萬石 河仁善 梁龍柱 金元植 姜春根 鄭民和 서인석 최재운 徐仁錫 崔在云	
	감사 監事	장경석 張慶錫	
1991	회장 會長	양삼준 梁三俊	
	부회장 副會長	정용헌 鄭容憲	
	총무 總務	김도주 金道柱	
	이사 理事	양필영 이정하 김창만 노호영 梁必永 李廷夏 金昌萬 盧浩永 하인선 이현호 김만석 河仁善 李玄浩 金萬石	
	감사 監事	장경석 張慶錫	
1992	회장 會長	양삼준 梁三俊	
	부회장 副會長	정용헌 鄭容憲	
	총무 總務	김도주 金道柱	
	이사 理事	이원근 김복록 하인선 김만석 李元根 金福錄 河仁善 金萬石 노병모 김창만 盧炳模 김종용 金昌萬	
	감사 監事	장경석 張慶錫	
1993	회장 會長	양삼준 梁三俊	
	부회장 副會長	정용헌 鄭容憲	
	총무 總務	김도주 金道柱	
	이사 理事	이현규 김복록 하인선 김만석 李現揆 金福錄 河仁善 金萬石 노병모 강갑석 김창만 盧炳模 姜甲錫 金昌萬	
	감사 監事	장경석 張慶錫	

연도	직책	성명	
1994	회장 會長	양삼준 梁三俊	
	부회장 副會長	김도주 金道柱	
	총무 總務	장경석 張慶錫	
	이사 理事	노한영 김복록 하인선 김만석 노병모 盧漢永 金福錄 河仁善 金萬石 盧炳模 최 崔기수 은희창	
	감사 監事	이갑규 李甲揆	
	고문 顧問	정용헌 鄭容憲	
1995	회장 會長	정용헌 鄭容憲	
	부회장 副會長	김도주 金道柱	
	총무 總務	장경석 張慶錫	
	감사 監事	이갑규 李甲揆	
	이사 理事	은 희 창(청학동) 강 점 석(학동) 노 병 득(회동) 정 대 욱(회동) 김 만 석(묵계) 하 인 선(묵계) 노 한 영(장고) 김 복 록(장고) 서 흥 석(청학) 노 병 모(회동)	
	고문 顧問	양삼준 梁三俊	
1996	회장 會長	정용헌 鄭容憲	
	부회장 副會長	김도주 金道柱	
	총무 總務	장경석 張慶錫	
	감사 監事	이갑규 李甲揆	
	이사 理事	은 희 창(청학동) 강 점 석(학동) 노 병 모(회동) 정 대 욱(회동) 김 만 석(묵계) 하 인 선(묵계) 노 한 영(장고) 김 복 록(장고)	
	고문 顧問	양삼준 梁三俊	
1997	회장 會長	정용헌 鄭容憲(장고)	
	부회장 副會長	김덕준 金德遵(청학동)	
	총무 總務	강 태 철(삼거)	
	감사 監事	서 귀 동(삼거)	
	이사 理事	은희창 서흥석 강점석 김만석 하인선 이원근 하진선 노병모 노병득 정대욱	

연도	직책	성명	일자
1997	회 장 會長	정 용 헌 鄭 容 憲	1997. 6.30
	부 회 장 副會長	김 덕 준 金 德 遵	
	총 무 總務	강 태 철	
	감 사 監事	서 귀 동	
	이 사 理事	강 점 석(학동) 서 흥 석(청학동) 정 대 욱(회동) 노 병 모(회동) 노 병 덕(회동) 이 원 근(장재) 하 진 선(고기) 하 인 선(삼거) 김 만 석(삼거)	
1998	회 장 會長	정 용 헌 鄭 容 憲(장고)	
	부 회 장 副會長	김 덕 준 金 德 遵(청학동)	
	총 무 總務	강 태 철(삼거)	
	감 사 監事	서 귀 동(삼거)	
	이 사 理事	이 현 규(장고) 김 복 록(장고) 김 만 석(삼거) 하 인 선(삼거) 노 병 모(회동) 노 병 엽(회동) 강 점 석(학동) 도 봉 두(학동) 김 창 만(청학동)	
1999	회 장 會長	김 도 주 金 道 柱	
	부 회 장 副會長	이 갑 규	
	총 무 總務	김 만 석	
	감 사 監事	노 병 화	
	이 사 理事	노 환 영 장 경 석 노 병 모 노 병 엽 김 병 국 정 민 화 송 재 규	
2000	회장	김 도 주 金 道 柱	6월 30일
	부회장	이 갑 규	
	총무	김 만 석	
	감사	노 병 화	
	이사	박 돌 이 노 환 영 장 경 석 노 병 모 노 병 엽 김 종 용 도 봉 두 김 병 국 정 민 화 송 재 규 김 창 만 양 점 동	
	고 문 顧問	양 삼 준 梁 三 俊	

2001	회장	이 홍 규	
	부회장	강 태 철	
	총무	김 만 석	
	감사	노 병 화	
	감사	김 삼 주	
	임원	김 창 만(청학동) 강 춘근(청학동) 강 점 석(학동) 김 종 용(학동) 한 석 민(삼거) 노 병 엽(회동) 박 돌 이(장고)	
	顧問(고문)	梁三俊(양삼준)	
2003	회장	강 태 철	
	부회장	노 병 화	
	총무	하 인 선	
	감사	김 삼 주, 한 석 민	
	임원	김 창 만(청학동) 강 춘 근(청학동) 강 점 석(학동) 김 종 용(학동) 장 경 석(삼거) 노 병 엽(회동) 박 돌 이(장고)	
	顧問(고문)	梁三俊(양삼준)	
2005	회장	김 기 언	
	부회장	노 병 화	
	총무	김 만 석	
	감사	김 삼 주, 한 석 민	
	임원	김 창 만(청학동) 강 춘 근(청학동) 강 점 석(학동) 김 종 용(학동) 장 경 석(삼거) 노 병 엽(회동) 이 중 근(장고)	
	顧問(고문)	梁三俊(양삼준)	
2007	회장	정 민 화	
	부회장	노 병 화	
	총무	도 봉 두	
	감사	김 삼 주, 한석민	
	임원	김 창 만(청학동) 강 춘 근(청학동) 강 점 석(학동) 김 종 용(학동) 장 경 석(삼거) 노 병 엽(회동) 이 중 근(장고)	

2009	계장	한석민	
	부계장	노병화	
	총무	노병엽	
	감사	김영교, 김종용	
	임원	김규식 노병모 강점석 김창만 강춘근 하인선 양정석	
2010	계장	한석민	
	부계장	노병화	
	총무	노병엽	
	감사	김영교, 김종용	
	이사	김규식 노병모 강점석 김창만 강춘근 하인선 양정석	
2011	계장	노병화	
	부계장	양영철	
	총무	박용원	
	감사	김영교, 김종용	
	이사	하인선(묵계) 노병모(회동) 김규식(학동) 강점석(청학동) 김창만(청학동) 강춘근(청학동) 양정석(장고)	
2012	계장	노병화	
	부계장	양영철	
	총무	박용원	
	감사	김영교	
		김종용	
	이사	하인선(묵계) 노병모(회동) 김규식(학동) 강점석(청학동) 김창만(청학동) 강춘근(청학동) 양정석(장고)	

2013	계장	노 병 화	
	부계장	양 영 철	
	총무	박 용 원	
	감사	김 영 교	
		김 종 용	
	이사	하 인 선(묵계) 노 병 모(회동) 김 규 식(학동) 강 점 석(청학동) 김 창 만(청학동) 강 춘 근(청학동) 양 정 석(장고)	
2015	계장	김 삼 주	5.11일 정기 총회 임원 선출
	부계장	하 인 선	
	총무	양 점 동	
	감사	박 용 원	
		김 만 석	
	이사	양 호 영(묵계) 노 병 모(회동) 김 규 식(학동) 강 점 석(학동) 김 창 만(청학동) 강 춘근(청학동)	
2017	계장	김 삼 주	5.11일 정기 총회 전원 유임
	부계장	하 인 선	
	총무	양 점 동	
	감사	박 용 원	
		김 만 석	
	이사	양 호 영(묵계) 노 병 모(회동) 김 규 식(학동) 강 점 석(학동) 김 창 만(청학동) 강 춘 근(청학동)	
2019	계장	김 삼 주	5.9일 정기 총회 전원 유임
	부계장	하 인 선	
	총무	양 점 동	
	감사	박 용 원	
		김 만 석	
	이사	양 호 영(묵계) 노 병 모(회동) 김 규 식(학동) 강 점 석(학동) 김 창 만(청학동) 강 춘 근(청학동)	

나. 鶴老契 表彰者 名簿(학로계 표창자 명부)(학로계 기록에 의함)

番号(번호)	年月日(연월일)	表彰內容(표창내용)	住所(주소)	姓名(성명)	備考(비고)
학로1	1968.5.10	孝(효)	학동	姜雄渭(강웅위)	男(남)
2	1969.5.10	孝(효)	三巨(삼거)	梁三俊(양삼준)	男(남)
3	1970	孝烈(효열)	〃	鄭氏(정씨)	徐貴童 妻(서귀동 처)
4	〃	孝(효)	高基(고기)	金永珍(김영진)	男(남)
5	1975	孝烈(효열)	〃	鄭氏(정씨)	朴守東 母(박수동 모)
6	1977	孝烈(효열)		朴善子(박선자)	姜 母(강 모)
7	1978	孝烈(효열)	회동	洪玉順(홍옥순)	盧殷濟 妻(노은제 처)
8	1979	孝烈(효열)	장재		李石根 妻(이석근 처)
9	1982	孝(효)	회동	梁斗錫(양두석)	男(남)
10	〃	孝(효)	三巨(삼거)	金万石(김만석)	男(남)
11	〃	善行(선행)어린이	묵계교	李次順(이차순)	女(여)
12	〃	〃	〃	金道洙(김도수)	男(남)
13	1983	社會善行(사회선행)	회동	金氏(김씨)	梁水錫 妻(양수석 처)
14	〃	착한 어린이	묵계교	정행숙	女(여)
15	〃	〃	〃	양일동	男(남)
16	1984	〃	〃	서정숙	女(여)
17	〃	〃	〃	이현노	男(남)
18	1985	〃	〃	김진도	男(남)
19	〃	〃	〃	박남이	女(여)
20	1987.5.10	착한어린이, 孝(효)	〃	강진석	5년 남
21	〃	〃	〃	하정애	6년 여
22	1988.5.10	孝(효)	학동	김돈열	
23	〃	착한 어린이	묵계교	김창덕	5년 여
24	〃	〃	〃	하태영	6년 남

25	1989.5.10	孝婦(효부)	長在(장재)	유차연	梁甲相(양갑상) 처
26	〃	착한 어린이	묵계교	박현진	6년
27	〃	〃	〃	이현자	5년
28	1990.4.30	착한 어린이	묵계교	이복진	4년
29		〃	〃	이미정	6년
30	1991.4.30	孝婦(효부)	청학동	한길순	이성실 처
31	〃	착한 어린이	묵계교	노현주	6년
32	〃	〃	〃	하태록	〃
33	1993.6.30	착한 어린이	묵계교	서한순	6년
34	〃	〃	〃	이숙이	〃
35	1994.6.30	착한 어린이	묵계교	류진희	5년
36	〃	〃	〃	이임술	6년
37	1995.6.30	착한 어린이	묵계교	김현지	〃
38	〃	〃	〃	서한선	〃
39	1996.6.30	孝婦(효부)		조우선	장경석 처
40	〃	孝婦(효부)		이금옥	노병모 처
41	〃	착한 어린이	묵계교	강미영	6년
42	〃	〃	〃	최용석	5년
	〃	감사패		양삼준	공로패
	〃	〃		오태환	공로패
43	1997.6.30	착한 어린이	묵계교	은남수	6년
44	〃	〃	〃	양영동	〃
45	1998.6.30	착한 어린이	묵계교	강찬우	〃
46	〃	〃	〃	양행아	〃
47	1999.6.30	착한 어린이	묵계교	서충기	〃
48	〃	〃	〃	강선호	〃
49	2000.6.30	孝行(효행)	학동	김병국	

50	〃	착한 어린이	묵계교	권정호	6년
51	〃	〃	〃	정아람	〃
52	2001.6.30	착한 어린이	묵계교	강상진	〃
53	〃	〃	〃	이주영	〃
54	2002.6.30	착한 어린이	묵계교	서원표	〃
55	〃	〃	〃	조아라	〃
56	2003.6.30	착한 어린이	묵계교	김준일	〃
57	〃	〃	〃	정하선	〃
58	〃	효행	청학동	이순재	
59	2004.6.30	착한 어린이	묵계교	양승훈	〃
60	〃	〃	〃	정유리	〃
61	〃	효행	회동	양미경	
62	2005.6.30	효행	청학동	엄이영	
63	〃	착한 어린이	묵계교	도창영	6년
64	〃	〃	〃	김기남	〃
65	2006.6.15	착한 어린이	묵계교	김정미	〃
66	〃	〃	〃	양혜민	〃
67	2007.6.8	착한 어린이	묵계교	이학준	〃
68	〃	〃	〃	안 옥	〃
69-1	2008.6.30	착한 어린이	묵계교	이학빈	〃
69-2	〃	〃	〃	이민규	〃
70	〃	효부상	묵계	정말순	양점동 처
71-1	2009.4.30	선행상	묵계교	엄 진	6학년
71-2	〃	〃	〃	강금좌	〃
72	〃	효부상	학동	이영자	강춘근 처
73	2010.4.13	선행상	묵계교	이재준	6학년
74	〃	〃	〃	서예진	〃

75	2011.4.28	선행상	묵계교	노승현	6학년
76	〃	〃	〃	강구섭	〃
77	〃	효부상	삼거	박덕임	양영식 처
78	2012.5.4	선행상	묵계교	노원기	6학년
79	〃	〃	〃	이현진	〃
80	2013.5.7	선행상	묵계교	이현성	6학년
81	〃	〃	〃	김경운	〃
82	2016.5.10	효부상	학동	안동범	강동외 처
83	2018.5.8	효부상	학동	장길자	김종용 처

다.《학로계칙 · 명부》 (1961~1977년 학로계의 원장부, 영구 보존판)

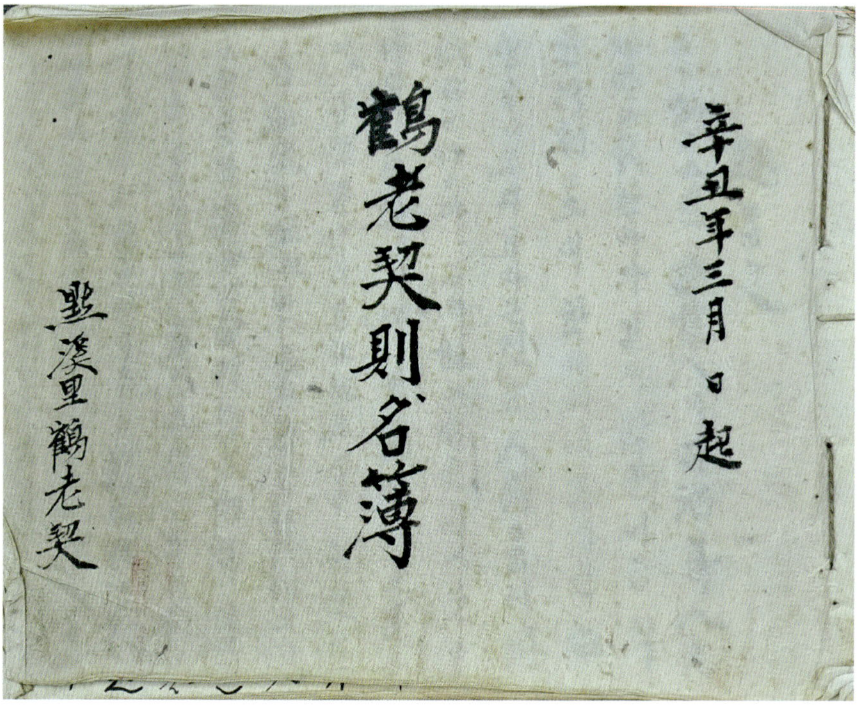

학로계칙 · 명부(신축년 3월 발기)

이《학로계칙 및 명부》는 묵계리 학로계의 역사다. 신축년(1961) 3월 창계 당시 〈취지문〉, 〈발기인 명단〉, 〈학로계 서문〉, 〈축시〉, 〈학로계칙〉, 〈학로계원 명단〉 등과 1977년까지 〈매년 총회일 당시 경비 정산 명세〉, 특히 〈계곡(쌀, 혹은 현금)의 대여(보관)와 상환 상황, 매년 이자〉, 〈임원 개선 현황〉, 〈청학루 건립 관련 회의 기록〉 등 108페이지 걸쳐 상세하게 기록되어 있다. 당시의 여러 가지 물가 상황, 대소사 등 생활 · 경제사를 알 수 있다. 한지(韓紙)에 수기(手記)한 장부가 벌써 60년이 넘었으니 변색 · 변형 · 훼손이 심하였다. 그래서 이를 한 페이지 한 페이지 펴서 스캔(scan)하고, 수정 작업하여 모두 디지털화하였다. 후인들에 의해 그 내용의 자세한 연구가 이어지기를 기대한다.

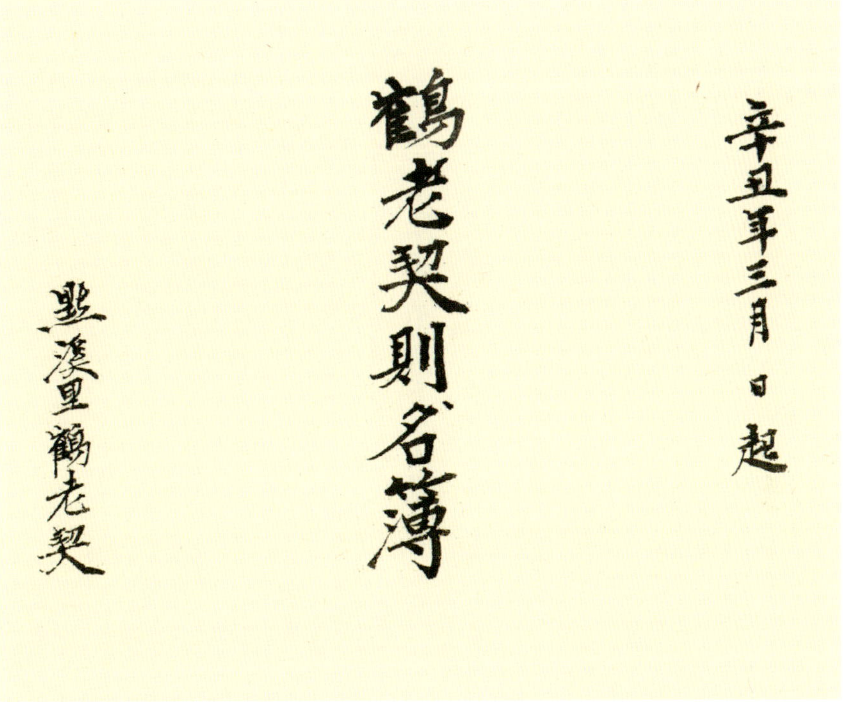

辛丑年三月 日 起

鶴老契則名簿

墨溪里鶴老契

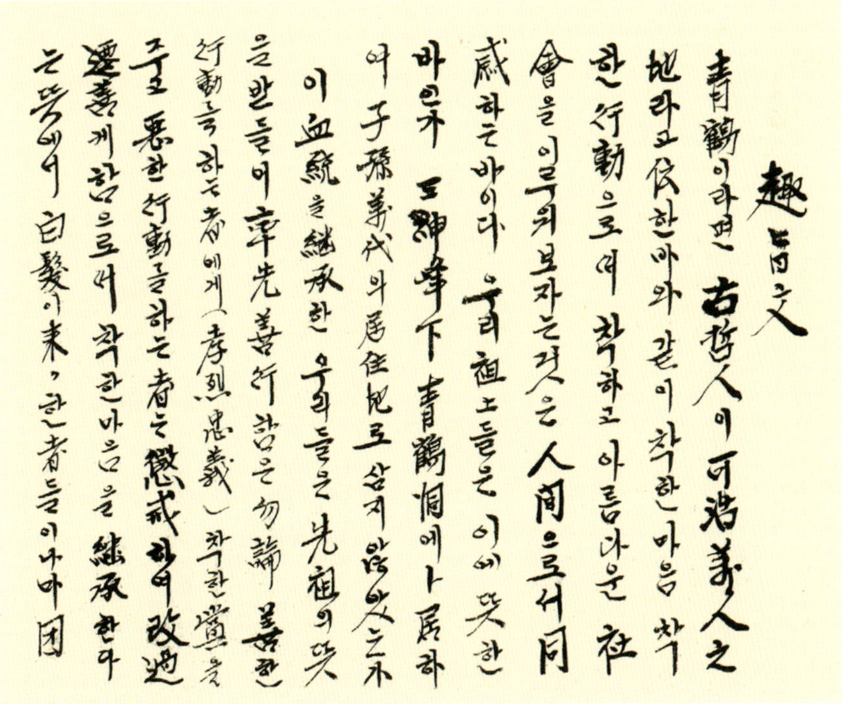

趣旨文

靑鶴이라면 古哲人이 可浩善人之
地라고 良한 바와 같이 착한 마음 착
한 行動으로서 착하고 아름다운 社
會를 이룩해 보자는 것은 人間으로서 同
感하는 바이다. 우리 祖上들은 이에 뜻한
바 있어 三神峯下 靑鶴洞에 居하
여 子孫萬代의 居住地로 삼지 않았는가 人之不
이 血統을 繼承한 우리들은 先祖의 뜻
을 받들어 率先 善行함은 勿論 善한
行動을 하는 者에게 (孝烈 忠義) 착한 賞을
주고 惡한 行動을 하는 者는 懲戒하여 改過
遷善케 함으로서 착한 마음을 繼承한다
는 뜻에서 白髮이 來, 한 者들이나마 團

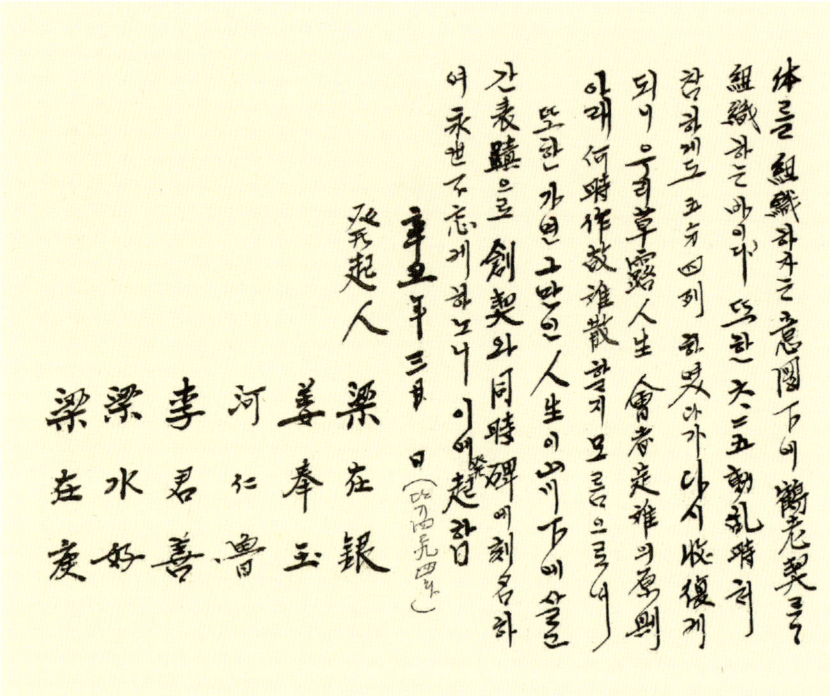

体를 組織하자는 意圖下에 鶴老契를
組織하는 바이다 또한 六二五 動亂時 처
참하게도 五分四列 되었다가 다시 收復케
되니 우리 草露人生 會者定離의 原則
아래 何時作散離散 할지 모름으로써
또한 가련한 그 많은 人生이 山下에 살든
간 表蹟으로 創契와 同時 碑에 刻名하
여 永世不忘케 하노니 이에 發起함
辛丑年 三月 日 (단기四二九四年)
發起人 梁在銀
姜奉玉
河仁晳
李君善
梁水好
梁在庚

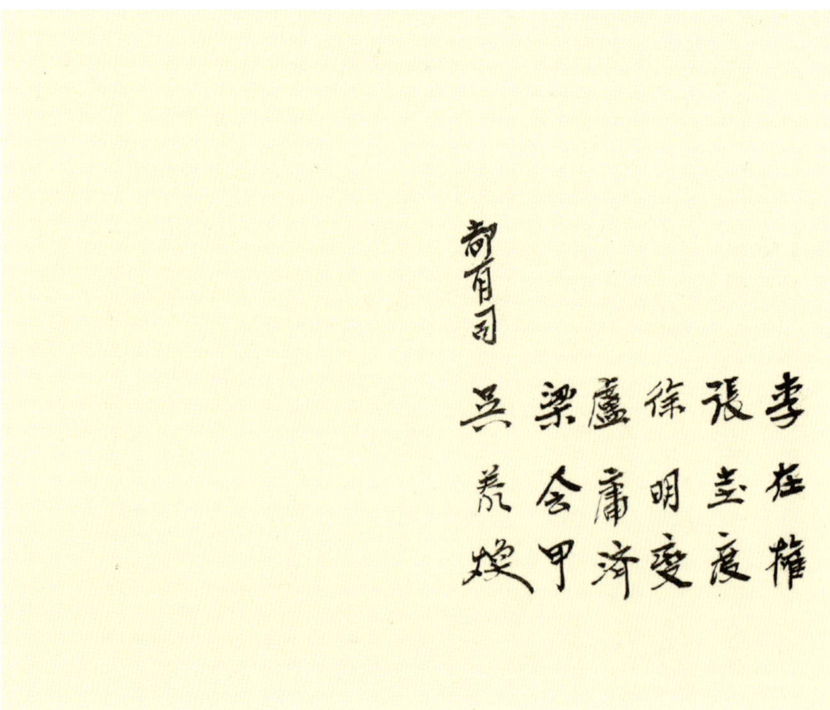

李在權
張圭彦
徐明燮
盧庸濟
梁会甲
吳[illegible]煥
都有司

鶴老契序文

時歲辛丑之春成一契而名之曰 鶴老
契斯契之設以成設以名者何由
頭流之南有萬古名勝則是青鶴洞也
依於先師設評雖在小邦勝於中華
云則此洞之名可知矣 一者是洞中
文老相敦相睦而以契又重其意者也
二者是 堂上鶴髮千年壽則 斯洞之
文老與鶴壽無異而萬壽無疆之意
者也以是又觀之此契之設以成者名者
意異於凡契者也 豈與俗契之春川
擬秋賞菊善隣好仁覺後齋洞中
青少乃年積契義而以其壽老之意

畫識助契鄉里稱之曰壽老會員此豈
非上有好者下必有甚焉者乎此成契
之美壽契之美又美斯契之赫赫聲山
海而不墮矣

辛丑年暮春 梁生漢根(三俊) 謹書

鶴老契韻 盧庸濟題

智山西麓更回路別有巖溪兩峽流
天就須主薦瀟灑人是卜居待掌樓
苛秦避跡桃園遠厭世隱身鶴洞幽
老少同心標名契年年一度伴春遊

又 梁漢根(三俊)題

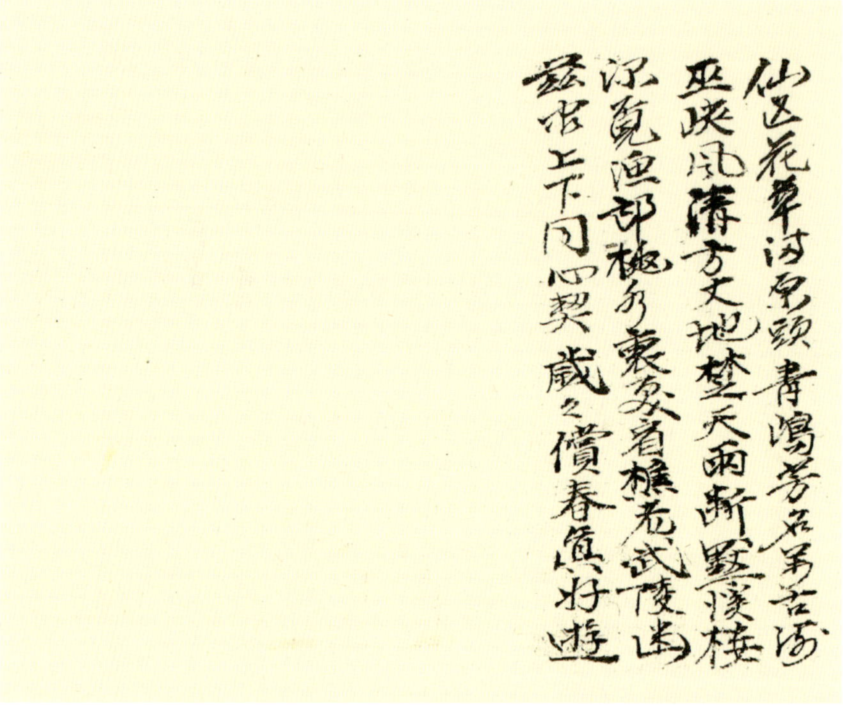

仙區花草洞泉頭 靑鶴芳名萬古流
巫峽風淸方丈地 楚天雨斷野溪樓
深藏漁郞桃源裏 更看樵老武陵幽
谿水上下同心契 歲々償春作好遊

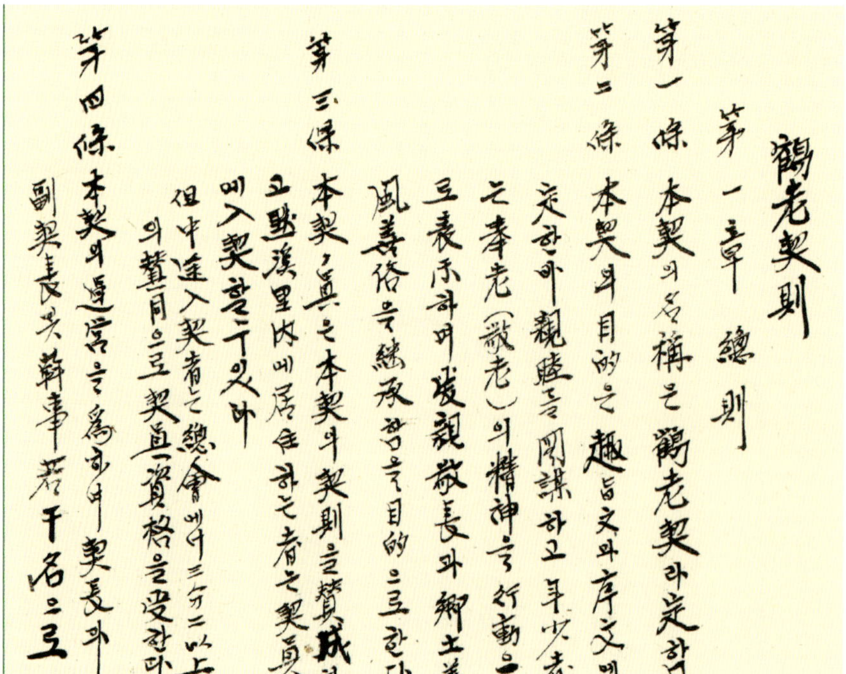

鶴老契則

第一章 總則

第一條 本契의 名稱은 鶴老契라 定함

第二條 本契의 目的은 趣旨文과 序文에 定하며 親睦을 圖謀하고 年少者는 耆老(敬老)의 精神을 行動으로 表示하며 崇親敬長과 鄕土美風善俗을 繼承함을 目的으로 한다

第三條 本契의 契員은 本契의 契則을 贊成하고 默溪里內에 居住하는 者로 契員에 入契할 수 있다

但 中途入契者는 總會에서 三分二以上의 贊同으로 契員資格을 受한다

第四條 本契의 運營을 爲하여 契長과 副契長 및 幹事 若干名으로

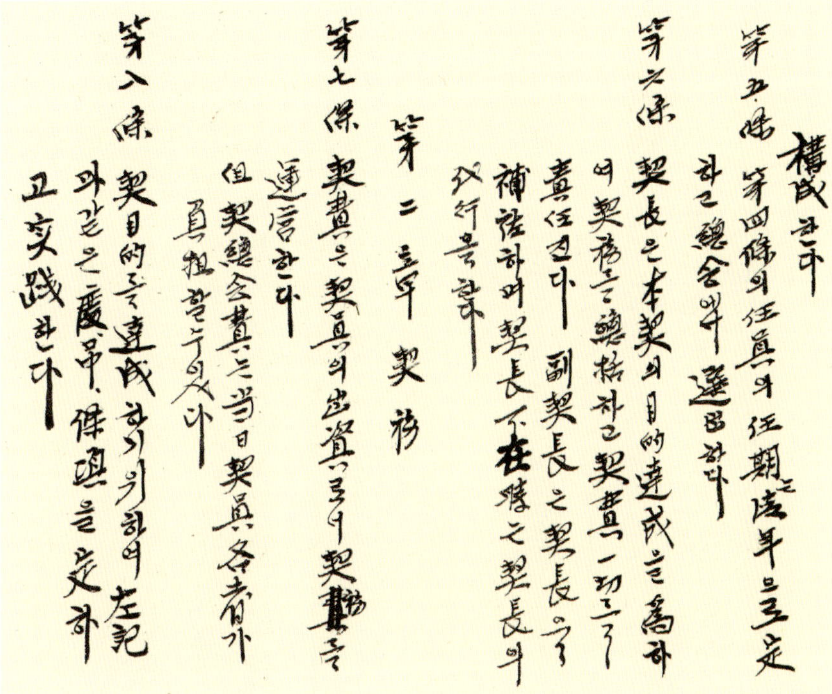

構成한다

第五條 第四條의 任員의 任期는 隨年으로 定하고 總會에서 選出한다

第六條 契長은 本契의 目的達成을 爲하여 契務를 總括하고 契員 一切로서 責任진다 副契長은 契長을 도와 補佐하며 契長 不在時는 契長의 代行을 한다

第二章 契務

第七條 契費는 契員의 出資로서 契務費를 運営한다

但 契總会費는 当日 契員 各者가 負担할수있다

第八條 契目的을 達成하기 위하여 左記와같은 慶弔、保項을 定하고 實踐한다

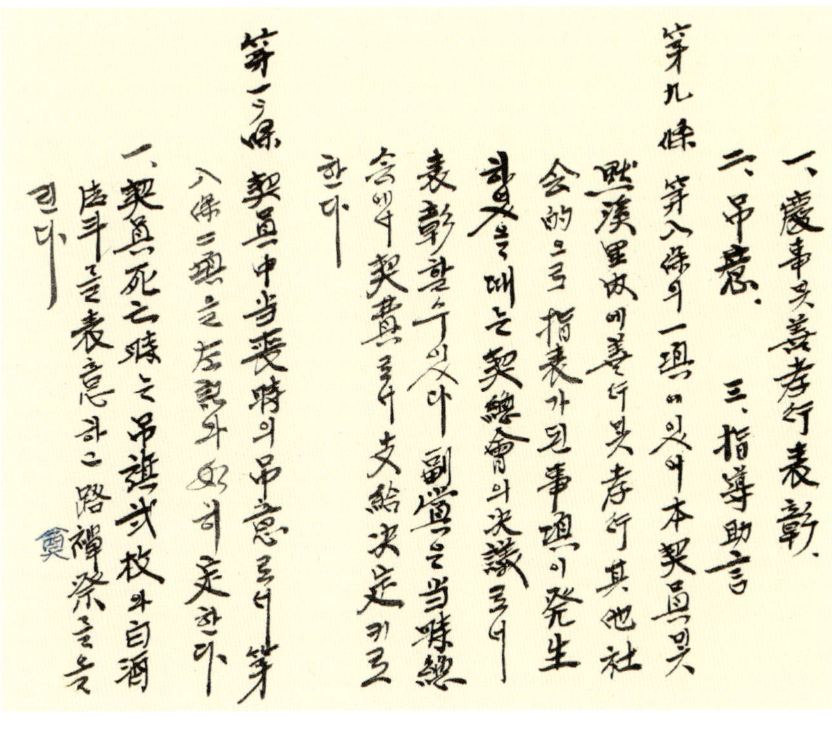

一、慶事및善孝行表彰、

二、弔意、 三、指導助言

第九條 第八條의 一項에 있어 本契員및 郡·渼里內에 善行및孝行 其他 社会的으로 指表가 된 事項이 発生하였을때는 契總會의 決議로서 表彰할수있다 副賞은 当時總会에서 契費로서 支給決定키로 한다

第一〇條 契員中 当喪時의 弔意로서 第八條二項을 左記와 如히 定한다

一、契員死亡時는 弔旗弍枚와 白酒 隨斗를 表意하고 路祭를 은 한다

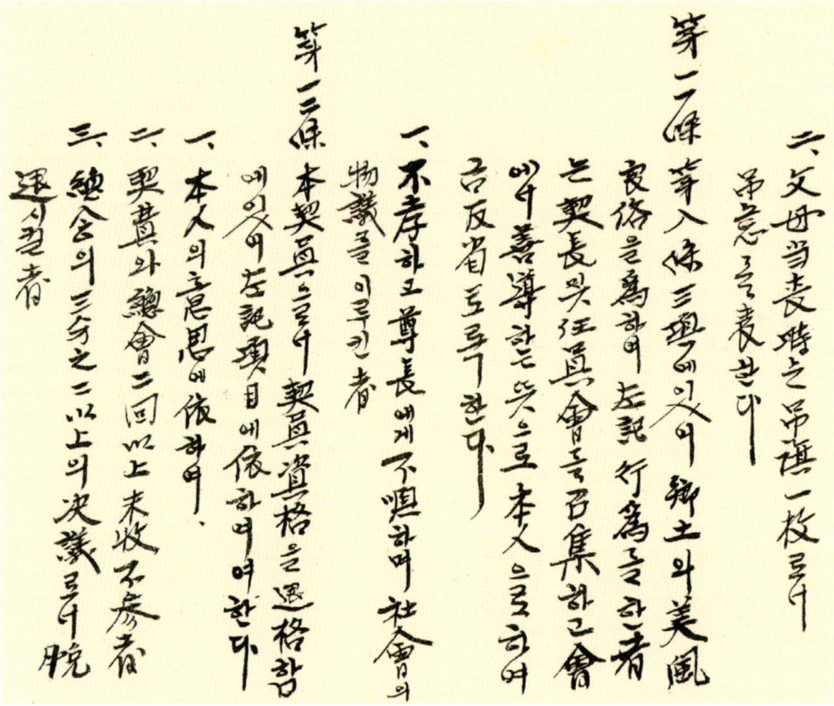

六、父母의 喪時之 弔旗一枚로서
弔意를 表한다
第一二條 第八條 三號에 있어 鄕土와 美風
良俗을 爲하여 左記 行爲를 한 者
는 契長 및 任員會를 召集하고 會
에서 善導하는 뜻으로 本人으로 하여
금 反省토록 한다
一、不孝하고 尊長에게 不恭하며 社會의
物議를 이르킨 者
第一三條 本契員으로서 契員資格을 退格함
에 있어 左記 項目에 依하여야 한다
一、本人의 意思에 依하여
二、契費와 總會 二回 以上 未收 不參者
三、總会의 三分之二 以上의 決議로서 脫
退시킨 者

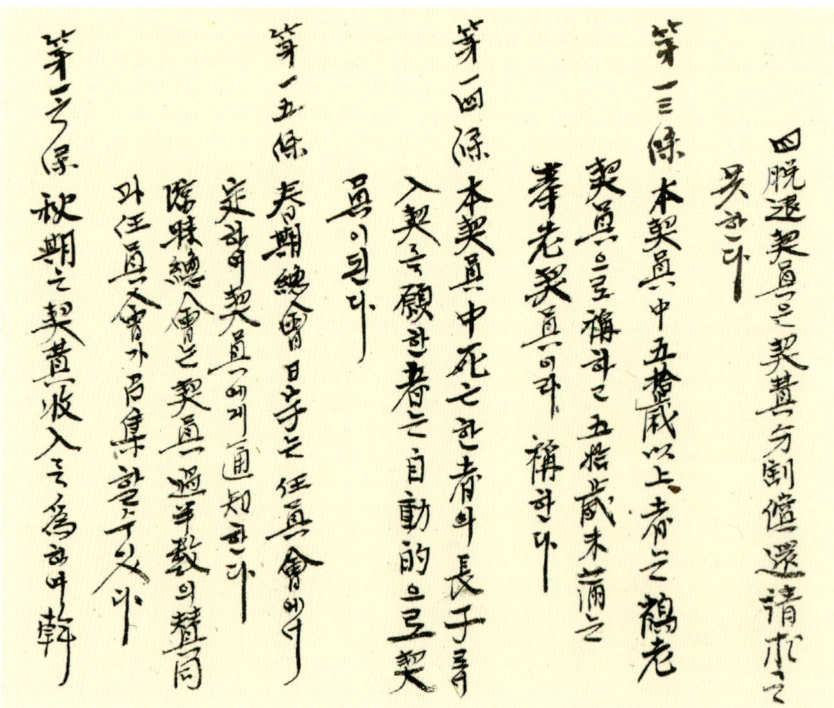

四 脫退契員은 契費 分劃 償還 請求는
못한다
第一三條 本契員中 五拾歲以上者는 鶴老
契員으로 稱하고 五拾歲未滿之
靑壯契員이라 稱한다
第一四條 本契員中 死亡한 者의 長子로
入契를 願한 者는 自動的으로 契
員이 된다
第一五條 春期總會 日字는 任員會에서
定하여 契員에게 通知한다
臨時總會는 契員 過半數의 贊同
과 任員會가 召集할 수 있다
第一六條 秋期之 契費 收入을 爲하여 韓

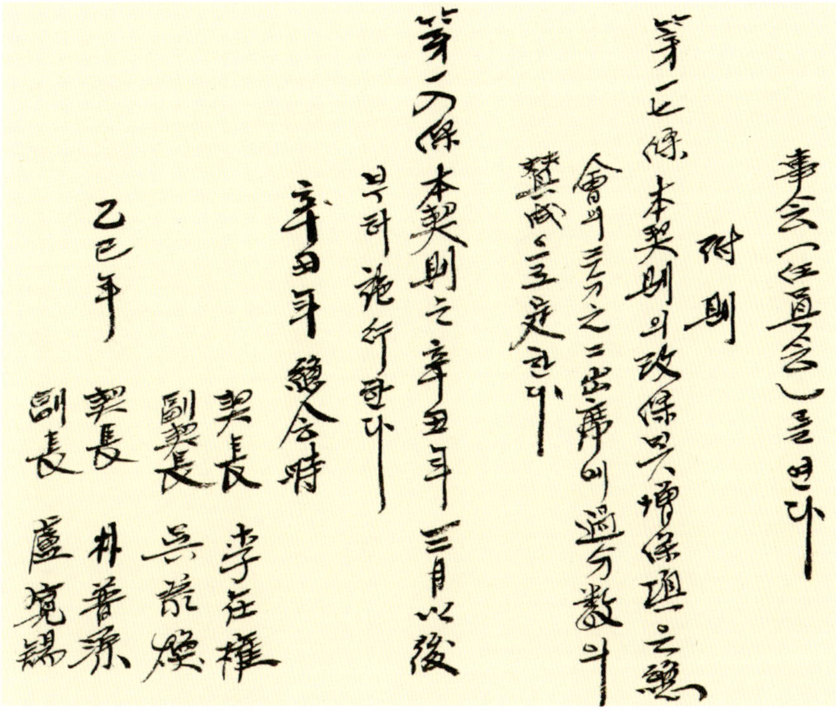

事務(任員會)를 한다

附則

第十七條 本契則의 改條및增條는 總會의 三分之二出席에 過半數의 贊成으로 定한다

第十八條 本契則은 辛丑年 三月 以後부터 施行한다

辛丑年 總會時 契長 李在權

副契長 吳龍煥

乙巳年 契長 朴普源

副長 盧寬錫

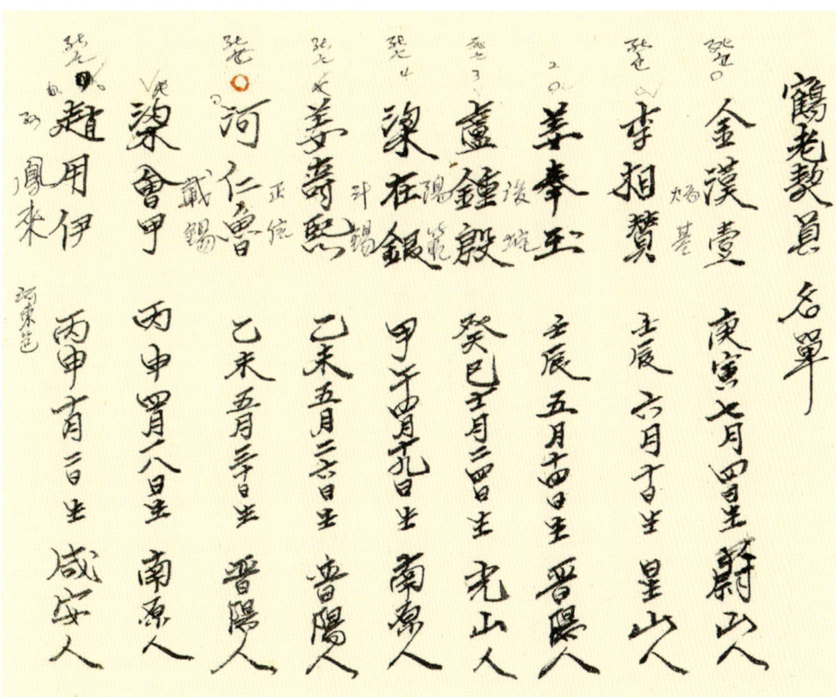

鶴老契員 名單

金漢壹 庚寅 七月四日生 蔚山人

李相贊 壬辰 六月十日生 星山人

姜奉玉 壬辰 五月十四日生 晉陽人

盧鍾殷 癸巳 十二月二十四日生 光山人

梁在銀 甲午 四月二十九日生 南原人

姜壽熙 乙未 五月二十六日生 晉陽人

河仁魯 乙未 五月二十三日生 晉陽人

梁會甲 丙申 四月十八日生 南原人

趙用伊 丙申 十月三日生 咸安人

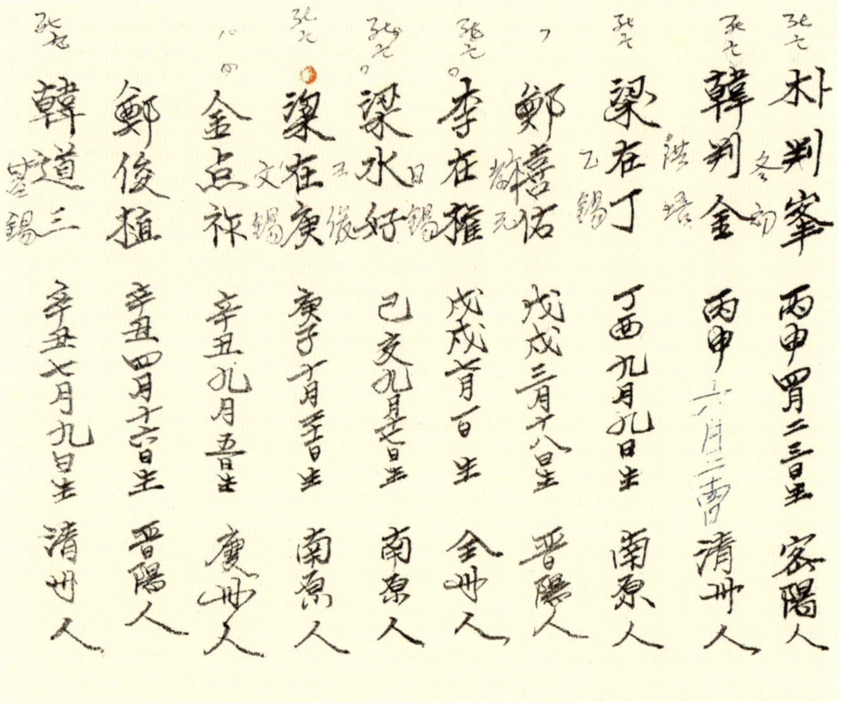

朴判峯 丙申四月二十三日生 密陽人
韓判金 丙申六月二十三日 清州人
梁在丁 丁酉九月九日生 南原人
鄭喜佑 戊戌三月十八日生 晉陽人
李在權 戊戌十月十日生 金州人
梁水好 己亥九月十七日生 南原人
梁在庚 庚子十月十五日生 南原人
金点祚 辛丑九月十五日生 慶州人
鄭俊植 辛丑四月十六日生 晉陽人
韓道三 辛丑七月九日生 清州人

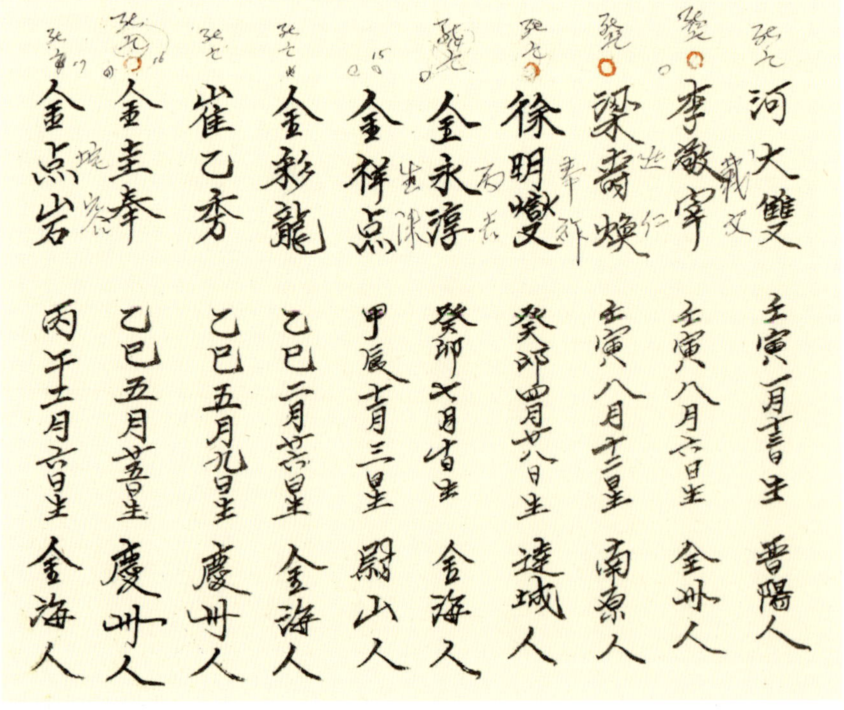

河大雙 壬寅一月十二日生 晉陽人
李徽宰 壬寅八月六日生 金州人
梁壽煥 壬寅八月十二日生 南原人
徐明燮 癸卯四月廿八日生 達城人
金永淳 癸卯七月十日生 金海人
金祥点 甲辰十月三日生 蔚山人
金彩龍 乙巳二月十六日生 金海人
崔乙秀 乙巳五月九日生 慶州人
金圭奉 乙巳五月十五日生 慶州人
金点岩 丙午十一月六日生 金海人

鄭再永 丙午五月七日生 延日人
梁仁壽 丙午三月三日生 南原人
李君善 丙午三月十九日生 全州人
李官宰 丙午六月四日生 全州人
李贊玉 丙午六月四日生 全州人
盧鍾千 丁未十二月七日生 光山人
梁在道 丁未七月五日生 南原人
李萬宰 丁未九月五日生 全州人
河又龍 戊申一月十五日生 晋陽人
梁在吉 戊申六月十二日生 南原人

金三淳 己酉二月十七日生 金海人
尹成玉 己酉十月十三日生 慶州人
金己用 己酉六月三日生 慶州人
姜達龍 己酉六月十五日 晋陽人
盧鍾律 己酉二月八日生 光山人
姜文明 己酉七月十四日生 晋陽人
朴龍伊 己酉八月三十日生 密陽人
孫興伊 己酉十一月十四日生 密陽人
姜在熙 戊申五月十九日生 晋陽人
裵次洪 庚戌十一月十七日生 星州人

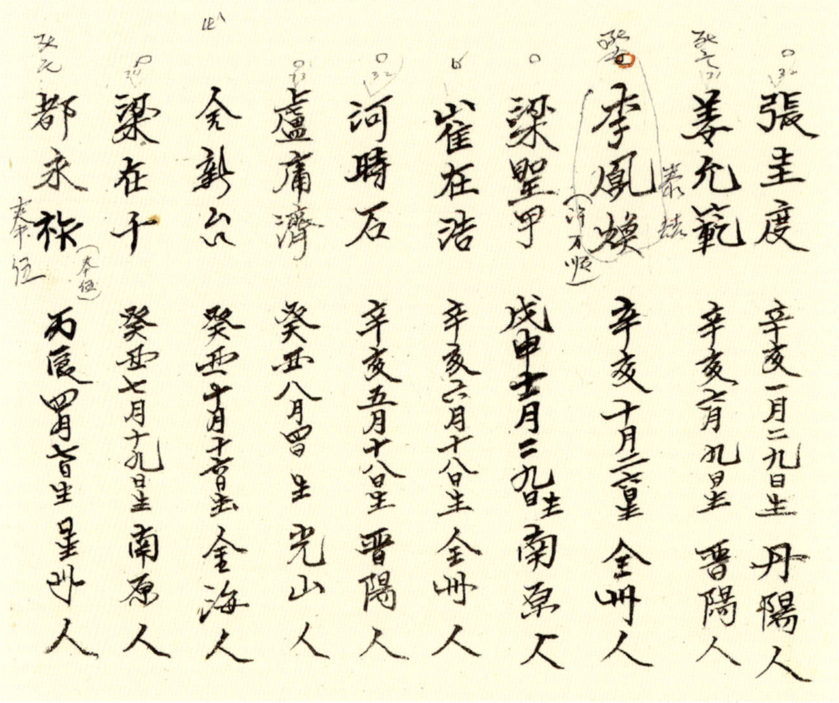
張圭度 辛亥一月二九日生 丹陽人
姜允範 辛亥六月九日生 晉陽人
李鳳煥 辛亥十月二十日生 全州人
梁聖甲 戊申十二月二九日生 南原人
崔在浩 辛亥六月十八日生 全州人
河時石 辛亥五月十八日生 晉陽人
盧庸濟 癸丑八月四日生 光山人
金新以 癸丑十月十六日生 金海人
梁在千 癸丑七月十九日生 南原人
都來袾 丙辰四月六日生 星州人

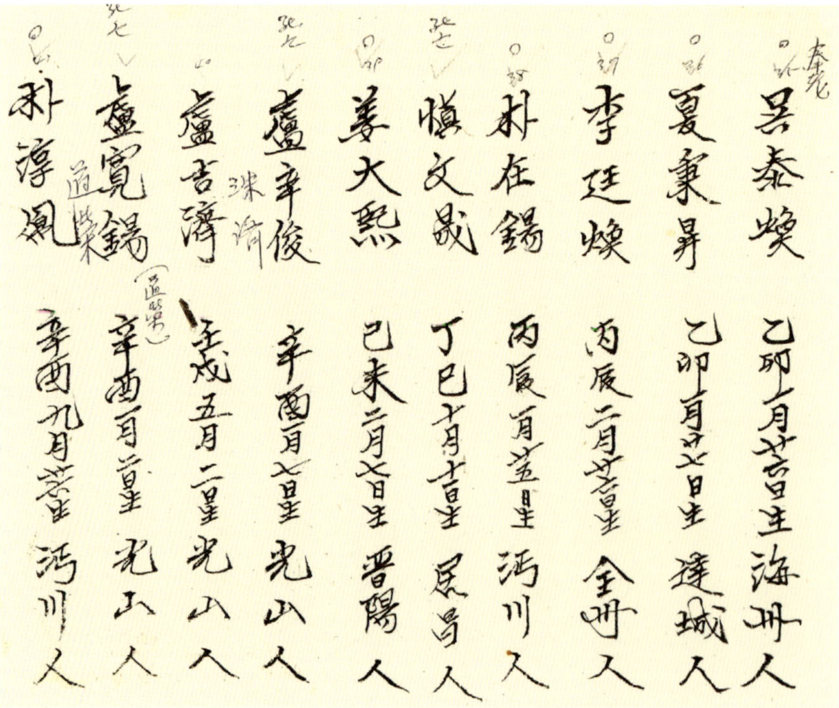
呂泰煥 乙卯一月廿四日生 海州人
夏秉昇 乙卯一月廿七日生 達城人
李廷煥 丙辰二月廿二日生 全州人
朴在錫 丙辰十一月十五日生 沔川人
愼文晟 丁巳十月十一日生 居昌人
姜大熙 己未二月七日生 晉陽人
盧辛俊 辛酉十一月七日生 光山人
盧吉濟 壬戌五月二日生 光山人
盧寬錫 辛酉十一月廿二日生 光山人
朴淳鳳 辛酉九月廿七日生 沔川人

李廷夏 辛酉六月十五日生 金州人
李在雨 乙丑四月四日生 慶州人
李令秀 癸亥十二月二十日生 全州人
李之煥 戊辰十二月二十三日生 陜川人
卞永祿 戊辰八月十五日生 密陽人
文俊憲 己巳二月二十四日生 南平人
金奇鉉 庚午五月十八日生 金海人
徐貴童 辛未五月二十六日生 達城人
文達植 己巳七月二十日生 南平人
金聖斗 丙午二月十日生 金海人

金學鉉 辛巳六月二十三日生 光山人
盧鍾壽 (永天) 癸卯四月八日生 光山人
金奇彦 岳陽人 (金海人)
李在永 己巳十二月六日生 陜川人 (星山)
吳用李 丁酉 海州人
李廷源 丙午八月二十九日生 全州人
趙祥龍 丁巳六月十六日生 咸安人
梁徹長 丙午四月四日生 南原人
李道宰 (在稚) 丙午十二月二十九日生 全州人
金貴善 戊午 金海人

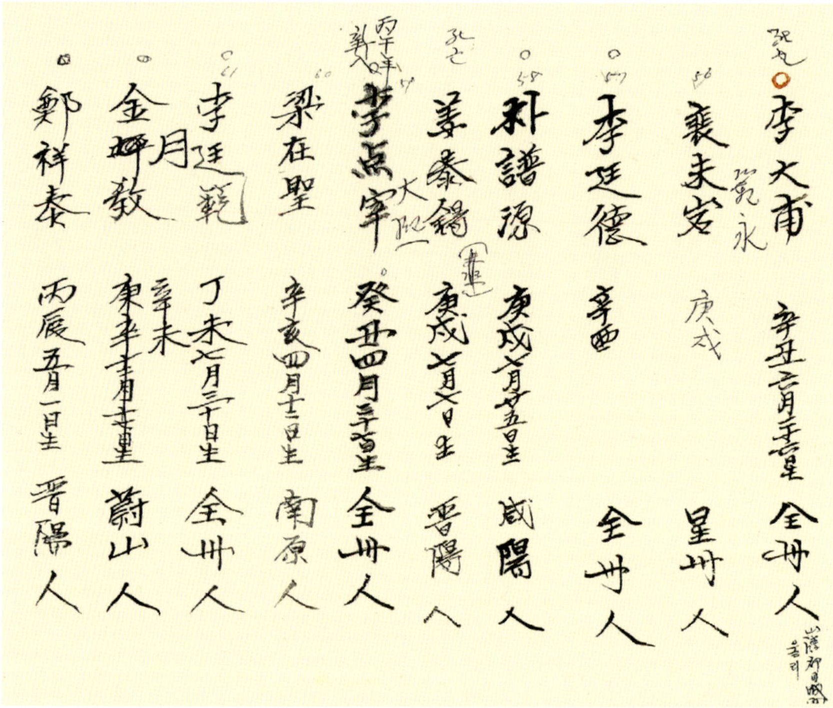
李大甫 辛丑六月十二日生 全州人
裵夫岩 庚戌 星州人
李廷德 辛酉 全州人
朴譜源 庚戌六月廿五日生 咸陽人
姜泰錫 庚戌六月六日生 晋陽人
李点宰 癸丑四月二十五日生 全州人
梁在聖 辛亥四月十二日生 南原人
李廷範 丁未七月二十日生 全州人
金炳敎 庚午十二月十二日生 蔚山人
鄭祥泰 丙辰五月一日生 晋陽人

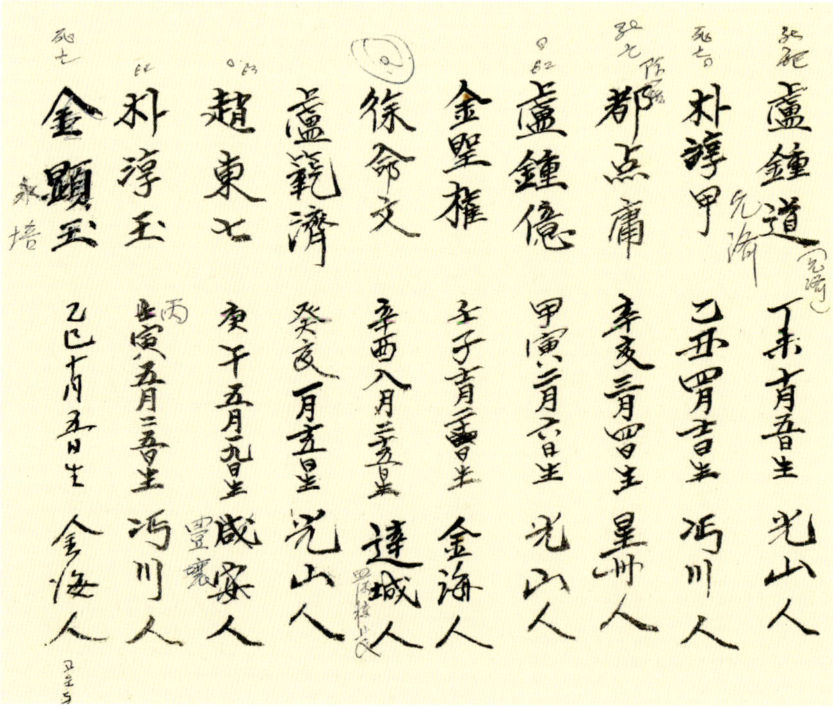
盧鍾道 丁未六月廿五日生 光山人
朴淳甲 乙丑四月十二日生 沔川人
都点庸 辛亥三月四日生 星州人
盧鍾億 甲寅二月六日生 光山人
金聖權 壬子六月二十四日生 金海人
徐命文 辛酉八月二十五日生 達城人
盧琓濟 癸亥一月五日生 光山人
趙東七 庚午五月十九日生 咸安人
朴淳玉 丙寅五月二十五日生 沔川人
金顯玉 乙巳十月五日生 金海人

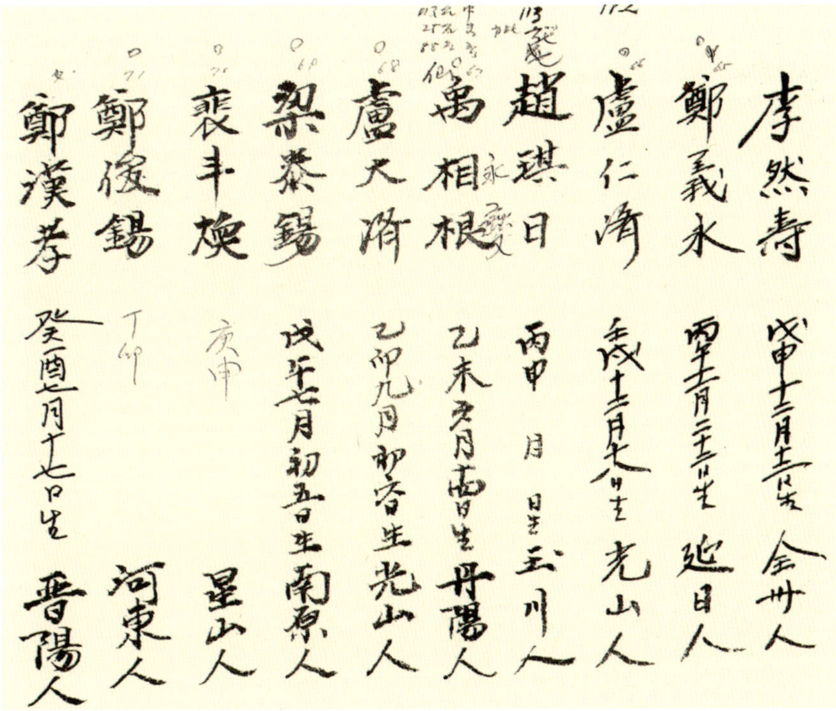
李然壽 戊申十二月十八日生 金州人
鄭義永 丙午十二月二十二日生 延日人
盧仁濟 壬戌十二月廿八日生 光山人
趙琪日 丙申 月 日生 玉川人
禹相根 乙未四月十四日生 丹陽人
盧天濟 乙卯九月初六日生 光山人
梁蔡錫 戊午七月初五日生 南原人
裵丰煥 庚申 星山人
鄭俊錫 丁卯 河東人
鄭漢孝 癸酉七月十七日生 晉陽人

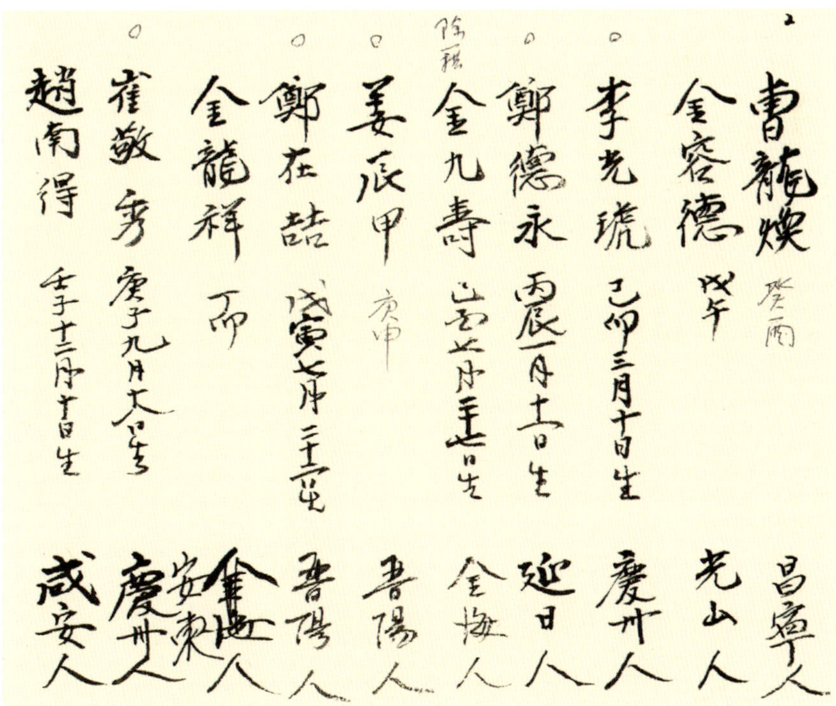
曺龍煥 癸酉 昌寧人
金容德 戊午 光山人
李光琥 己卯三月十日生 慶州人
鄭德永 丙辰一月十二日生 延日人
金九壽 己酉六月二十一日生 金海人
姜辰甲 庚申 晉陽人
鄭在喆 戊寅七月二十二日生 晉陽人
金龍祥 丁卯 金海人 安東
崔敬秀 庚子九月廿八日生 慶州人
趙南得 壬子十二月十日生 咸安人

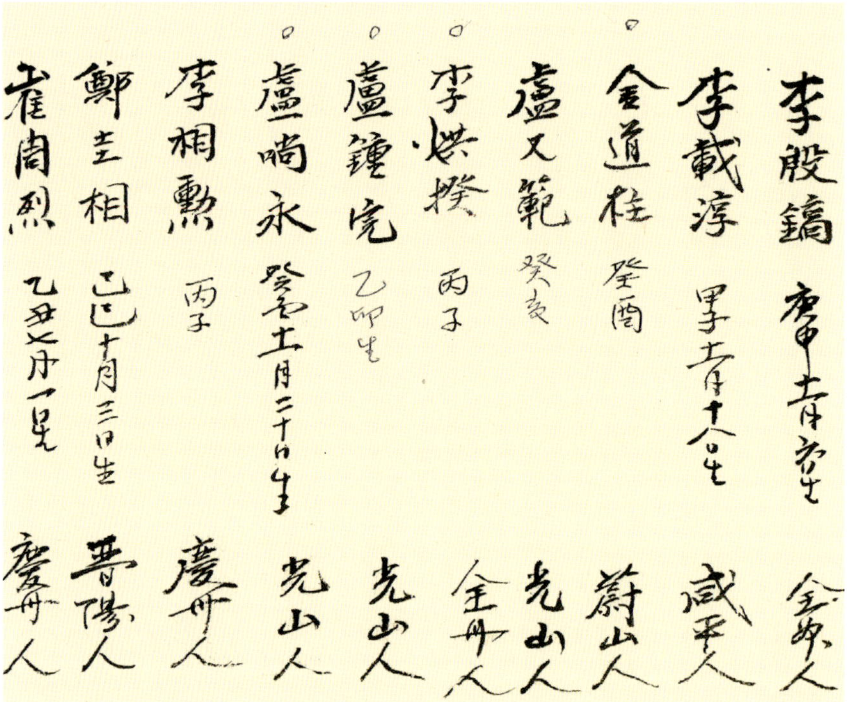

李殷鎬 庚申十二月初六日生 金州人
李載淳 甲子十二月十八日生 咸平人
金道柱 癸酉 蔚山人
盧又範 癸亥 光山人
李烘揆 丙子 金州人
盧鍾完 乙卯生 光山人
盧喃永 癸巳十一月二十日生 光山人
李相勳 丙子 慶州人
鄭圭相 己巳十月三日生 晉陽人
崔周烈 乙丑七月一日生 慶州人

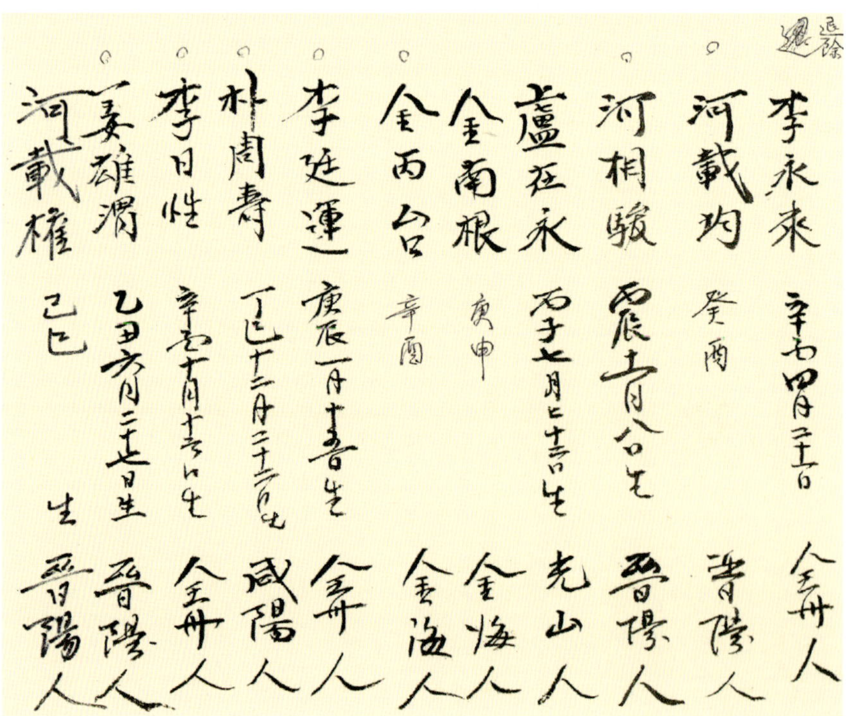

退除
李永來 辛巳四月二十二日 金州人
河載均 癸酉 晉陽人
河相駿 丙辰十二月八日生 晉陽人
盧在永 丙子七月二十二日生 光山人
金南根 庚申 金海人
金丙台 辛酉 金海人
李廷運 庚辰一月十五日生 金州人
朴周壽 丁巳十二月二十六日生 咸陽人
李日性 辛巳十月十六日生 金州人
姜雄渭 乙丑六月二十七日生 晉陽人
河載權 己巳 生 晉陽人

盧尙裕 乙巳三月十七日生 光山人
盧基濟 丙子四月廿九日 光山人
盧賞淸 辛巳八月二十日 光山人
鄭桓元 乙酉十月八日 晉陽人
金大允 丙子三月十二日 金海人
梁吉錫 庚戌四月二十七日生 南原人
姜魯渭 辛巳九月二十四日生 晉陽人
金在旭 甲寅六月五日生 金海人
徐甲祚 丙辰八月十五日生 達城人
宋守福 甲寅十二月六日生 恩津人

宋志憲 乙丑正月一日生 恩津人
金德溥 丙寅三月二十五日生 金海人
鄭寅憲 丙寅 晉陽人
梁必永 己巳 南原人
安壽鎬 乙卯六月二日生 順興人
尹璟善 庚申 坡平人
李字宰 癸亥 金海人
姜在洙 丁卯 晉陽人
金福震 丁巳 慶州人
卞寬日 丁未五月二十三日生 密陽人

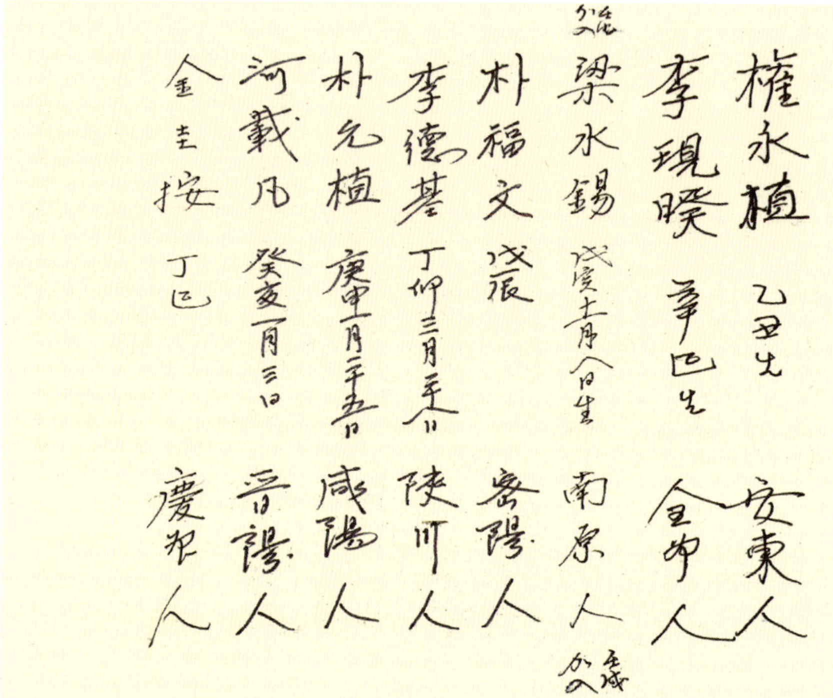
權永植 乙丑生 安東人
李現暻 辛巳生 全州人
故人 梁水錫 戊辰十月八日生 南原人 故人
朴福文 戊辰 密陽人
李德基 丁卯三月五日 陝川人
朴允植 庚申一月二十五日 咸陽人
河載凡 癸亥一月三日 晉陽人
金圭按 丁巳 慶州人

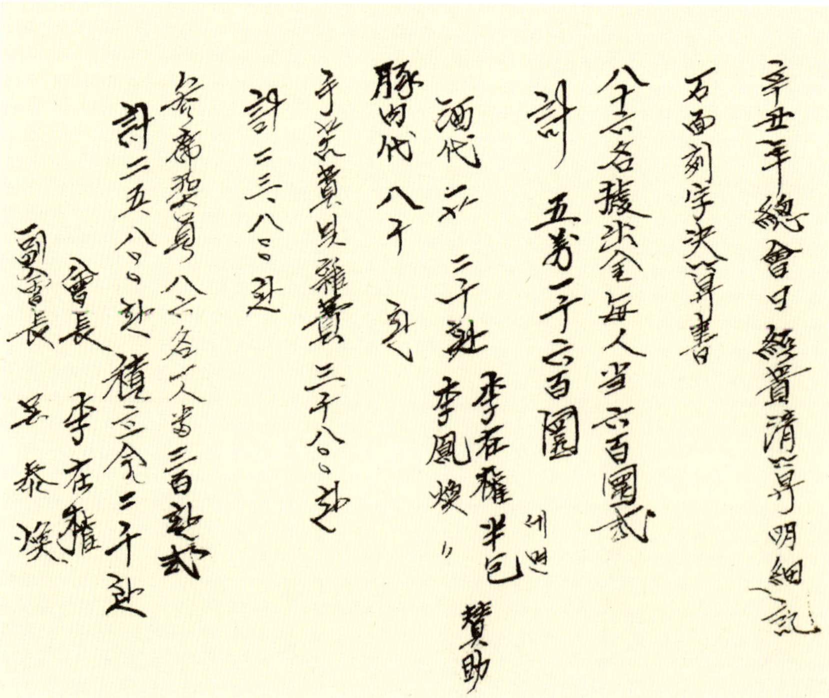
辛丑年總會日 經費淸算明細記
石面刻字決算書
八十六名 徵收金 每人當 六百圓式
計 五萬一千六百圓
酒代 二萬 二千圓也 李在權 半包 贊助
李鳳煥 〃
豚肉代 八千 圓也
計 二三、八〇〇 圓也
手數料 및 雜費 二千八〇〇 圓也
參席契員 八十六名 一人當 三百圓式
計 二五八〇〇 圓也 殘金 二千圓也
會長 李在權
副會長 吳泰煥

壬寅年 總會日 經費淸算記

酒代 一九五〇圓整

豚肉代以雜費手數費 一五九〇圓整

用紙代 一五〇圓整

計 三六九〇圓整

參席契員 六三名 會費一人當 七〇圓式

計 四四一〇圓整

積立金 七二〇圓整

會長 李在權

副會長 吳泰煥

有司

趙南得 贊助金 壹千圓

李民錫 白酒 五升

癸卯年 總會日 經費淸算記

酒代 一九〇〇圓整

豚肉代以雜費手數費 一五七五圓整

用紙代 一三〇圓整

計 三六〇五圓整

參席契員 六十名 會費一人當 六拾圓整

三六〇〇圓整

癸卯年中 喪契員出費明細記

二月 日 死亡

梁在庚 三九〇圓整

九月二日死亡

李鳳煥 四五〇圓整

月 日 死亡

李璇宰 四一三圓整

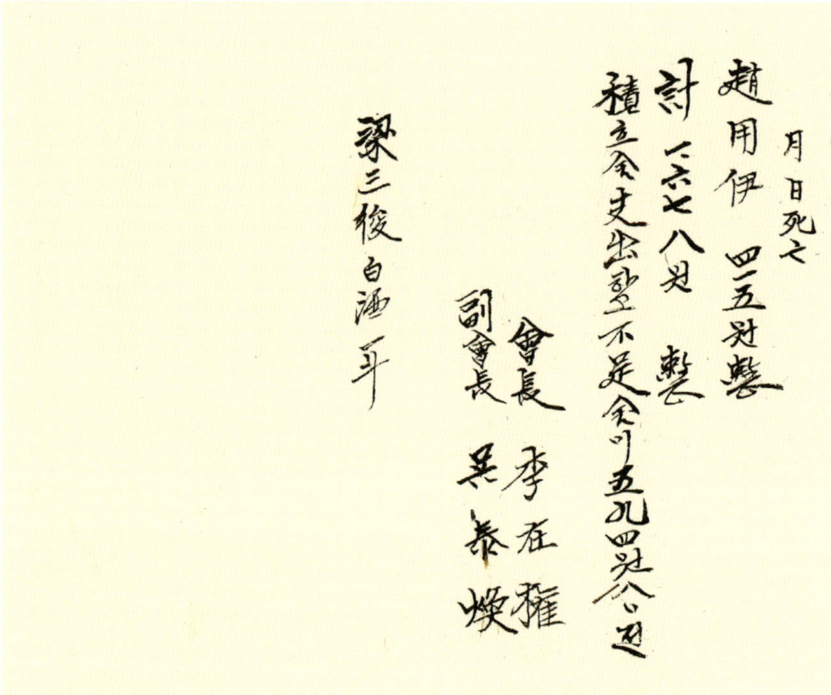

月日死亡
趙用伊 四一五兌整
討 一六七八兌 整
積立金支出額不足金이 五九四兌八○錢
會長 李在權
副會長 吳泰煥
梁三俊 白酒 一斗

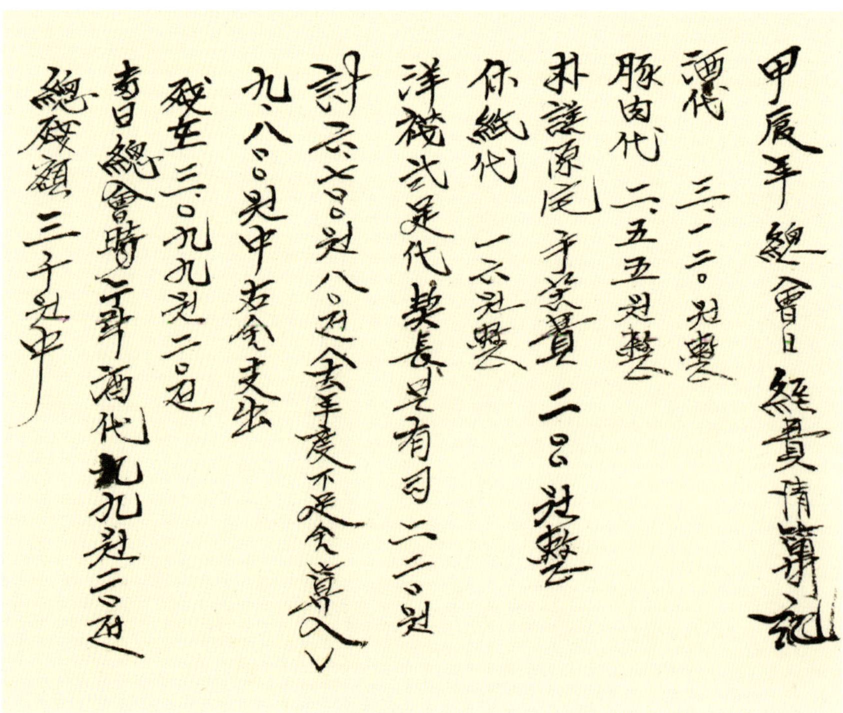

甲辰年總會日 經費清算記
酒代 三一二○兌整
豚肉代 二五五兌整
朴謹源宅 手苦費 二○○兌整
休紙代 一○○兌整
洋襪式足代 契長是有司 二二○兌
討 一六七○○兌八○錢(去年度不足金算入)
九八○○兌中 右金支出
殘在 三○九九兌二○錢
當日總會時 一斗 酒代 九九兌二○錢
總殘額 三千兌中

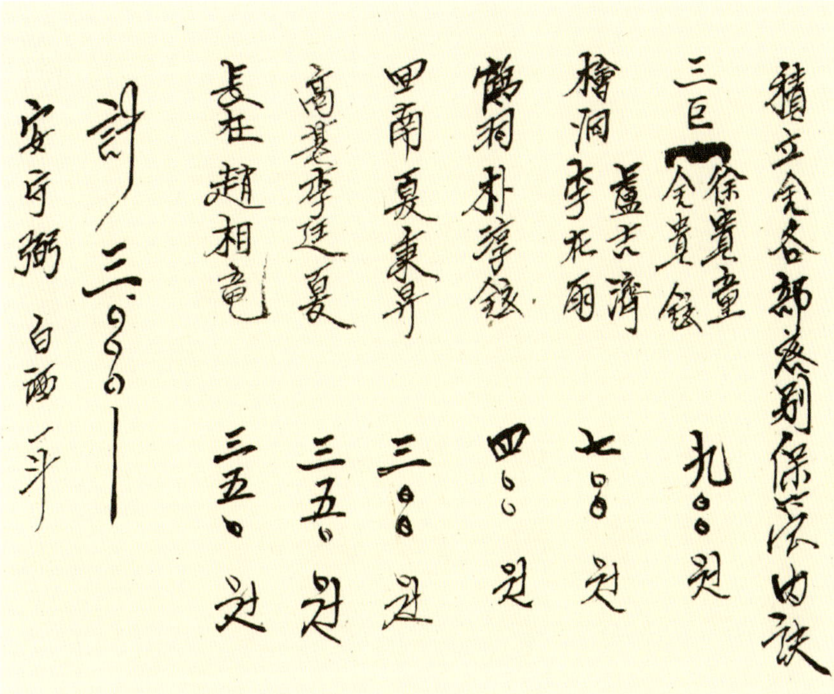

積立金各部落別保管內訣

三巨 徐貴童 金貴鉉 九〇〇원

檜洞 盧吉濟 李花雨 七〇〇원

鶴洞 朴淳鉉 四〇〇원

田南 夏東昇 三〇〇원

高甚 李廷夏 三五〇원

長在 趙相竜 三五〇원

計 三,〇〇〇

安府郷 白酉 一斗

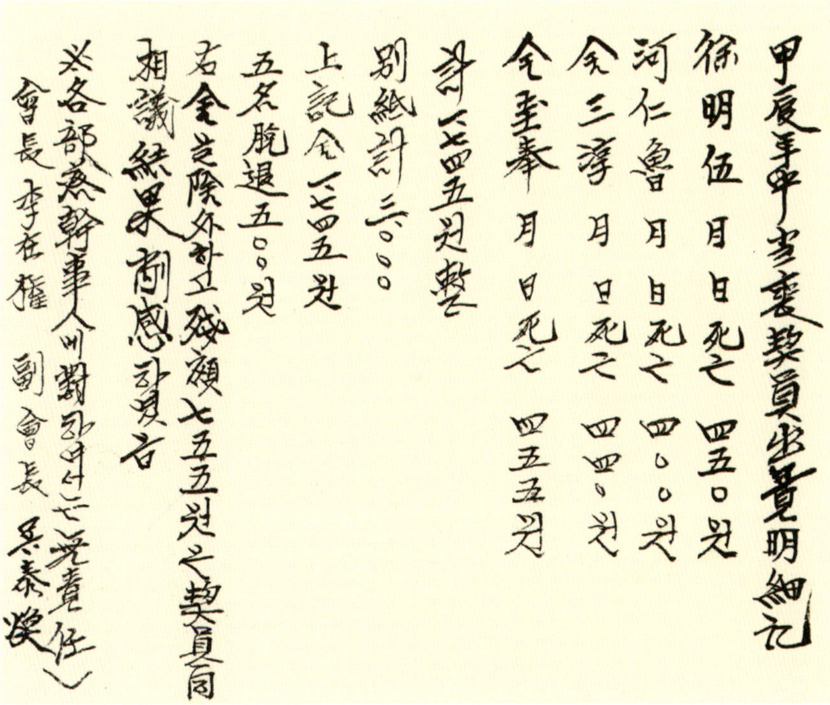

甲辰年中 喪契員出費明細記

徐明伍 月 日 死亡 四五〇원

河仁魯 月 日 死亡 四〇〇원

金三淳 月 日 死亡 四四〇원

金圭奉 月 日 死亡 四五五원

計 一,七四五원整

別紙計 三,〇〇〇

上記金 一,七四五원

五名脫退 五〇〇원

右金을除外하고 殘額 七五五원之 契員同

相議 結果 謝感하기로함

※各部落幹事人(에 對하여는 各責任)

會長 李在權 副會長 吳泰燮

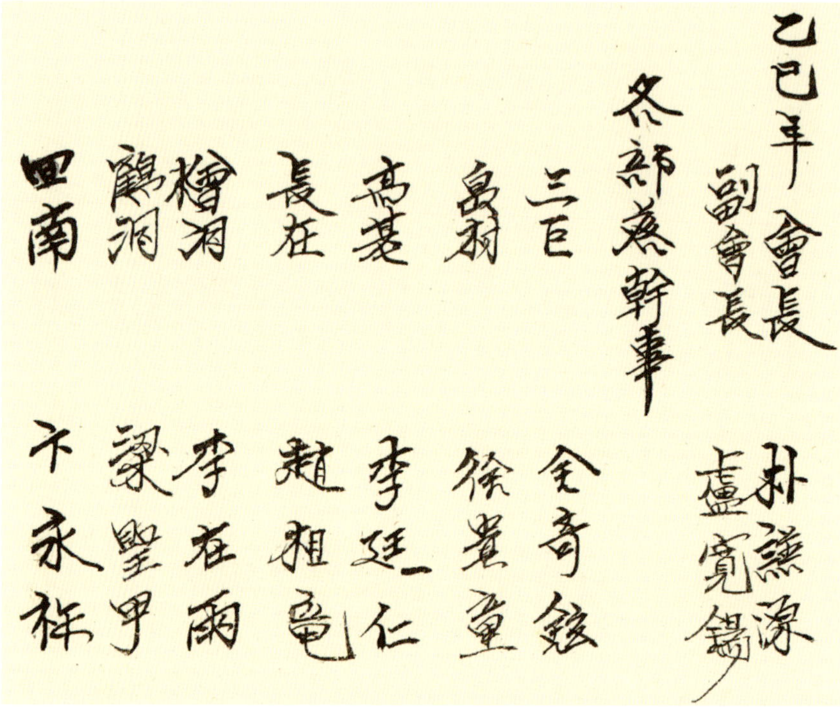

乙巳年會長 朴謙源
副會長 盧寬錫
各部落幹事
三巨 金奇鉉
烏村 徐貴童
高甚 李廷仁
長在 趙相龜
檜洞 李在雨
鶴洞 梁聖甲
四南 卞永祚

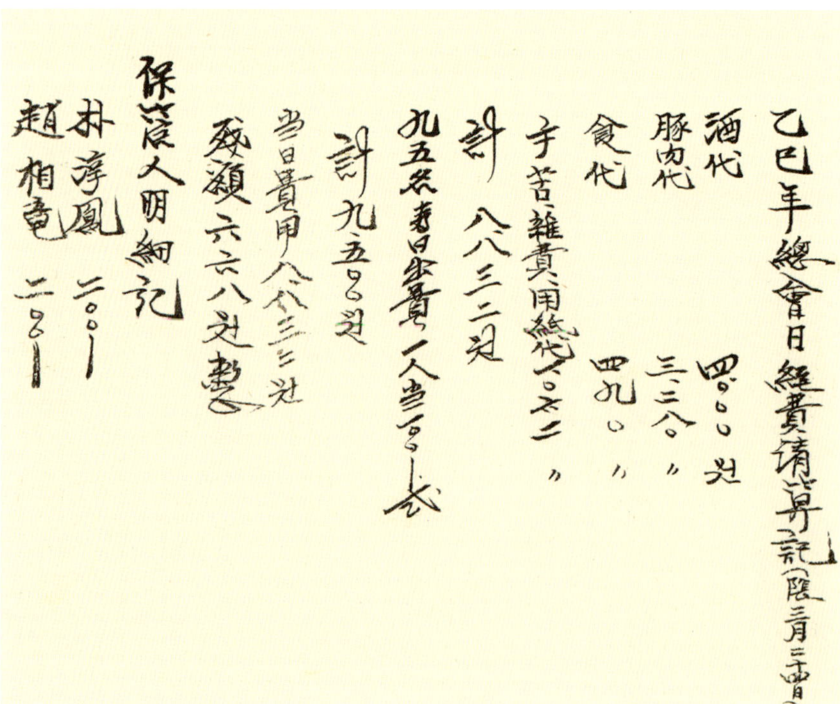

乙巳年總會日經費請算記(陰三月二十四日)
酒代 四〇〇원
豚肉代 三三〇 〃
食代 四九〇 〃
手苦、雜費、用紙代 六〇六二 〃
計 八八三二원
九五名 春日出費一人當百원式
計 九五百원
當日費用 八八三二원
殘額 六六八원整
保管人明細記
朴淳鳳 二〇〇
趙相龜 二百

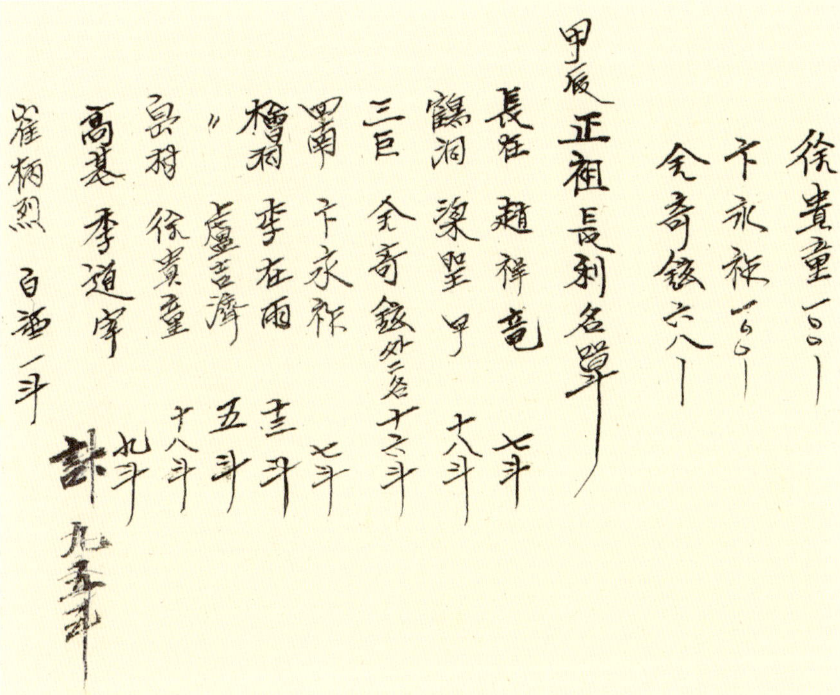

徐貴童 一〇〇

卞永祚 一〇〇

金奇鉉 六八

甲辰 正租長利名單

長在 趙祥竜 七斗

鶴洞 梁聖甲 十八斗

三巨 金奇鉉 外二名 十六斗

四南 卞永祚 七斗

檜村 李在雨 圭斗

〃 盧吉濟 五斗

泉村 徐貴童 十八斗

高基 李道寧 九斗

崔柄烈 白米一斗

計 九五斗

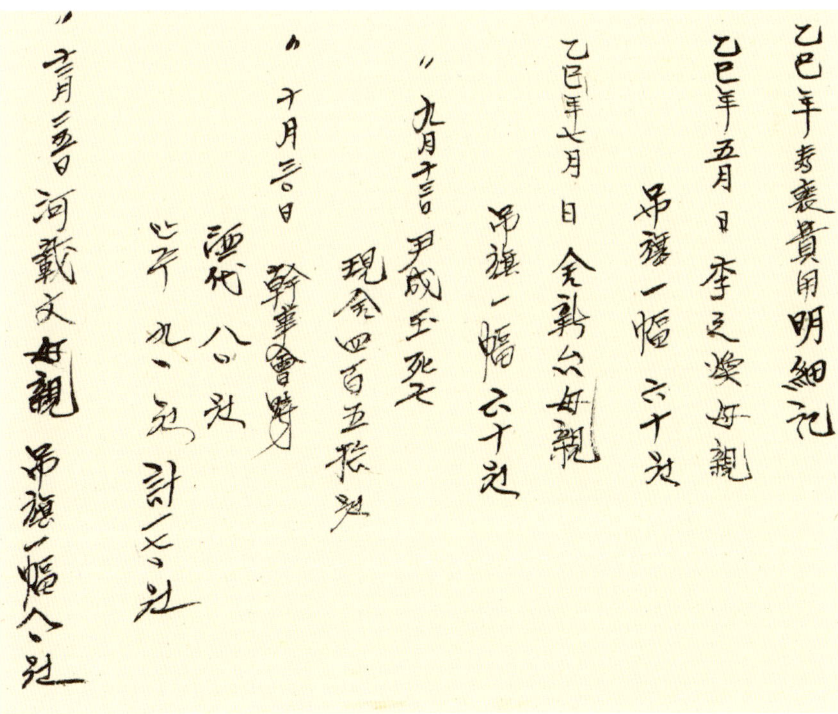

乙巳年 壽襚貴用明細記

乙巳年五月 日 李之燮 母親 吊旗一幅 六十兆

乙巳年七月 日 金敦台 母親 吊旗一幅 六十兆

〃 九月十三日 尹成玉 死亡 現金四百五拾兆

〃 十月三日 幹事會時 酒代 八〇兆 比平 九〇兆 計一七〇兆

〃 十二月二五日 河載文 母親 吊旗一幅 八〇兆

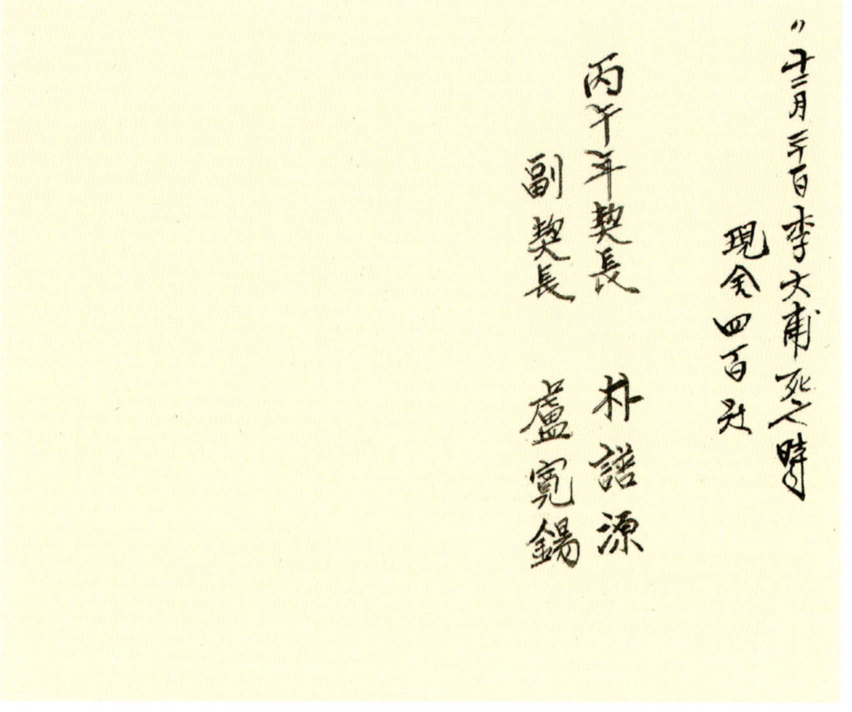
〃 十二月 二十日 李大甫 死之時
現金 四百 원

丙午年 契長 朴諾源
副契長 盧寬錫

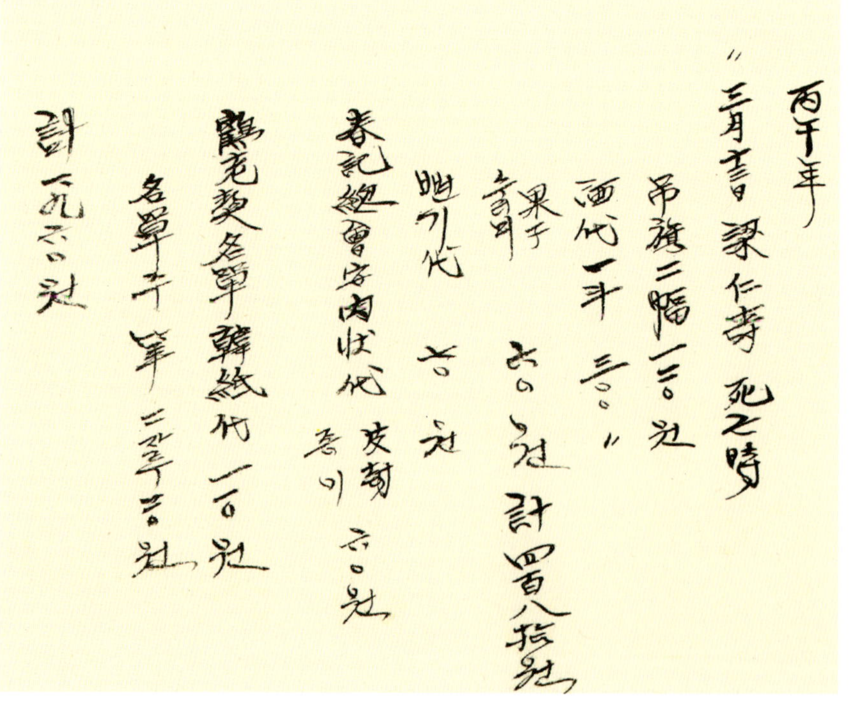

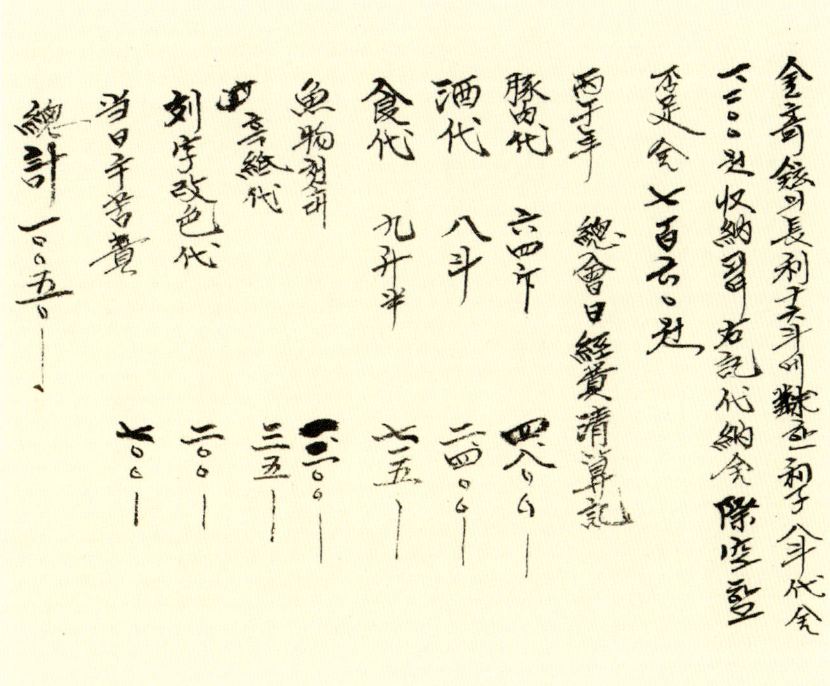

金壹錢의長利十六斗의 [illegible] 利子八斗代金
六二〇〇趙 收納 [illegible] 右記代納金 [illegible]
不足金 七百六〇趙

丙子年 總會日經費清算記
豚肉代 六四斤 四八〇〇—
酒代 八斗 二四〇〇—
食代 九升半 七二五—
魚物 [illegible] 一三〇〇—
[illegible]紙代 三五—
刻字改色代 二〇〇—
当日手苦費 七〇〇—
總計 一〇〇五〇—

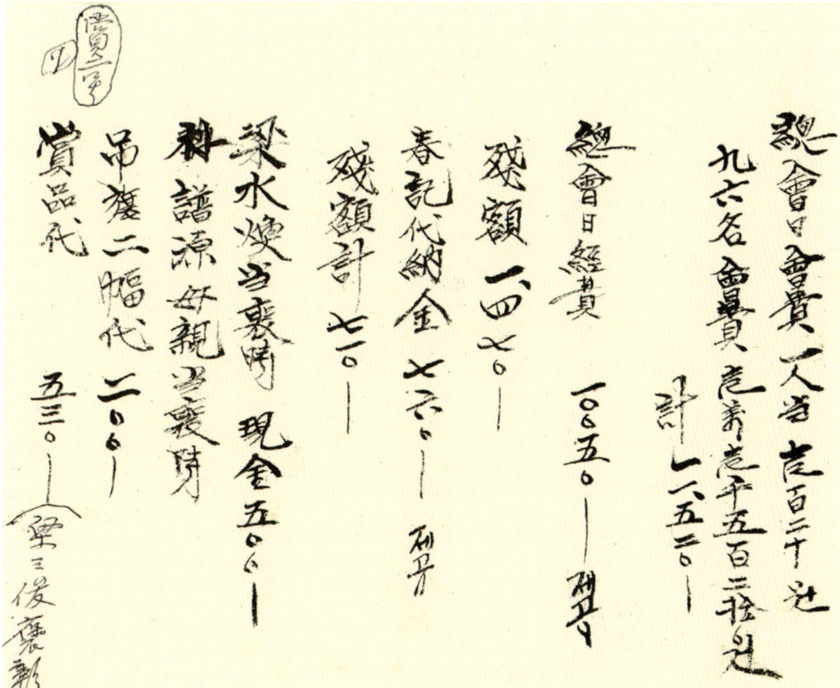

總會日會費 一人当 壹百二十趙
九六名 會費 壹萬壹千五百二拾趙
計 一一五二〇—
總會日經費 一〇〇五〇— [illegible]
殘額 一四七〇—
春記代納金 七六〇— [illegible]
殘額計 七一〇—
梁水煥 当喪時 現金五〇〇—
朴謹源 母親 当喪時
吊奠二幅代 二〇〇—
賞品代 五三〇—
梁三俊 [illegible]

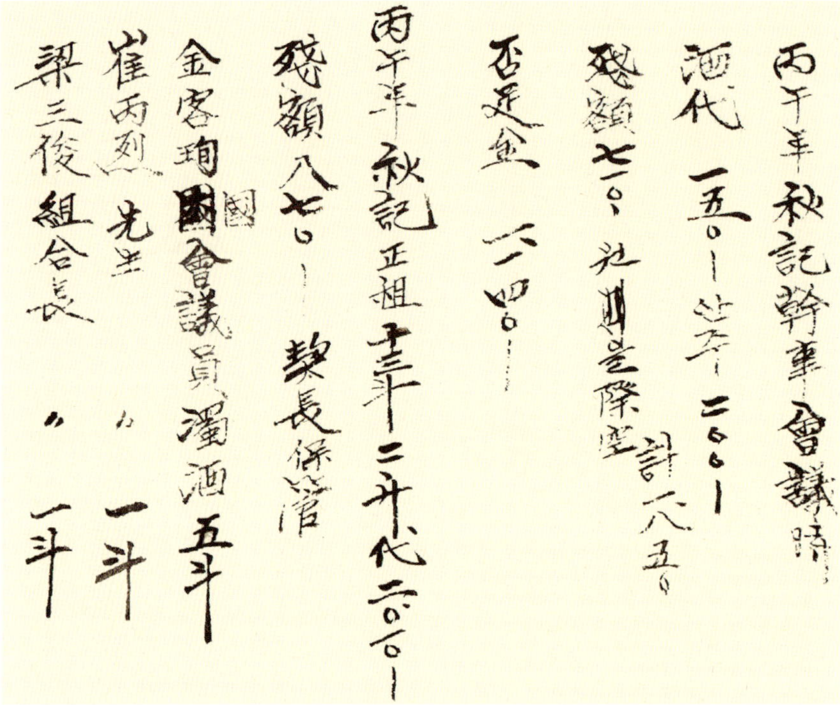
丙午年秋記幹事會議時
酒代 一五〇一 山亭 二〇〇一
殘額 七一〇 社用 實際 計 一八五〇
不足金 一一四〇一
丙午年 秋記 正租 十三斗 二斗代 二〇〇一
殘額 八七〇一 契長保管
金容珣 國會議員 濁酒 五斗
崔丙烈 先生 〃 一斗
梁三俊 組合長 〃 一斗

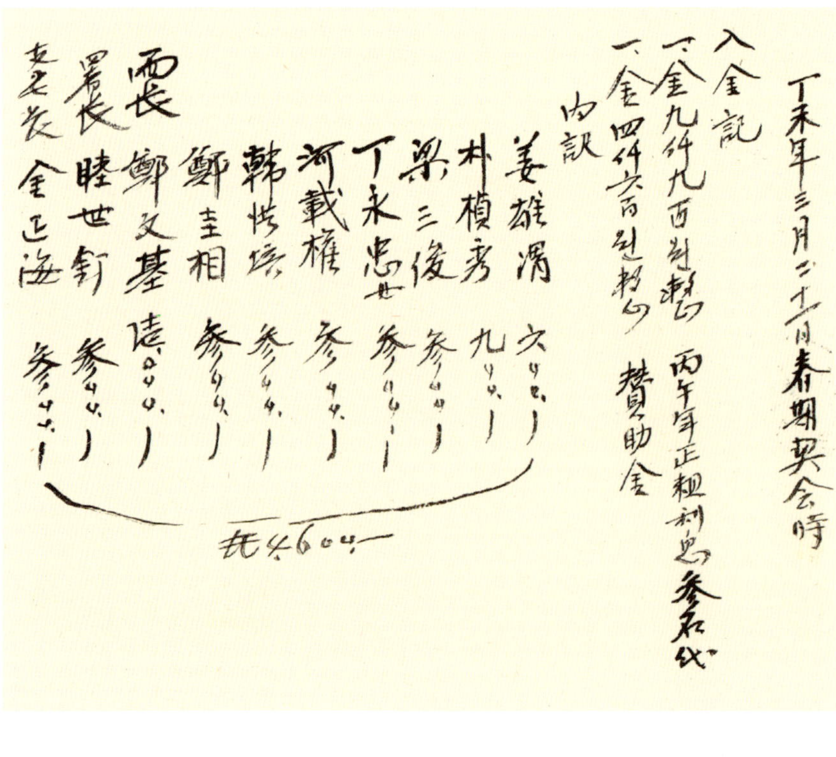
丁未年三月二十日春期契会時
入金記
一、金九仟九百원整 丙午年正租利息 參名代
一、金四仟六百원整 贊助金
內訳
姜雄渭 六000
朴楨秀 九000
梁三俊 參000
丁永忠 參000
河載権 參000
韓[illegible] 參000
鄭圭相 參000
面長 鄭文基 5000
署長 睦世釘 參000
支店長 金正海 參000
計 46000

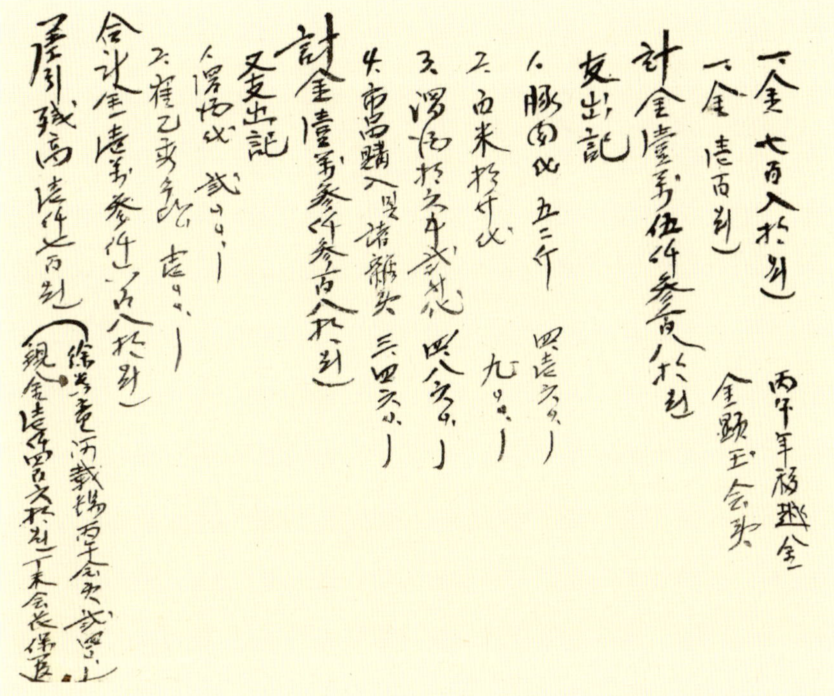

丙午年度越金
一、金 七百八拾圓
金顯玉会費
一、金 壹百圓
計金壹萬伍仟參百八拾圓
支出記
一、豚肉代 五二斤 四壹六〇〇
二、白米拾斤代 九〇〇〇
三、濁酒拾六斗代 四八六〇〇
四、市場購入品諸雜費 三四六〇〇
計金壹萬參仟參百八拾圓
又支出記
一、謝禮代 弐〇〇〇
二、崔乙東氏 壹〇〇〇
合計金壹萬參仟六百八拾圓
差引殘高 壹仟七百圓（徐炳喜河載錫丙午會費弐四〇〇 現金壹仟四百文拾圓 丁未會長保管）

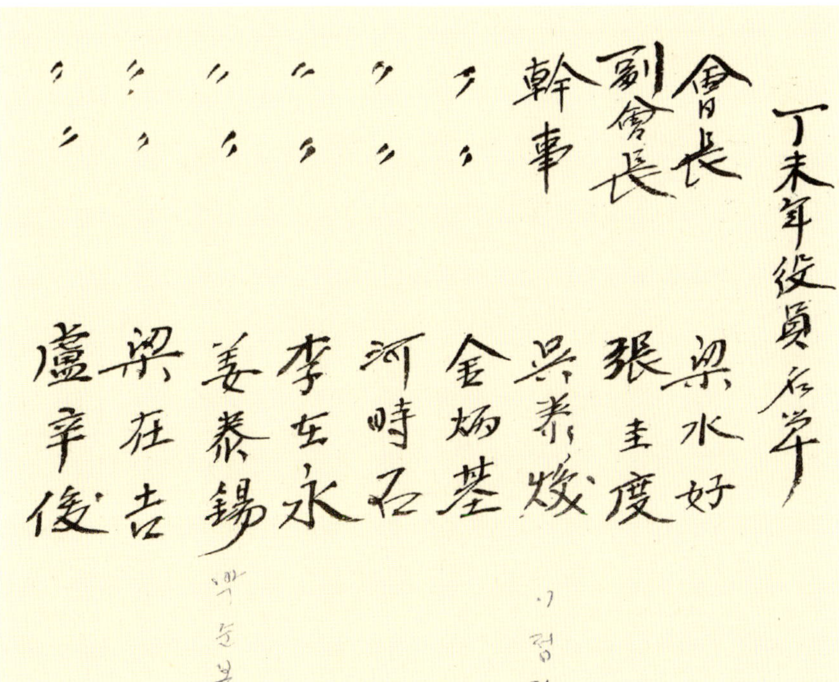

丁未年役員名單
會長 梁水好
副會長 張圭度
幹事 吳恭煥
〃 〃 金炳基
〃 〃 河時石
〃 〃 李在永
〃 〃 姜泰錫
〃 〃 梁在吉
〃 〃 盧辛俊

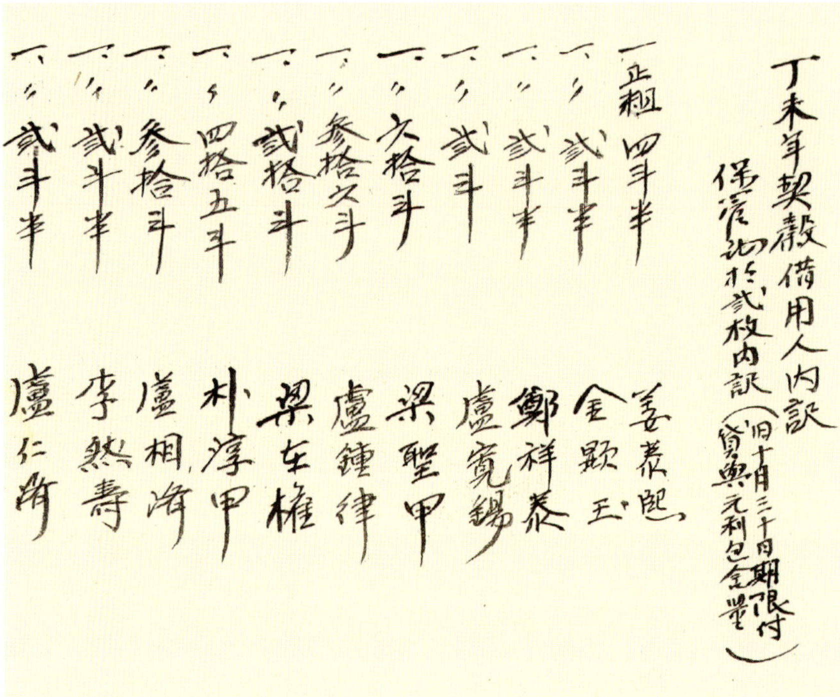

丁未年契穀借用人內訳
保管如於貳枚內訳（旧十月三十日期限付 貸與元利包含量）
一、正租 四斗半 姜泰熙
一、〃 貳斗半 金顯玉
一、〃 貳斗半 鄭祥泰
一、〃 貳斗 盧寬錫
一、〃 六拾斗 梁聖甲
一、〃 參拾六斗 盧鍾律
一、〃 貳拾斗 梁在權
一、〃 四拾五斗 朴淳甲
一、〃 參拾斗 盧相淳
一、〃 貳斗半 李然壽
一、〃 貳斗半 盧仁淳

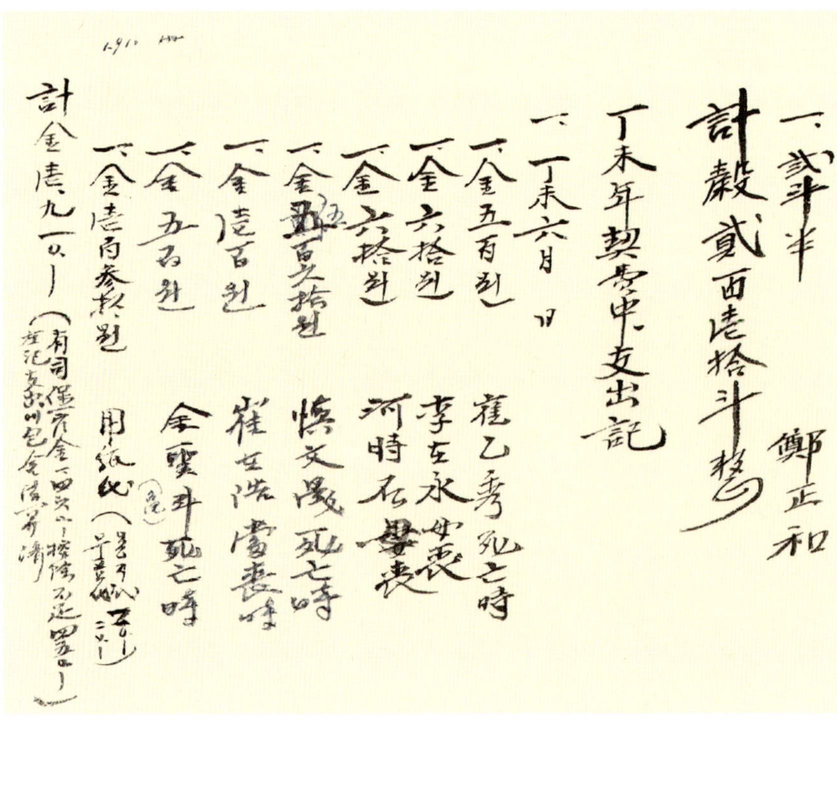

一、貳斗半 鄭正和
計穀 貳百壹拾斗整
丁未年契費中支出記
一、丁未六月 日
一、金五百원 崔乙秀死亡時
一、金六拾원 李在永母喪
一、金六拾원 河時石母喪
一、金五百六拾원 慎文燮死亡時
一、金壹百원 崔在浩妻喪時
一、金五百원 金雲斗死亡時
一、金壹百參拾원 用紙代 ([illegible])
計金壹九一〇원 (有司保管金 [illegible])

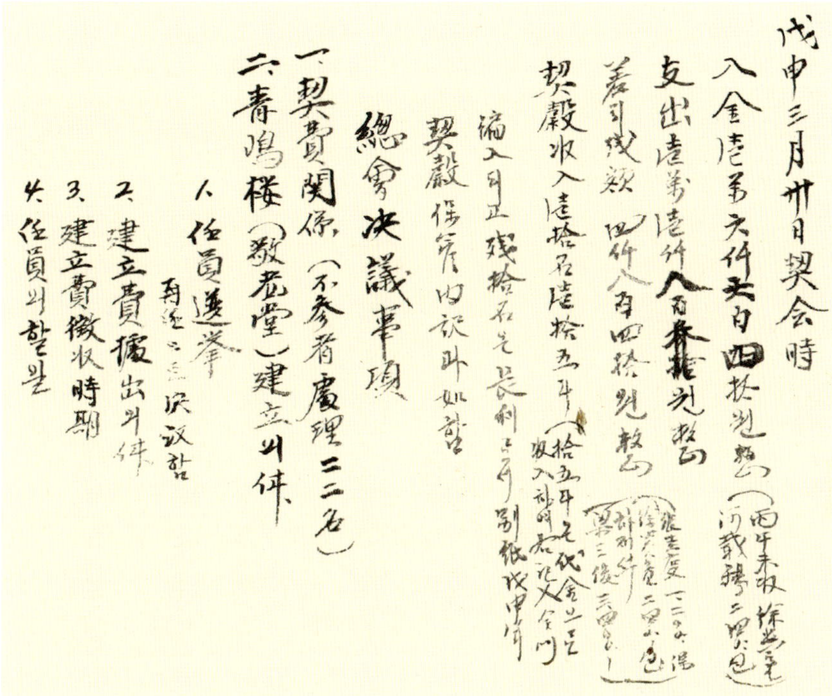

戊申三月卅日契会時

入金 [illegible] 圓整 ([illegible])

支出 [illegible] 圓整

差引殘額 四仟八百四拾圓整

契穀收入 [illegible] ([illegible])

[illegible] 殘拾石은 長利로 [illegible] 別紙戊申條

契穀 保管內訳과 如함

總會決議事項

一、契費關係 (不參者處理 二二名)

二、青鳴樓(敬老堂)建立의件

1、任員選擧 [illegible] 決議함

2、建立費據出의件

3、建立費徵收時期

4、任員의 할일

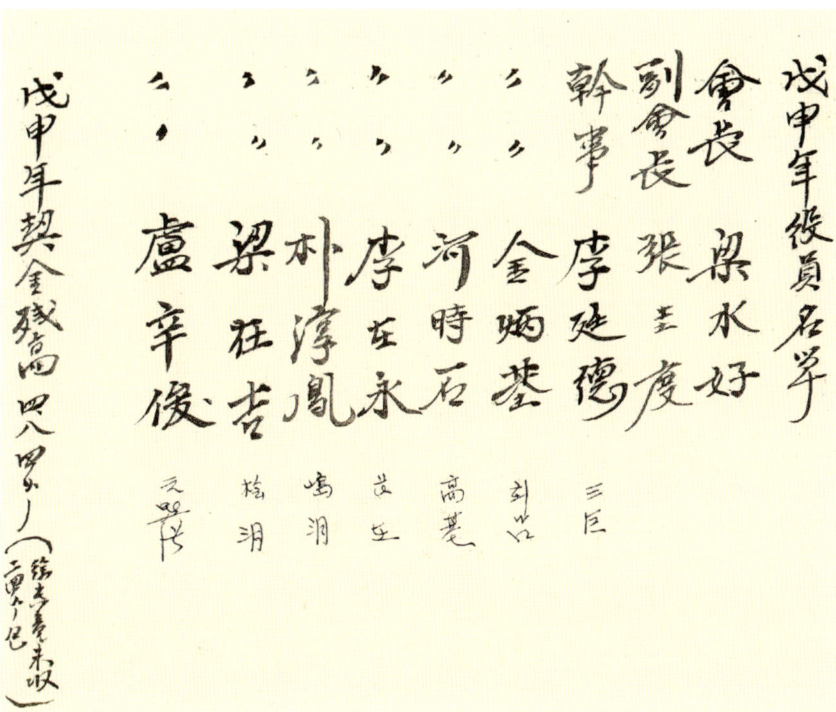

戊申年役員名單

會長 梁水好

副會長 張圭度

幹事 李廷德 三巨

〃 〃 金炳基 [illegible]

〃 〃 河時石 高巷

〃 〃 李在永 [illegible]

〃 〃 朴淳鳳 鳴湖

〃 〃 梁在吉 檜湖

〃 〃 盧辛俊 [illegible]

戊申年契金殘高 四八四○圓 ([illegible])

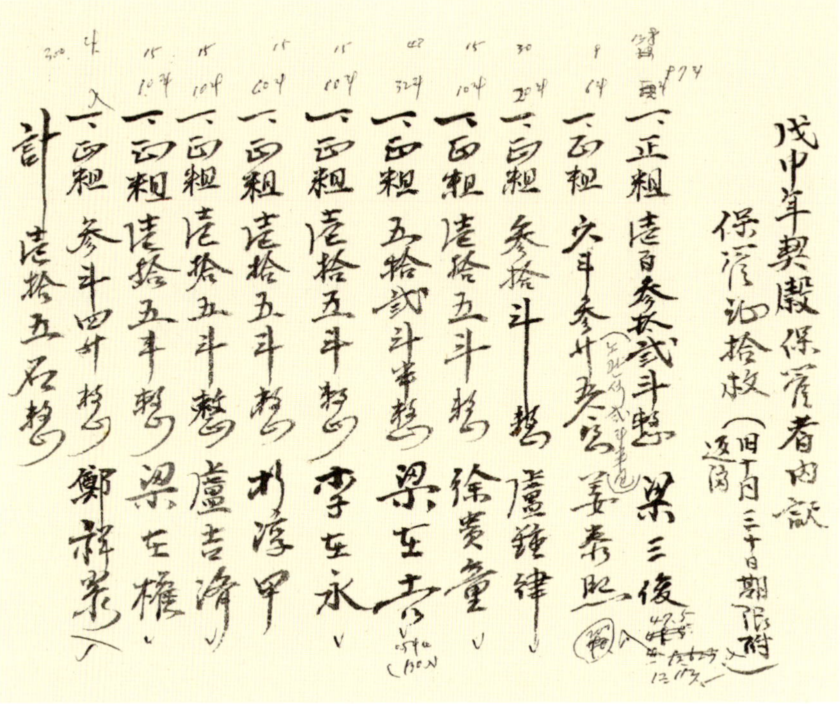
戊申年契穀保管者內訳
保管 [illegible]拾枚 (旧十月三十日期限附 返済)
一、正租 壹百参拾弐斗整 梁三俊
一、正租 六斗参升五合 姜泰熙
一、正租 参拾斗整 盧鍾律
一、正租 壹拾五斗整 徐貴童
一、正租 五拾弐斗半整 梁在壽
一、正租 壹拾五斗整 李在永
一、正租 壹拾五斗整 朴淳甲
一、正租 壹拾五斗整 盧吉濟
一、正租 壹拾五斗整 梁在權
一、正租 参斗四升整 鄭祥采
計 壹拾五石整

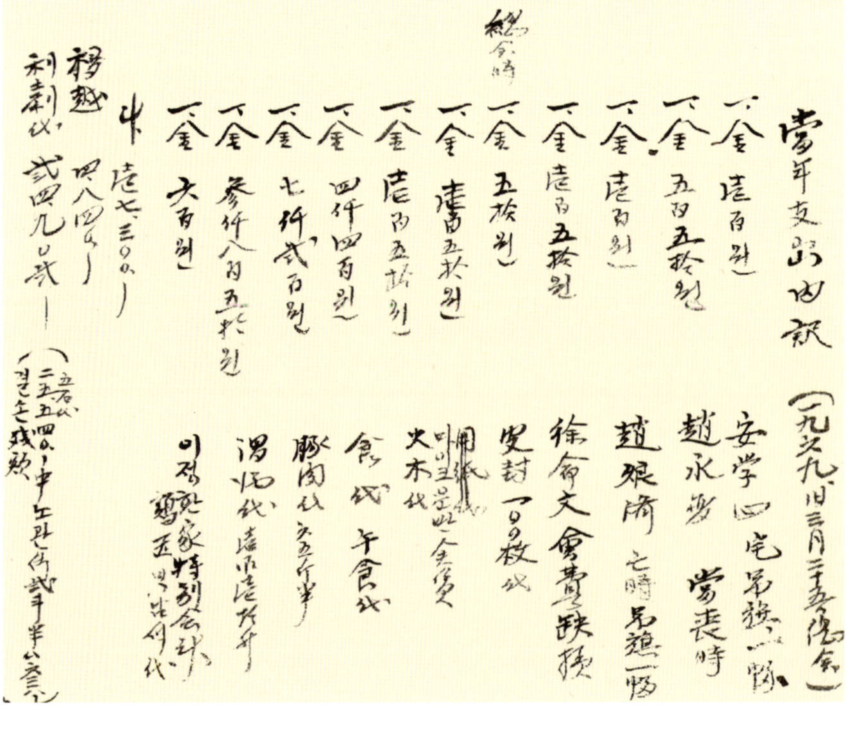
當年支出內訳 (一九六九、旧三月二十五日 総会)
一、金 壹百원 安学四 宅弔[illegible]一[illegible]
一、金 五百五拾원 趙永[illegible] 當喪時
一、金 壹百원 趙琅濟 亡時 弔[illegible]一[illegible]
一、金 壹百五拾원 徐命文 會費 [illegible]
一、金 五拾원 安封 一〇〇枚代
一、金 壹百五拾원 [illegible] 火木代
一、金 壹百五拾원 食代 午食代
一、金 四仟四百원 豚肉代 [illegible]
一、金 七仟弐百원 酒代 [illegible]
一、金 参仟八百五拾원 [illegible]
一、金 六百원 [illegible]
計 壹七、三〇〇
移越 四八四〇
利剰代 弐四九〇弐

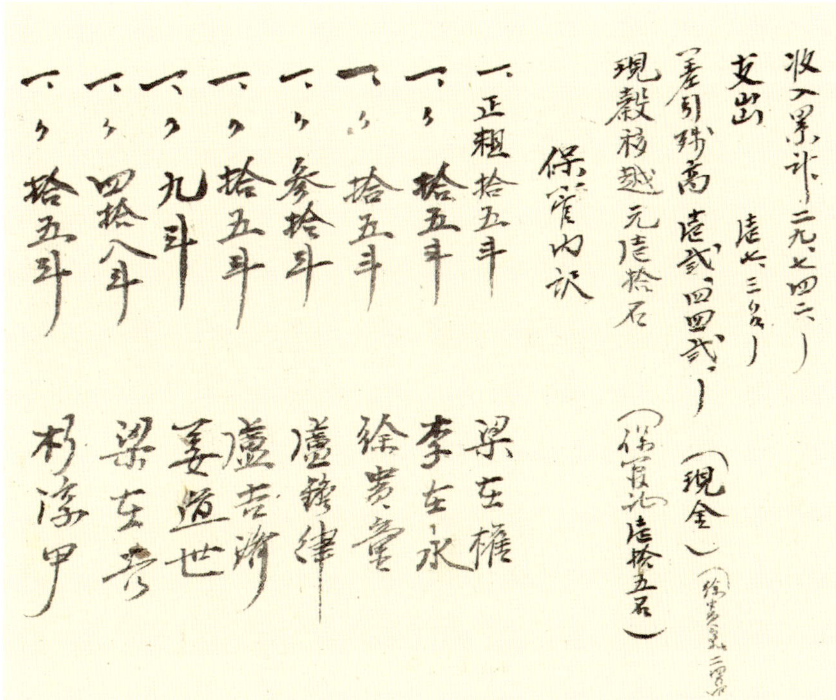

收入累計 二九、七四六、)
支出 壹六、三〇〇)
差引殘高 壹貳、四四貳、) (現金) ([illegible])
現穀殘越 元壹拾石 (保管品壹拾五石)
保管內訳
一、正租 拾五斗 梁左權
一、〃 拾五斗 李左永
一、〃 拾五斗 徐貴童
一、〃 參拾斗 盧錫律
一、〃 拾五斗 盧吉濟
一、〃 九斗 姜道世
一、〃 四拾八斗 梁左考
一、〃 拾五斗 朴泳甲

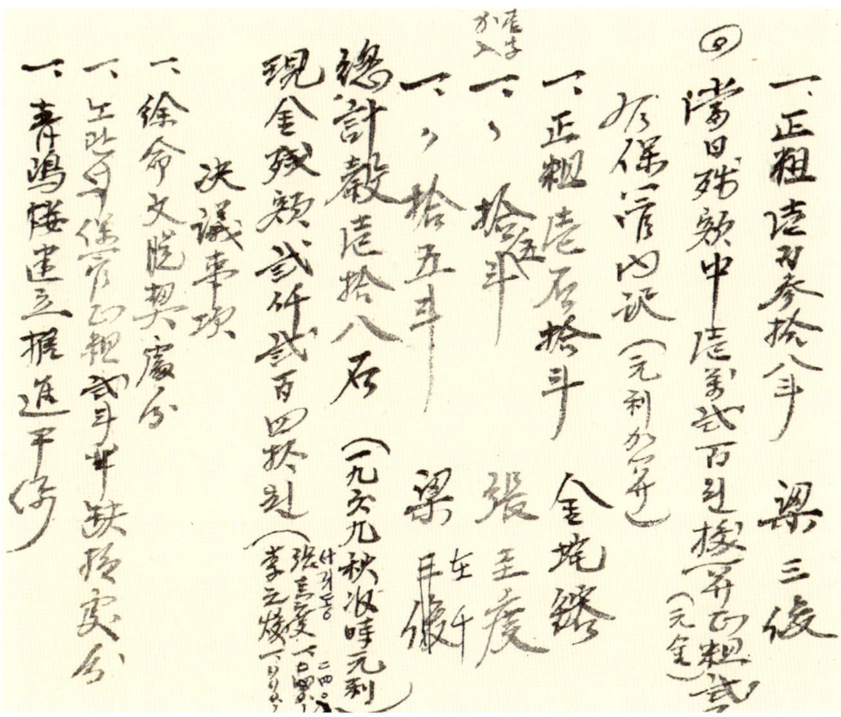

一、正租 壹石參拾八斗 梁三俊
㊁ 當日殘額中 壹萬貳百五拾圓 (正租貳[illegible]) (元金)
於保管內訳 (元利加算)
一、正租 壹石拾斗 金琫錫
(壹斗加入) 一、〃 拾五斗 張圭彥
一、〃 拾五斗 梁左千
總計穀 壹拾八石 (一九六九秋收時元利)
現金殘額 貳仟貳百四拾圓 ([illegible] 張[illegible] 李[illegible])
決議事項
一、徐命文畓契處分
一、上記保管正租 貳斗 [illegible]
一、青鳩[illegible]

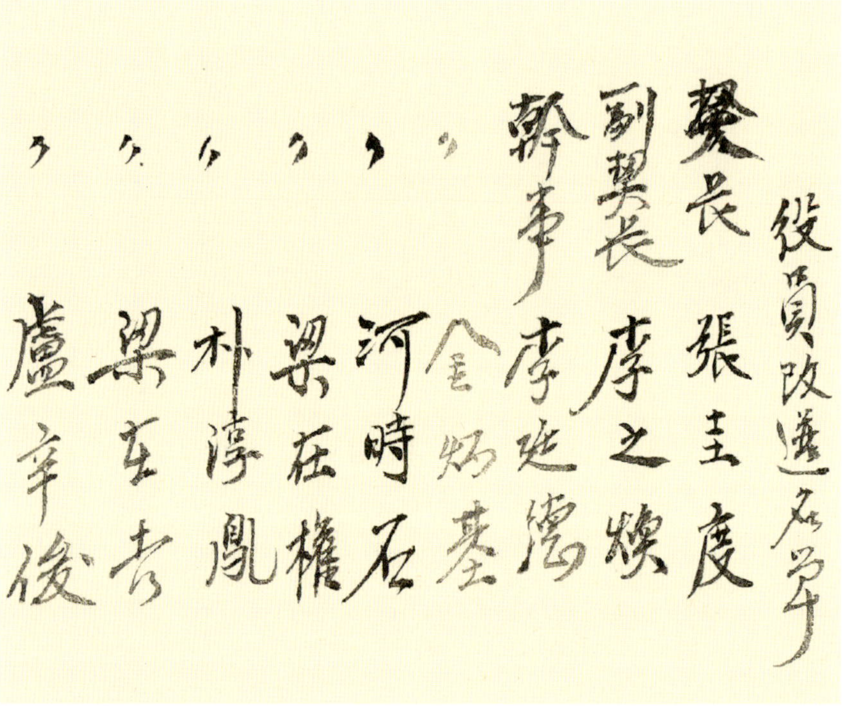

役員改選名單

契長 張圭度

副契長 李之煥

幹事 李延德

〃 金炳基

〃 河時石

〃 梁在權

〃 朴淳鳳

〃 梁在吉

〃 盧辛俊

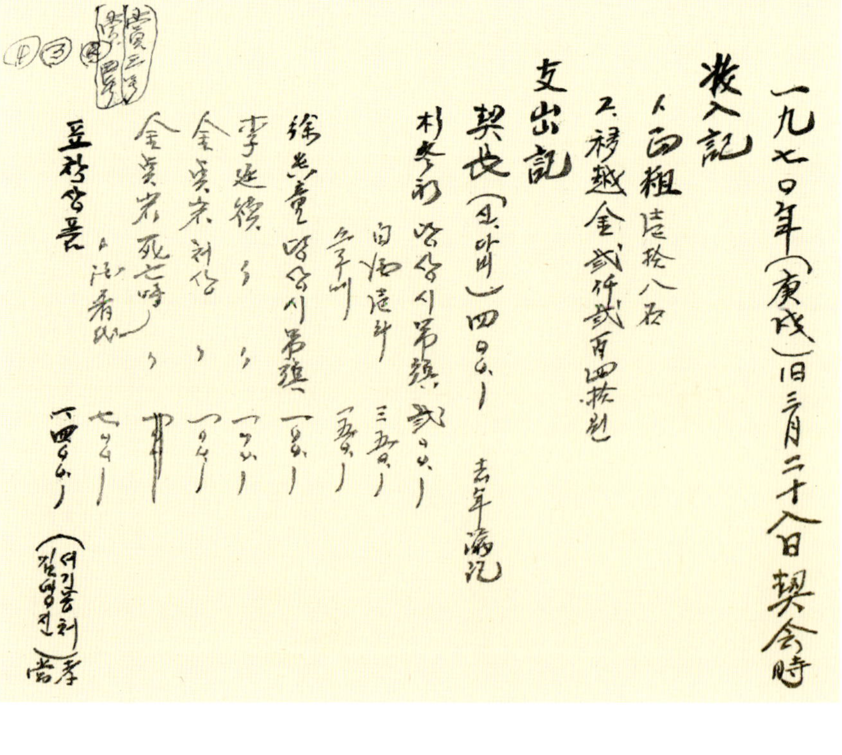

一九七〇年(庚戌)旧三月二十八日 契會時

收入記

支出記

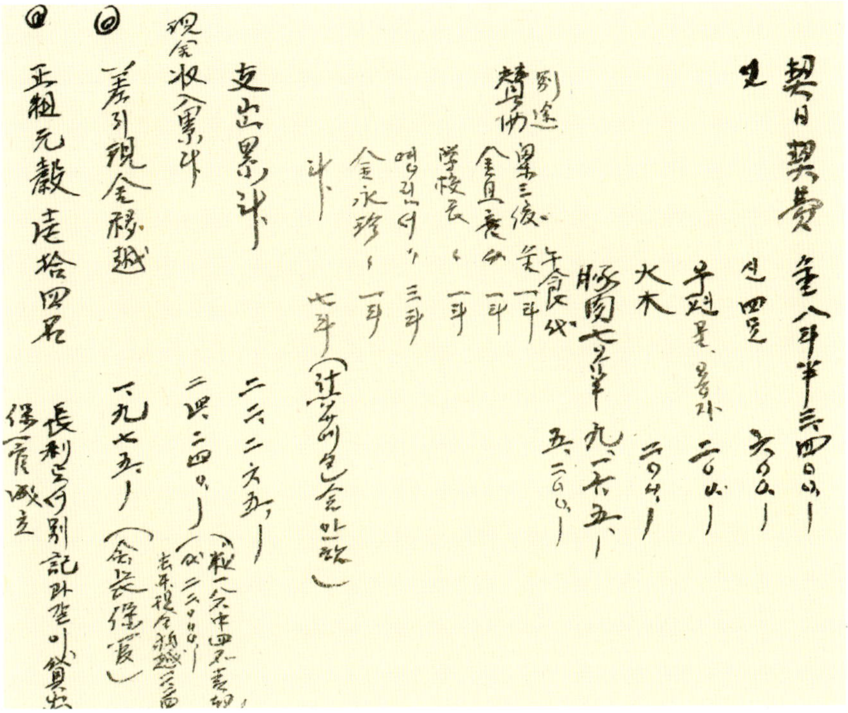

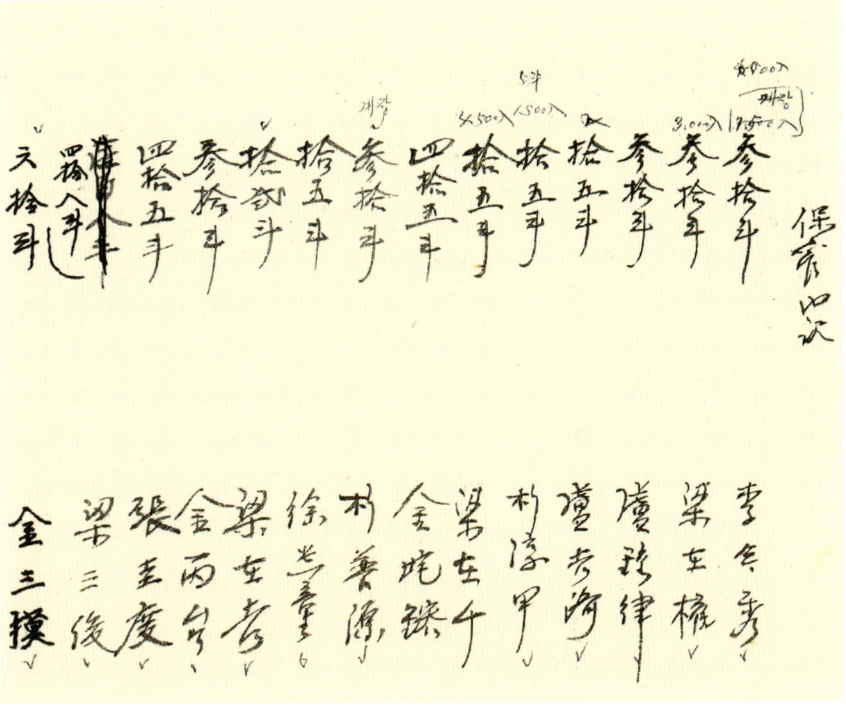

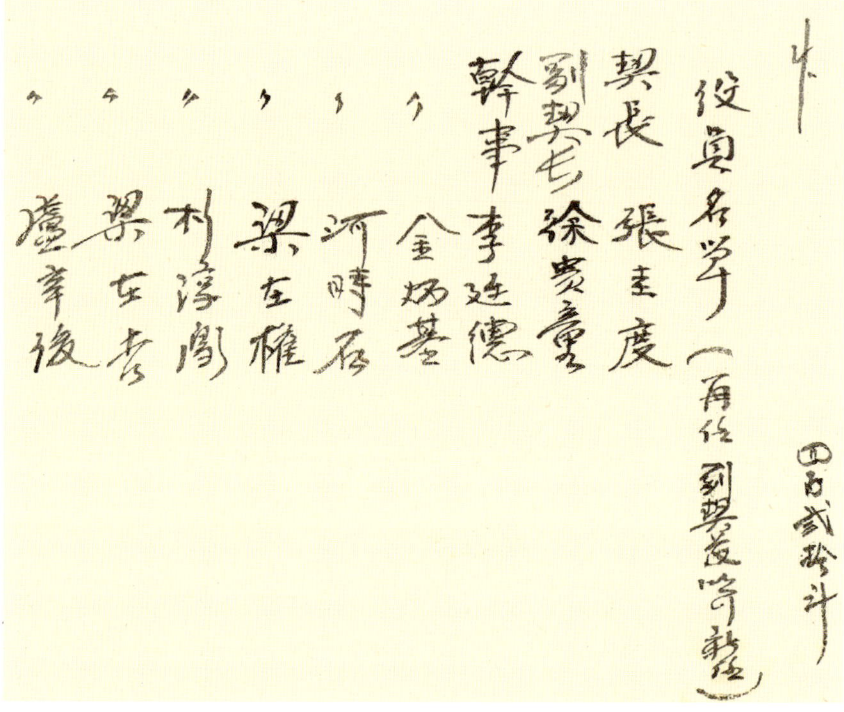
役員名單 (再任 副契長 [illegible])
四百貳拾斗
契長 張圭度
副契長 徐貴[illegible]
幹事 李廷德
〃 金炳基
〃 河時石
〃 梁在權
〃 朴淳[illegible]
〃 梁在[illegible]
〃 盧[illegible]俊

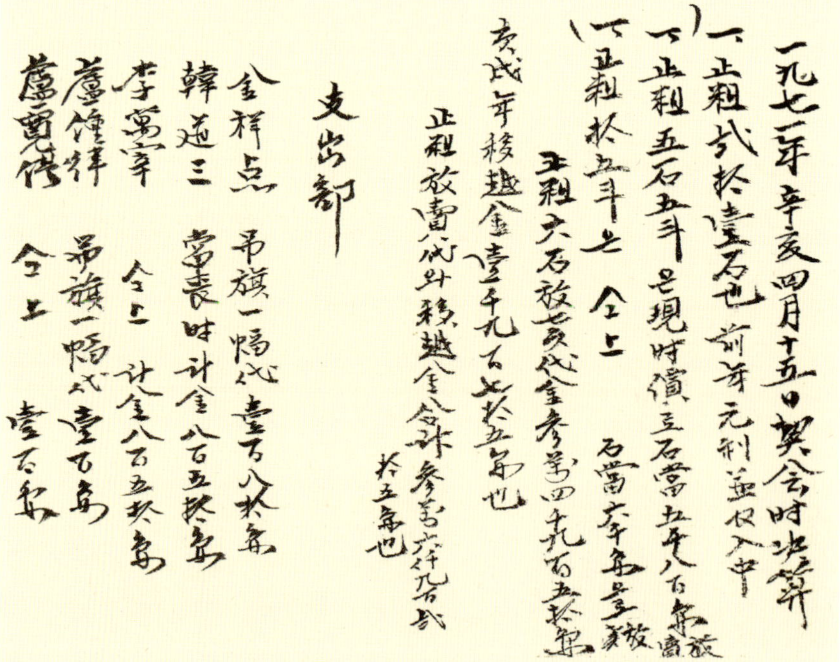
一九七一年辛亥四月十五日契会时決算
一 正租貳拾壹石也 前年元利並收入中
一 正租五石五斗 은 現时價 五石當 五千八百原 放當
一 正租拾五斗 之 仝上 石當 六千原 是 放
正租六石放 代金 參萬四千九百五拾原
庚戌年 移越金 壹千九百七拾五原也
正租放賣代 外 移越金 合計 參萬六千九百貳拾五原也

支出部
金祥点 吊旗一幅代 壹万八拾原
韓道三 當表时 計金 八百五拾原
李萬宰 仝上 計金 八百五拾原
盧鐘祥 吊旗一幅代 壹百原
盧寬[illegible] 仝上 壹百[illegible]

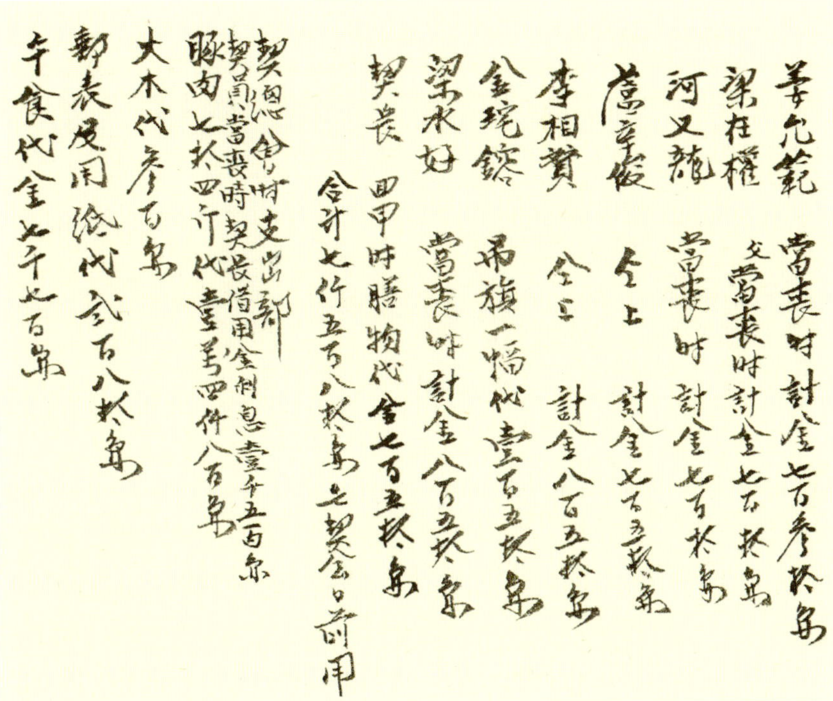

姜允範 當喪時 賻金七百參拾兩
梁在權 父當喪時 賻金七百拾兩
河又龍 當喪時 賻金七百拾兩
盧幸俊 仝上 賻金七百五拾兩
李相贊 仝上 賻金八百五拾兩
金琓鎔 弔旗一幅代 壹百五拾兩
梁水好 當喪時 賻金八百五拾兩
契長 回甲時膳物代 金七百五拾兩
合計七仟五百八拾兩 也契金中前用
契員總會時支出部
契員當喪時契長借用金利息 壹千五百兩
豚肉七拾四斤代 壹萬四仟八百兩
大木代 參百兩
郵表及用紙代 貳百八拾兩
午食代金 七千七百兩

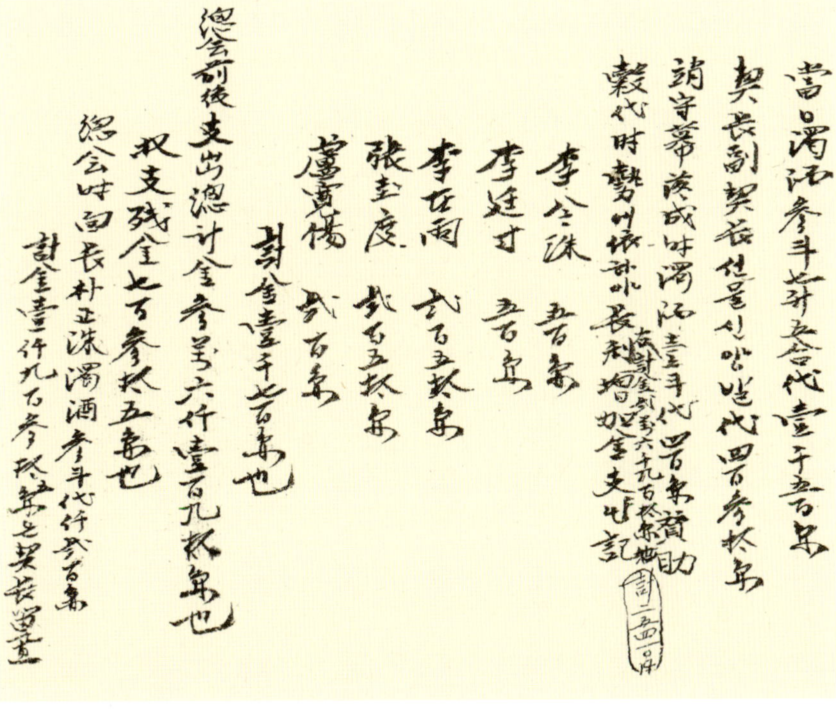

當日濁酒參斗七升及合代 壹千五百兩
契長副契長 往還신발代 四百參拾兩
諸守幕人誠時濁酒壹斗代 四百兩 贊助
穀代時勢에依하야 長利增加로支出記 右賻金參萬六千九百拾兩也
計二五四一〇兩
李仝洙 五百兩
李廷才 五百兩
李在雨 貳百五拾兩
張圭度 貳百五拾兩
盧寅傷 貳百兩
計金壹千七百兩也
總會前後 支出總計金參萬六仟壹百九拾兩也
收支殘金七百參拾五兩也
總会時 回長朴正洙濁酒參斗代仟貳百兩
計金壹仟九百參拾五兩也 契長留置

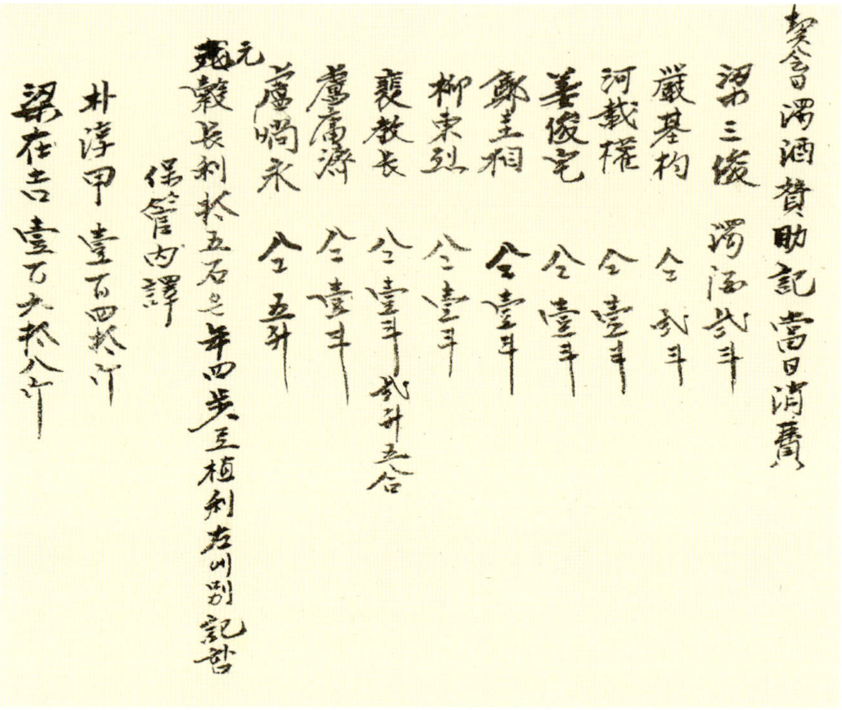

契會日濁酒賛助記 當日消費
梁三俊 濁酒貳斗
嚴基构 仝 貳斗
河載權 仝 壹斗
姜俊宅 仝 壹斗
鄭圭桐 仝 壹斗
柳東烈 仝 壹斗
裵敎長 仝 壹斗 貳升五合
盧庸濟 仝 壹斗
盧鳴永 仝 五升
元穀長利於五石은 年四步로植利左에別記함
保管內譯
朴淳甲 壹百四拾斤
梁在吉 壹百六拾八斤

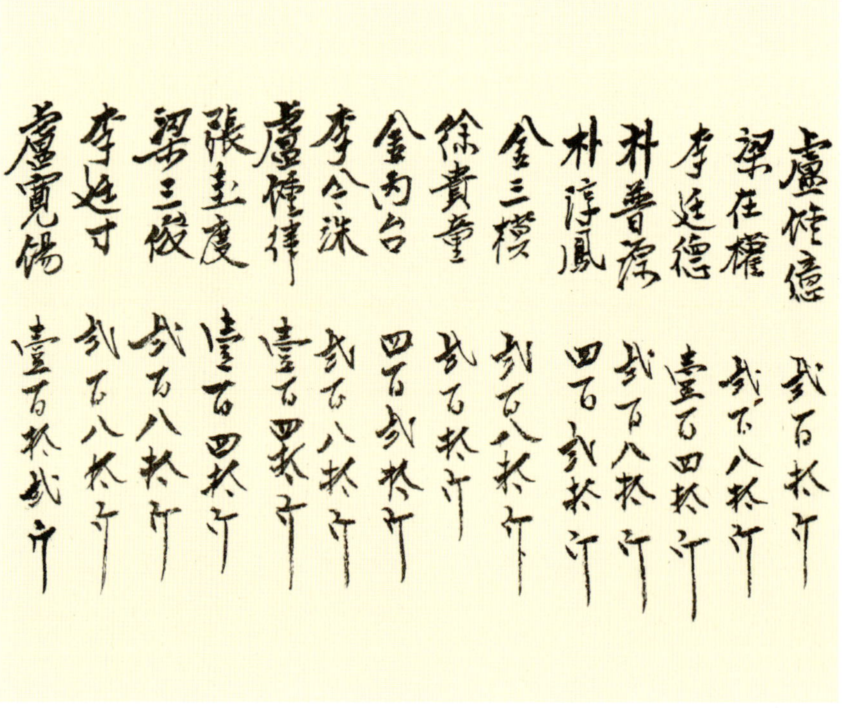

盧性德 貳百拾斤
梁在權 貳百八拾斤
李廷德 壹百四拾斤
朴普淳 貳百八拾斤
朴淳鳳 四百貳拾斤
金三樑 貳百八拾斤
徐貴童 貳百拾斤
金內台 四百貳拾斤
李今洙 貳百八拾斤
盧性律 壹百四拾斤
張圭度 壹百四拾斤
梁三俊 貳百八拾斤
李廷寸 貳百八拾斤
盧寬錫 壹百拾貳斤

張圭度 壹百四拾斤
李在雨 壹百四拾斤

役員名單
契長 盧庸濟
副契長 李在雨
幹事 李進德
仝 金炳基
仝 河時石
仝 梁在權
仝 朴漳鳳
仝 梁在吉
仝 盧仁濟

西紀一九七二年壬子三月十七日總會決算

收入部

一. 正租 (四斗式百斤中) 壹千五百八拾四斤代 七萬九千貳百円
石當 萬円式 七石拾八斗四斤 放長喜

前年移越金 壹千九百參拾五円也

總會時酒代贊助記

梁三俊 酒 壹斗 代五百円
姜道世 仝 壹斗 代五百円
學校長 仝 壹斗 代五百円
崔炳烈 仝 壹斗 代五百円
學校先生一同 酒 壹斗 代五百円
計 貳千五百円也

收入合計金 八萬參千八百參拾五円也

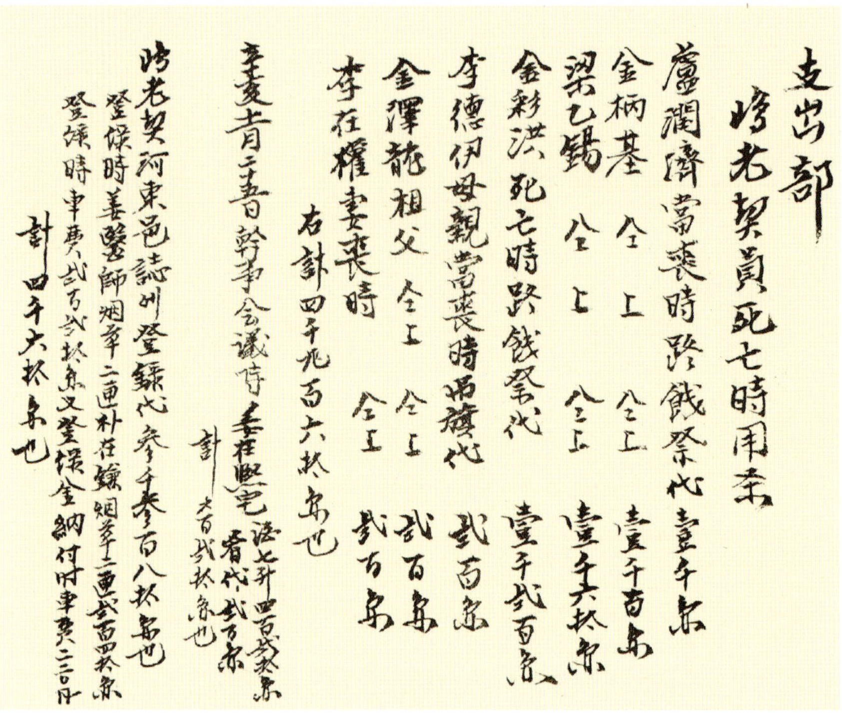

支出部
鶴老契員死亡時用条
盧潤濟當喪時路錢祭代 壹千圓
金柄基 仝上 仝上 壹千百圓
梁乙錫 仝上 仝上 壹千六拾圓
金彩洪死亡時路錢祭代 壹千貳百圓
李德伊母親當喪時銘旌代 貳百圓
金澤龍祖父 仝上 仝上 貳百圓
李在權妻喪時 仝上 貳百圓
右計四千九百六拾圓也
辛亥十二月二十五日幹事会議時 姜在熙宅 酒七升 四百貳拾圓 肴代 貳百圓
計 六百貳拾圓也
鶴老契河東邑誌에登錄代 參千參百八拾圓也
登錄時姜醫師烟草二匣朴在鎭烟草二匣 貳百四拾圓
登錄時車費貳百參拾圓及登錄金納付時車費二三0円
計四千六拾圓也

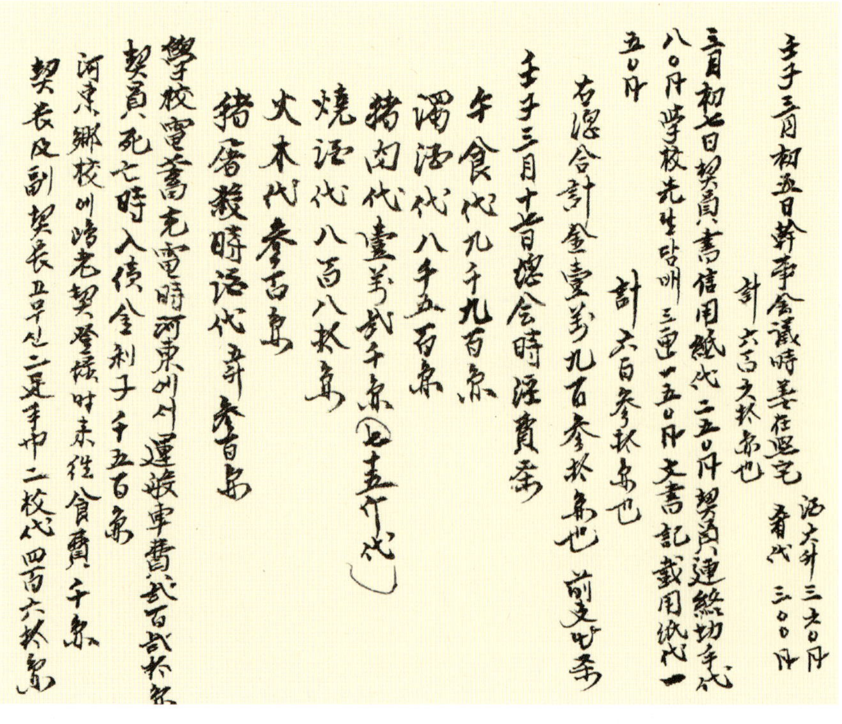

壬子三月初五日幹事会議時姜在熙宅 酒六升 三七0円 肴代 三00円
計 六百七拾圓也
三月初七日契員書信用紙代 二五0円 契員連絡切手代 八0円 學校先生담배 三匣 一五0円 文書記載用紙代 一五0円
計 六百參拾圓也
右總合計 金壹萬九百參拾圓也 前文也条
壬子三月十五日總会時經費条
午食代 九千九百圓
濁酒代 八千五百圓
豬肉代 壹萬貳千圓(七十五斤代)
燒酒代 八百八拾圓
火木代 參百圓
豬屠殺時酒代 參百圓
學校電蓄充電時河東에서運搬車費 貳百貳拾圓
契員死亡時入債金利子 千五百圓
河東鄉校에鶴老契登錄時來往食費 千圓
契長及副契長 고무신二足 手巾二枚代 四百六拾圓

總会決算時酒代參百兩

一金萬兩은 姜道世의게 貸付租二百石로 支出 一石當 代參拾兩 式

一金貳千兩은 金澤龍의게 仝 上

一金五千兩은 趙東七의게 仝 上

一金七千兩은 金柄基의게 仝 上

右合計 六萬九千參百六拾兩也

收入總計金八萬參千六百參拾五兩也

支出總計金八萬貳百九拾兩也

收支殘金參千參百四拾五兩也 契長에 留置

貸付部

元穀 租六石拾斗 參千參百斤 은年四其 呈植剩利하여 左에 別記함

租元利償還譯列名記

梁在吉 壹百八拾貳斤

朴淳鳳 參百八斤

盧寬錫 壹百拾貳斤

張圭度 四百貳拾斤

朴淳甲 壹百四拾斤

金奇彦 貳百八拾斤

梁在權 貳百八拾斤

金三模 貳百八拾斤

朴善源 貳百八拾斤

李廷村 貳百八拾斤

盧鍾律 壹百四拾斤

梁三俊 貳百八拾斤

徐貴童 壹百五拾四斤

李廷德 壹百四拾斤

金炳台 貳百八拾斤

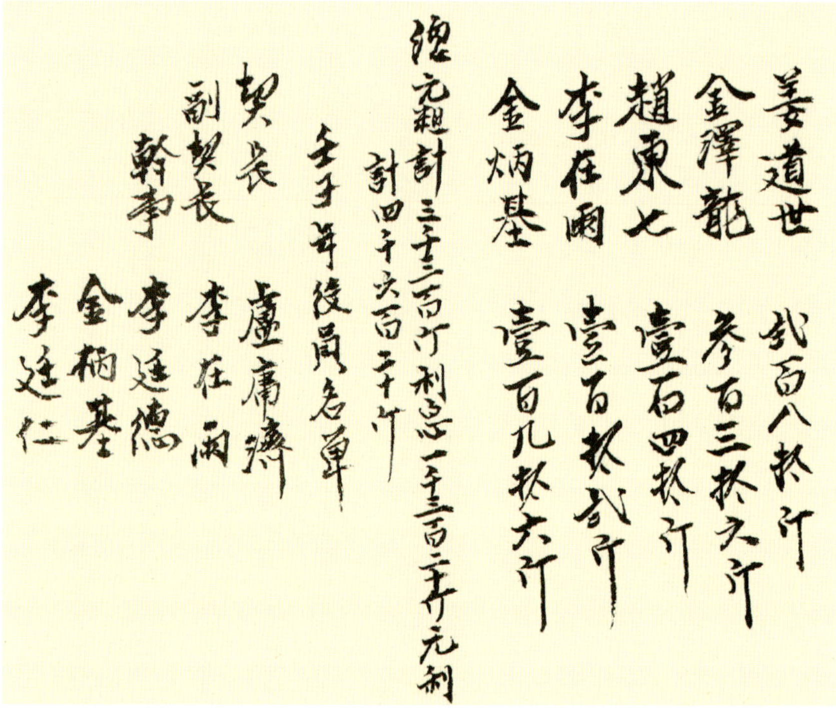
姜道世 貳百八拾斤
金澤龍 參百三拾六斤
趙東七 壹百四拾斤
李在雨 壹百拾貳斤
金炳基 壹百九拾六斤
總元租計 三千三百斤 利息 一千三百二十斤 元利計 四千六百二十斤
壬子年 役員名單
契長 盧庸濟
副契長 李在雨
幹事 李廷德
金炳基
李廷仁

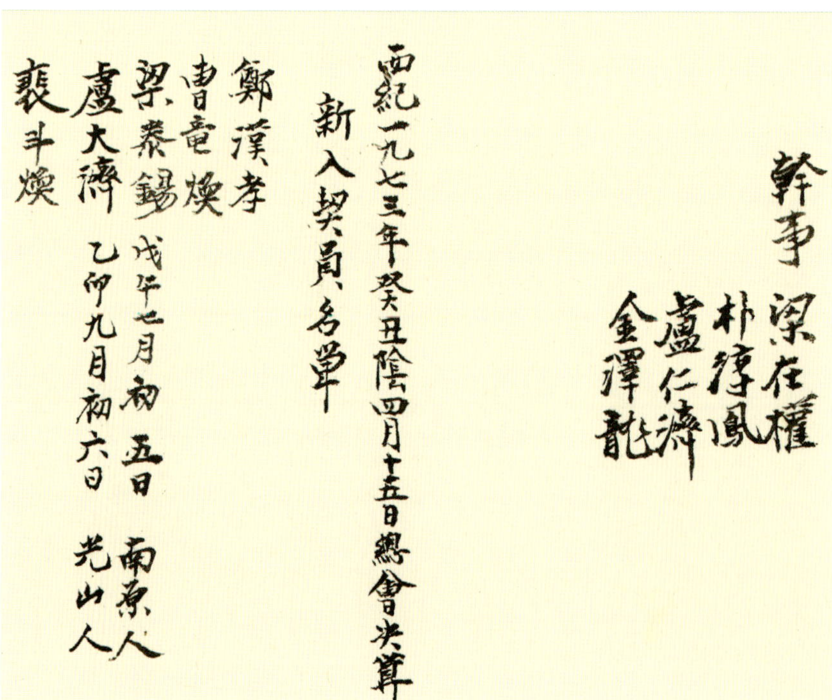
幹事 梁在權
朴淳鳳
盧仁濟
金澤龍
西紀一九七三年 癸丑陰四月十五日總會決算
新入契員名單
鄭漢孝
曹竜煥
梁泰錫 戊午七月初五日 南原人
盧大濟 乙卯九月初六日 光山人
裵斗煥

鄭俊錫

禹相根 乙未六月十四日 丹陽人

收入部 癸丑年總會時

一 正租四千六百貳拾斤中貳千壹百六拾
二斤收入代拾萬八千百圜（拾石拾六
斗二斤（一石當萬圜式

前年留置金參千參百四拾圜也

新入契員七名分收入金貳萬五千圜也

鄭漢孝 壹萬圜

曺吾鉉 貳千五百圜

禹相根 貳千五百圜

盧大濟 貳千五百圜

梁泰錫 貳千五百圜

裵斗煥 貳千五百圜

鄭俊錫 貳千五百圜

白酒賛助記

李廷煥 壹斗 代五百圜式

梁三俊 壹斗 仝

鄭圭相 壹斗 仝

學校一同 壹斗 仝

收入合計金拾參萬八千四百四拾圜也

支出部

李一錫父親喪路奠祭費 千貳百圜

金基善母親喪品旗代 貳百圜

四月十日幹事会議費 千六百拾圜

四月十日用紙代 貳百五拾圜 契員書行建洛手

洛字時接待費 貳百八拾圜又七拾圜

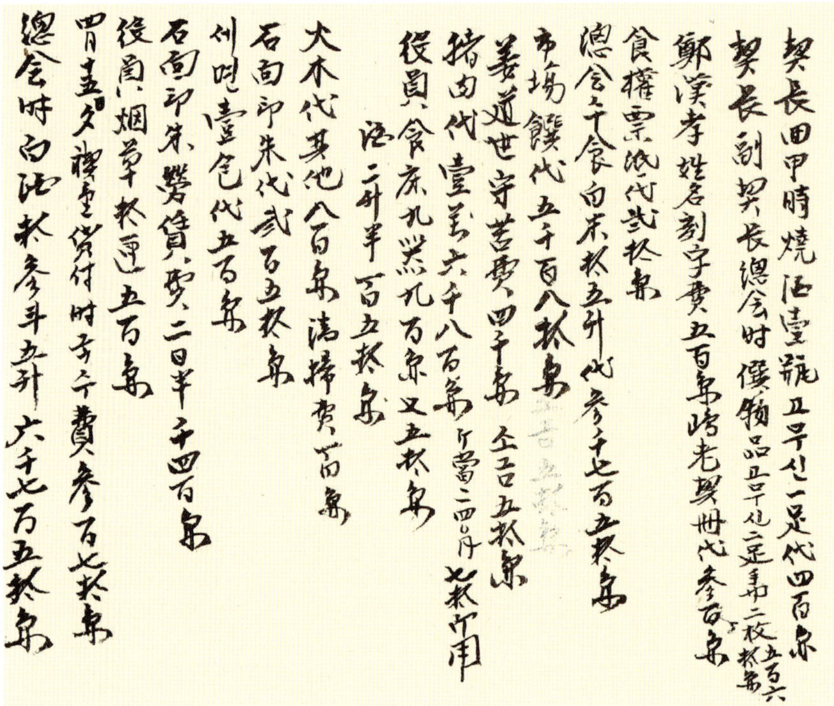

契長田甲時燒酒壹瓶 五斗신一足代四百兩
契長副契長總会时儀物品五斗신二足手巾二枚 五百六拾兩
鄭漢李姓名刻字費五百兩 崎光契冊代參百兩
食權票紙代貳拾兩
總会午食白米拾五升代參千七百五拾兩
市場饌代五千百八拾兩
姜道世守昔費四千兩 五百五拾兩
猪肉代壹萬六千八百兩 斤當二四斤 七拾斤用
役員食床九拾九百兩 又五拾兩
酒二斗半 百五拾兩
大木代其他八百兩 清掃費 百兩
石面印朱代貳百五拾兩
什唄壹包代五百兩
石面印朱鑿賃費二日半 千四百兩
役員烟草拾五百兩
四月五日契金貸付时 子午費參百七拾兩
總会时白米拾參斗五升 六千七百五拾兩

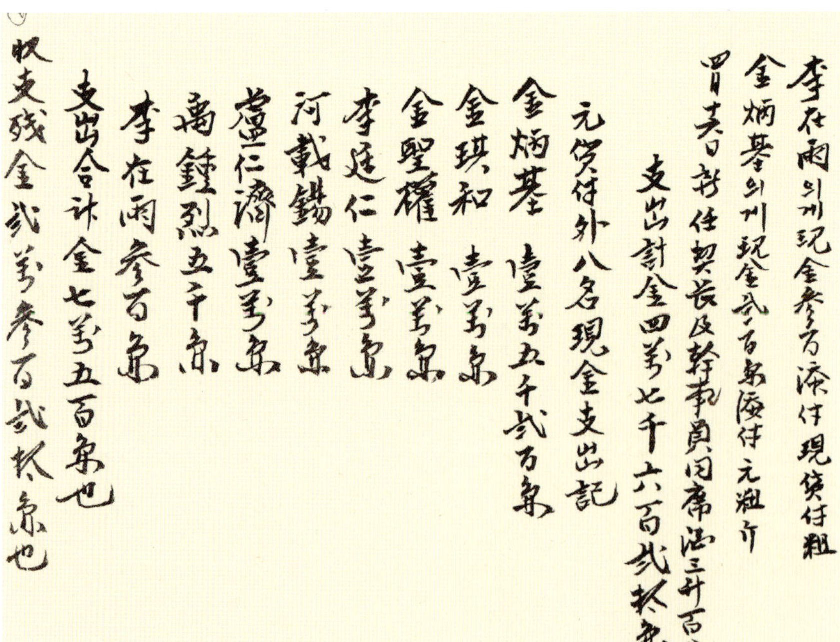

李在雨 의게 現金參百兩 添付 現貨付粗
金炳基 의게 現金貳百兩 添付 元粗斤
四月五日 新任契長及幹事員同席 酒三斗百八拾兩
支出計金四萬七千六百貳拾兩也
元貸付外八名現金支出記
金炳基 壹萬五千貳百兩
金琪和 壹萬兩
金聖權 壹萬兩
李廷仁 壹萬兩
河載錫 壹萬兩
盧仁濟 壹萬兩
禹鍾烈 五千兩
李在雨 參百兩
支出合計金七萬五百兩也
收支殘金 貳萬參百貳拾兩也

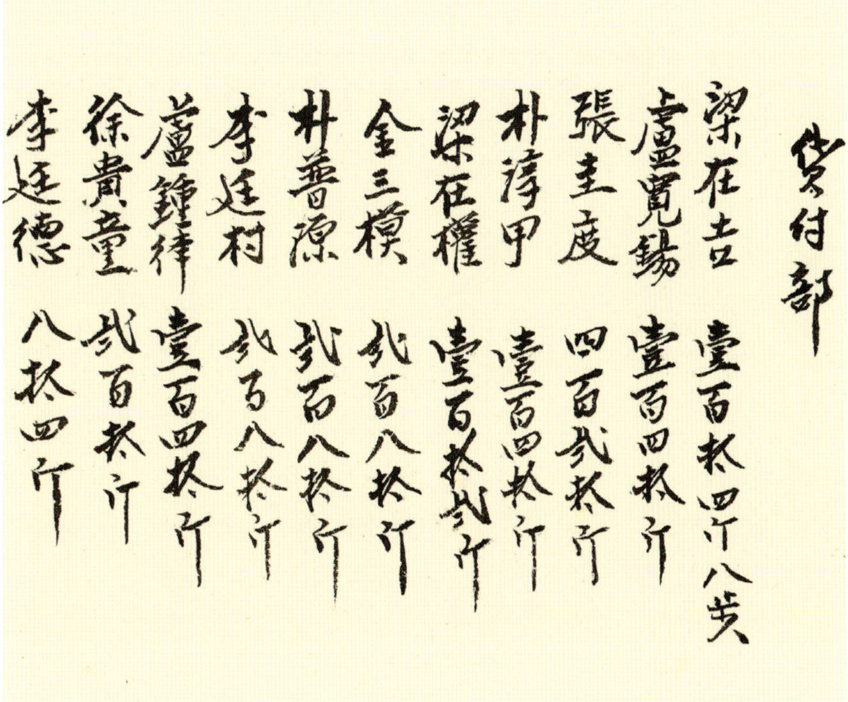

貸付部

梁在吉 壹百拾四斤八兩

盧寬錫 壹百四拾斤

張圭度 四百貳拾斤

朴淳甲 壹百四拾斤

梁在權 壹百拾貳斤

金三模 貳百八拾斤

朴普源 貳百八拾斤

李廷村 貳百八拾斤

盧鍾律 壹百四拾斤

徐貴童 貳百拾斤

李廷德 八拾四斤

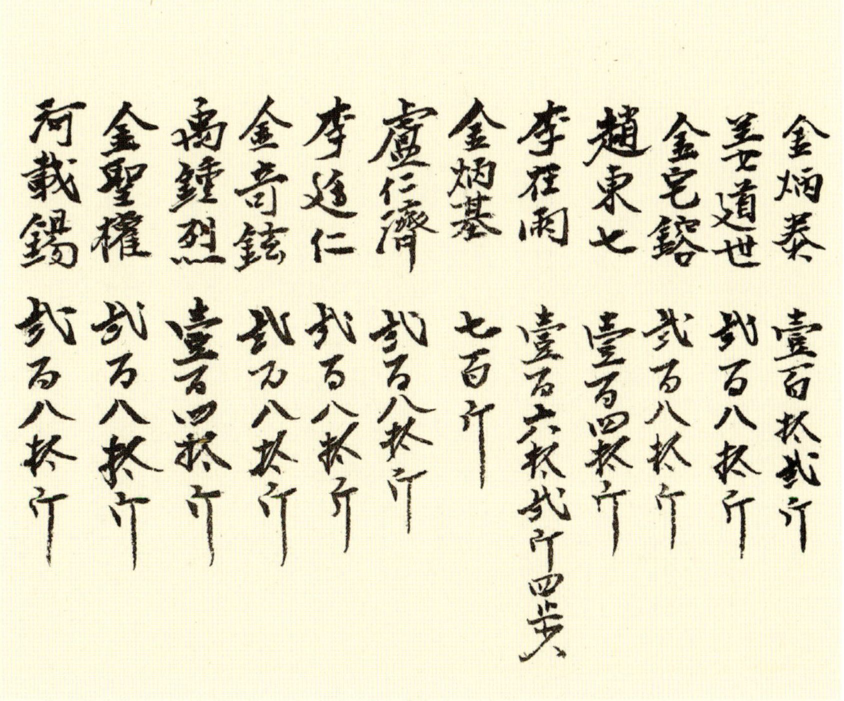

金炳奎 壹百拾貳斤

姜道世 貳百八拾斤

金宅鎔 貳百八拾斤

趙東七 壹百四拾斤

李在雨 壹百六拾貳斤四兩

金炳基 七百斤

盧仁濟 貳百八拾斤

李廷仁 貳百八拾斤

金奇鉉 貳百八拾斤

禹鍾烈 壹百四拾斤

金聖權 貳百八拾斤

河載錫 貳百八拾斤

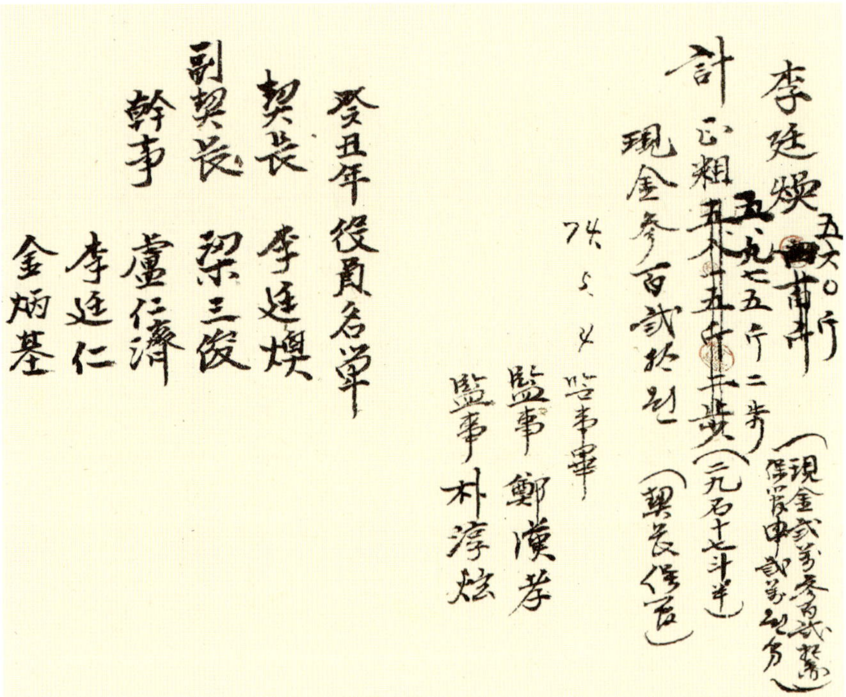

李廷煥 五六〇斤

計 正租 五九七五斤二步 (現金貳萬參百貳拾[illegible] 保管中 貳萬[illegible])

(二九石十七斗半)

現金參百貳拾원 (契長保管)

74. 5. 4 監事 [illegible]

監事 鄭漢孝

監事 朴淳炫

癸丑年役員名單

契長 李廷煥

副契長 梁三俊

幹事 盧仁濟

李廷仁

金炳基

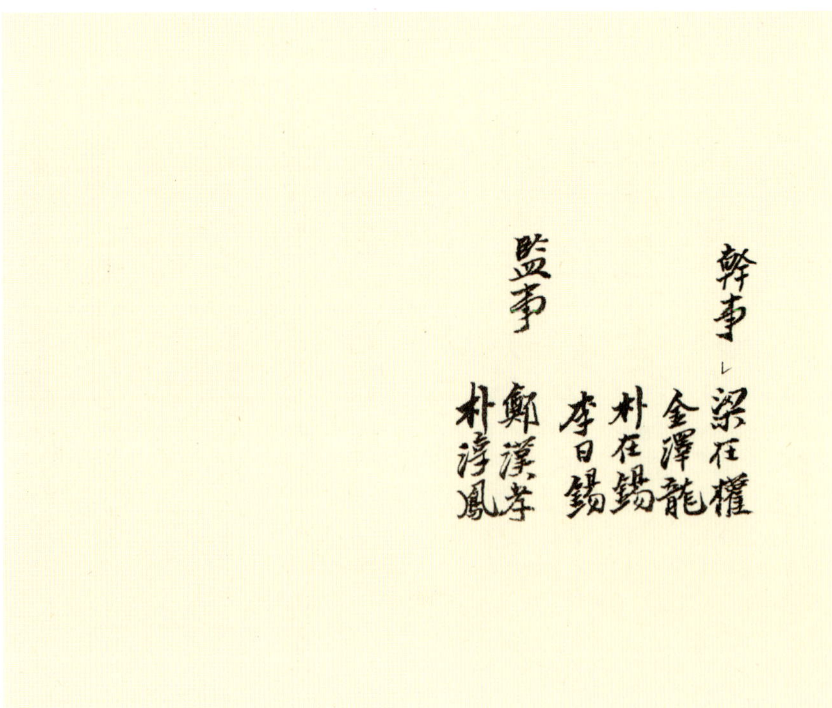

幹事 梁在權

金澤龍

朴在錫

李日錫

監事 鄭漢孝

朴淳鳳

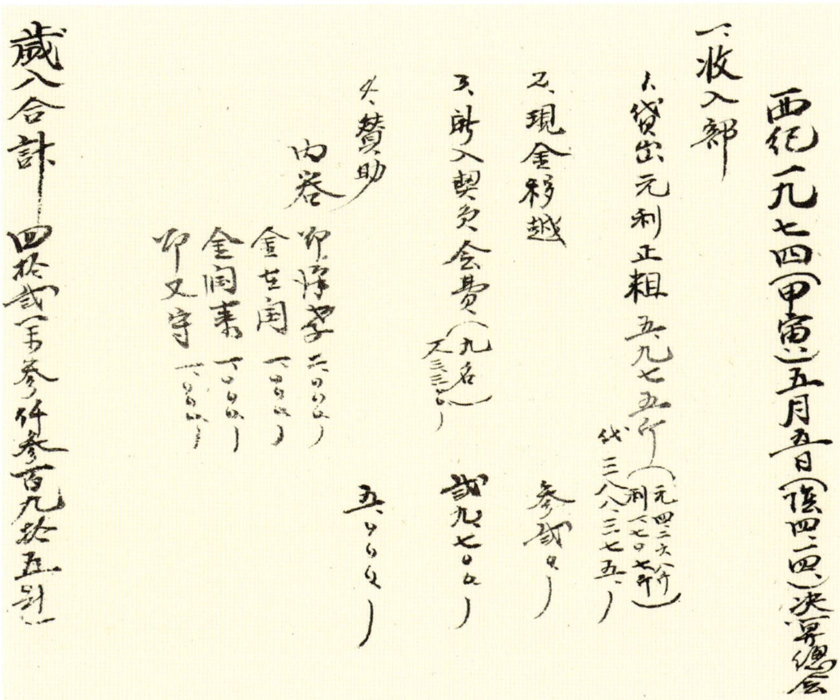

西紀一九七四(甲寅)五月五日(陰四.一四)決算總会

一.收入部

1.貸出元利正租 五九七五斤(元四三六八斤 利一六〇七斤) 代三八三三七五.

2.現金移越 参弐〇〇

3.新入契員会費(九名 不三三三〇〇) 弐九七〇〇

4.賛助 五〇〇〇

内容 卯淳学 二〇〇〇 / 金在国 一〇〇〇 / 金洞業 一〇〇〇 / 卯文守 一〇〇〇

歳入合計 四拾弐(万)参仟参百九拾五원

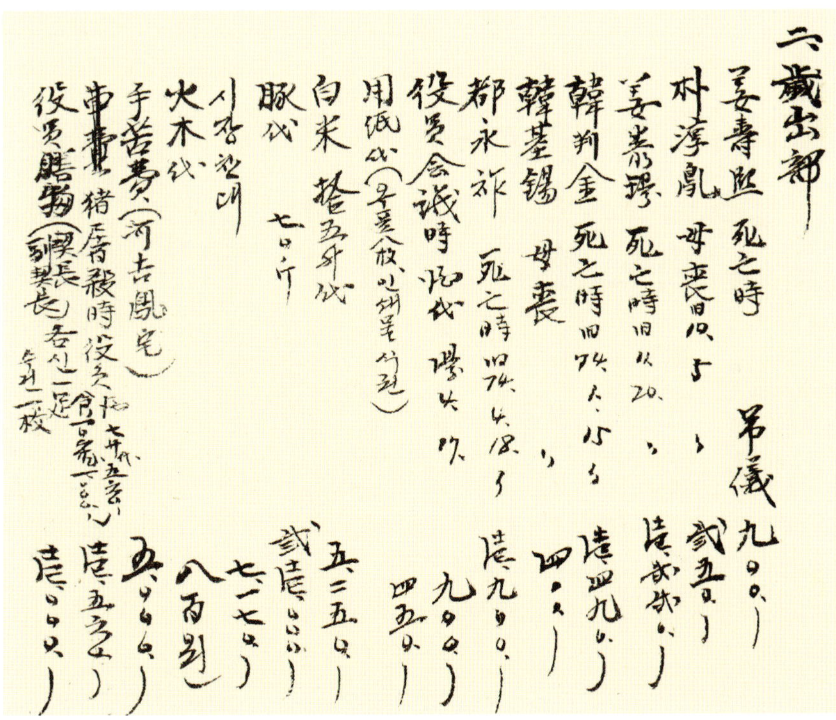

二.歳出部

姜壽趾 死之時 弔儀 九〇〇〇

朴淳凱 母喪 旧ル 5 〃 弐五〇〇

姜〇璟 死之時 旧以 20 〃 壱弐〇〇〇

韓判金 死之時 旧7ル 4 15 〃 壱四九〇〇

韓基錫 母喪 〃 四〇〇〇

都永祚 死之時 旧7ル 4 18 〃 壱九〇〇〇

役員会議時 酒代 〃 九〇〇〇

用紙代 四五〇〇

白米 拾五斗代 五二五〇〇

豚代 七〇〇斤 弐壱〇〇〇

시장 七一七〇〇

火木代 八百원

手苦費(河吉凱宅) 五〇〇〇

事業 猪屠殺時 壱五二五〇

役員膳物(契長 副契長) 各 一足 壱〇〇〇〇

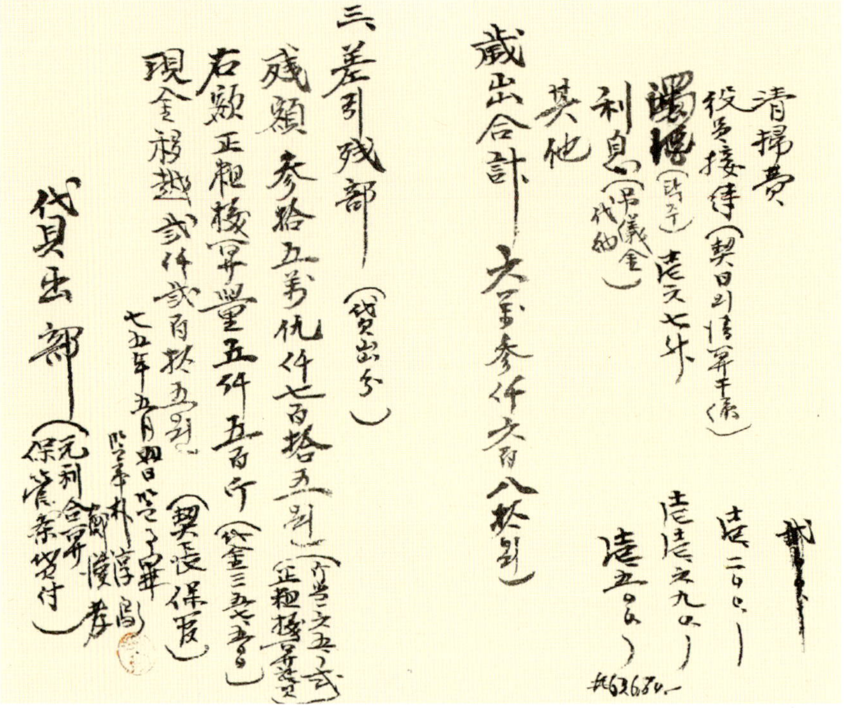

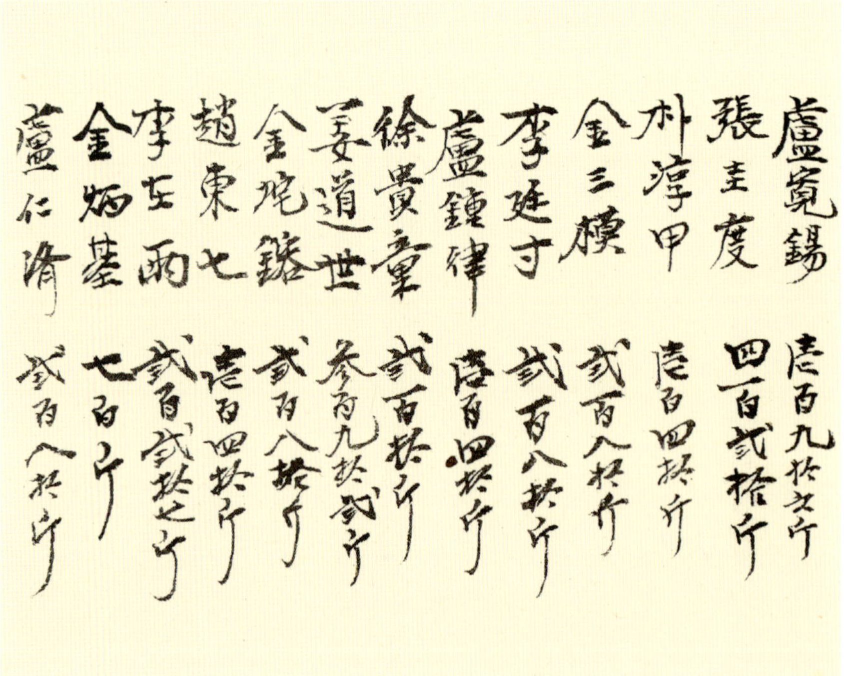

盧寬錫 壹百九拾六斤
張圭度 四百貳拾斤
朴淳甲 壹百四拾斤
金三模 貳百八拾斤
李廷寸 貳百八拾斤
盧鍾律 壹百四拾斤
徐貫童 貳百拾斤
姜道世 參百九拾貳斤
金瑰鎬 貳百八拾斤
趙東七 壹百四拾斤
李左雨 貳百貳拾七斤
金炳基 七百斤
盧仁濟 貳百八拾斤

金奇鉉 參百九拾貳斤
高鍾烈 陸百四拾斤
金聖权 貳百八拾斤
河載錫 參百九拾貳斤
姜辰甲 五拾斤
盧漢永 陸百四十斤
夏秉昇 陸百四拾斤
鄭在喆 貳百八拾斤
李萬秀 貳百貳拾四斤
姜正信 貳百貳拾四斤
李贊玉 貳百八拾斤
金龍祥 參百五拾斤

卞永祚 貳百八拾斤
金西台 貳百八拾斤
李康浩 五拾斤
金文匡 七拾斤
徐道基 七拾斤
金九壽 五拾斤
尹光善 七拾斤
李廷燮 貳拾七斤
梁三俊 貳拾斤
計 七件七百斤(元五五〇〇斤 利二二〇〇斤)
現金貳仟貳百拾五圓(梁三俊保管)移越
甲寅年役員名以下
前年役員全員再任

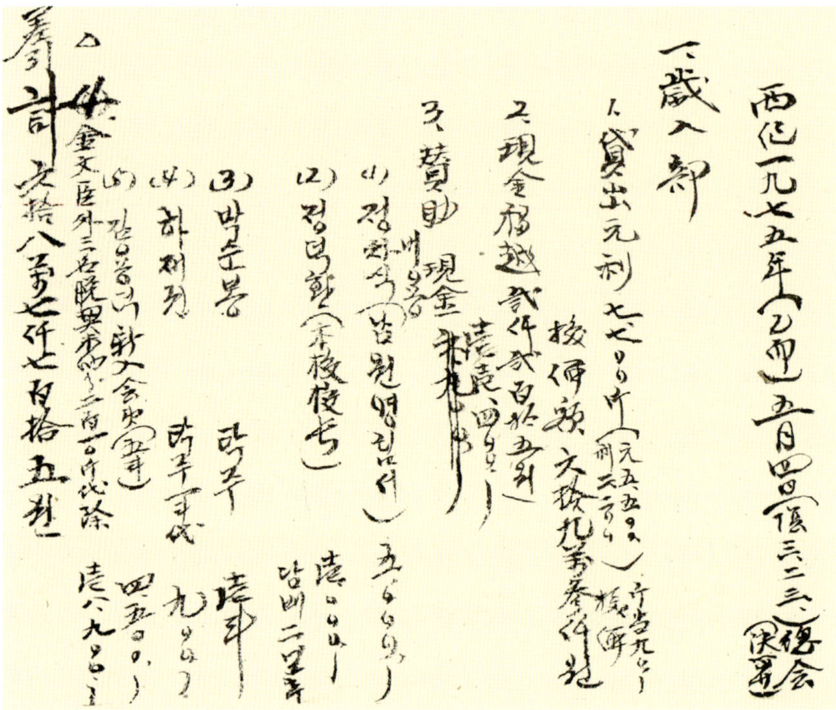

西紀一九七五年(乙卯)五月四日(陰三.二三.) 總会 決算

一、歲入部

1、貸出元利 七七〇〇〇斤(元五五〇〇〇 利二二〇〇〇) 斤當九〇〇 [illegible]

[illegible] 文拾九萬參仟원

2、現金移越 貳仟貳百拾五원 [illegible]

3、贊助 現金 [illegible]

(1) 정환식 [illegible] 五〇〇〇

(2) 정덕환 (本校校長) 壹〇〇〇〇 담배 二[illegible]

(3) 박순봉 막걸리 壹[illegible]

(4) 하재권 막걸리 [illegible]代 九〇〇

(5) 김[illegible] 新入会費(五名) 四五〇〇

△ 金文臣外三名 [illegible] 二百[illegible]斤代除 壹八九〇〇

合計 文拾八萬七仟七百拾五원

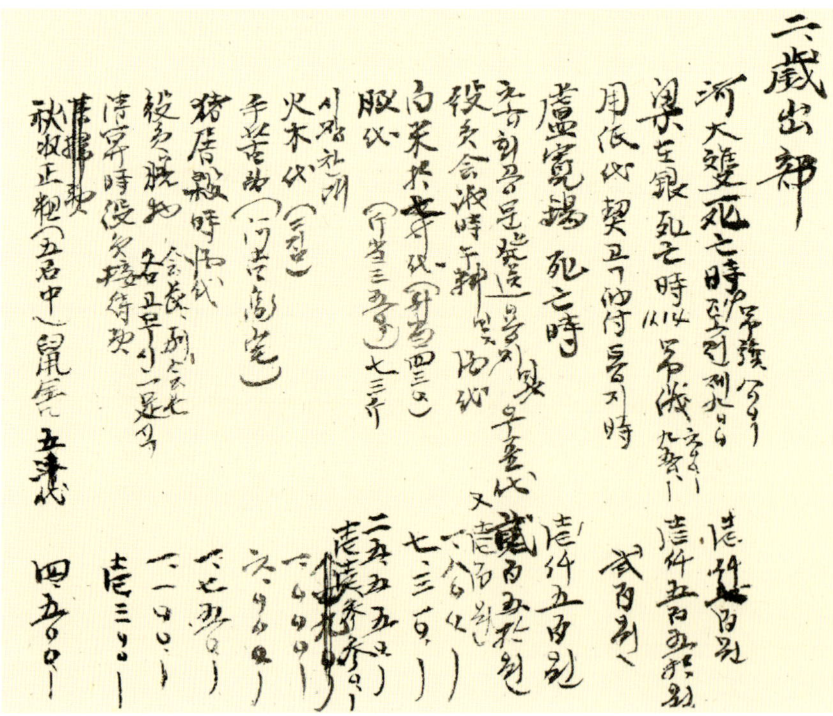

二、歲出部

河大燮 死亡時 [illegible]

[illegible] 死亡時 [illegible]

用紙代 [illegible]

盧[illegible] 死亡時 [illegible]

[illegible]

[illegible]代 [illegible]

白米 [illegible]代 [illegible] 七三斤

[illegible]代

[illegible]

火木代 [illegible]

手[illegible] [illegible]

[illegible]時 [illegible]代

[illegible]

[illegible]

秋收正租(五石中) [illegible] 五[illegible]代 四五〇〇

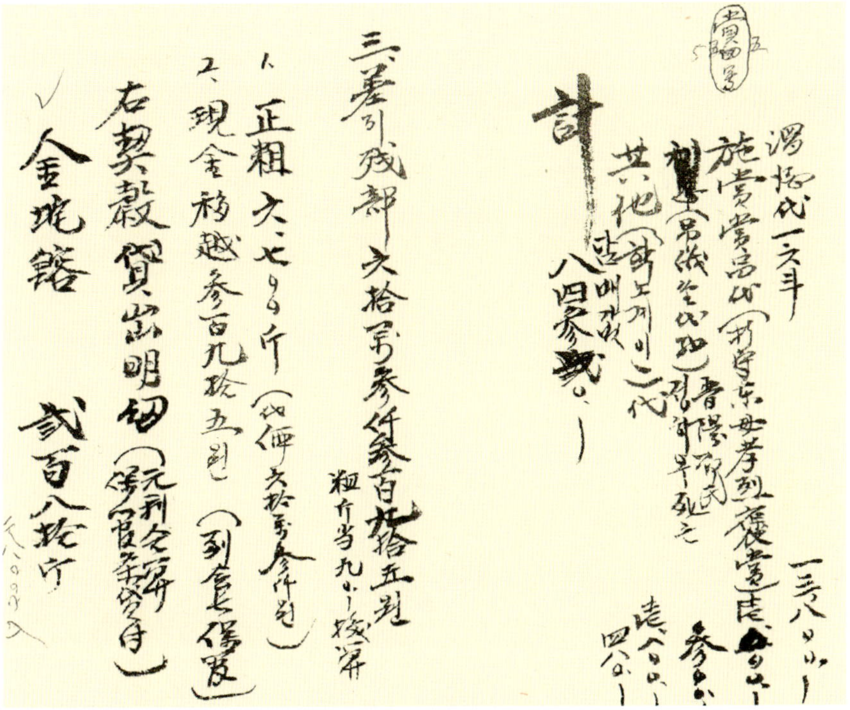
計
三、差引殘額 六拾萬參仟參百六拾五兩
1、正租 六，七○○斤 (此價 六拾萬參仟兩)
2、現金移越 參百九拾五兩
右契穀貿出明細
金琬鎔 貳百八拾斤

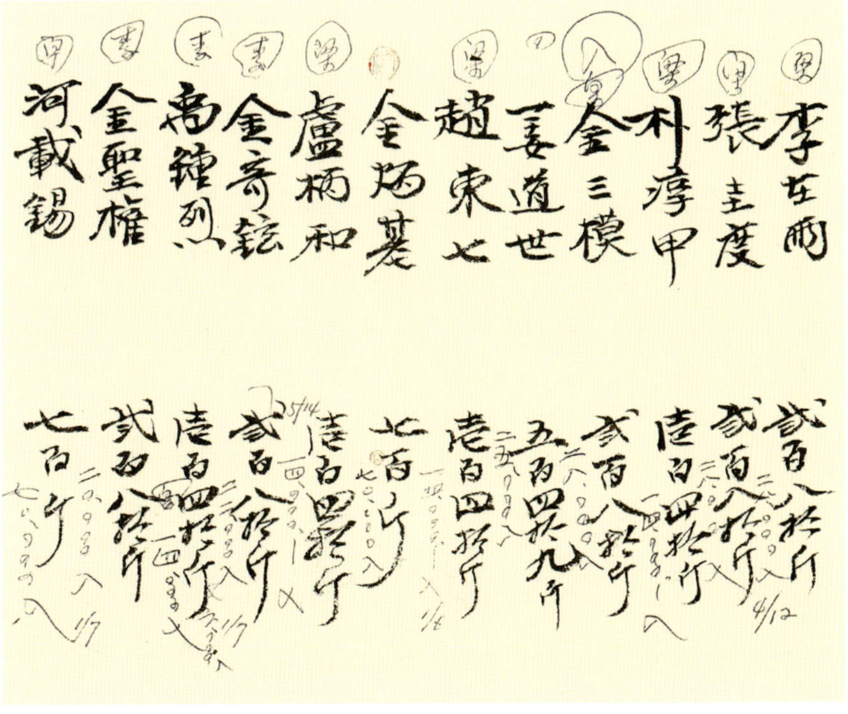
李在雨 貳百八拾斤
張圭度 貳百八拾斤
朴淳甲 壹百四拾斤
金三模 貳百八拾斤
姜道世 五百四拾九斤
趙東七 壹百四拾斤
金炳基 七百斤
盧柄和 壹百四拾斤
金奇鉉 貳百八拾斤
高鐘烈 壹百四拾斤
金聖權 貳百八拾斤
河載錫 七百斤

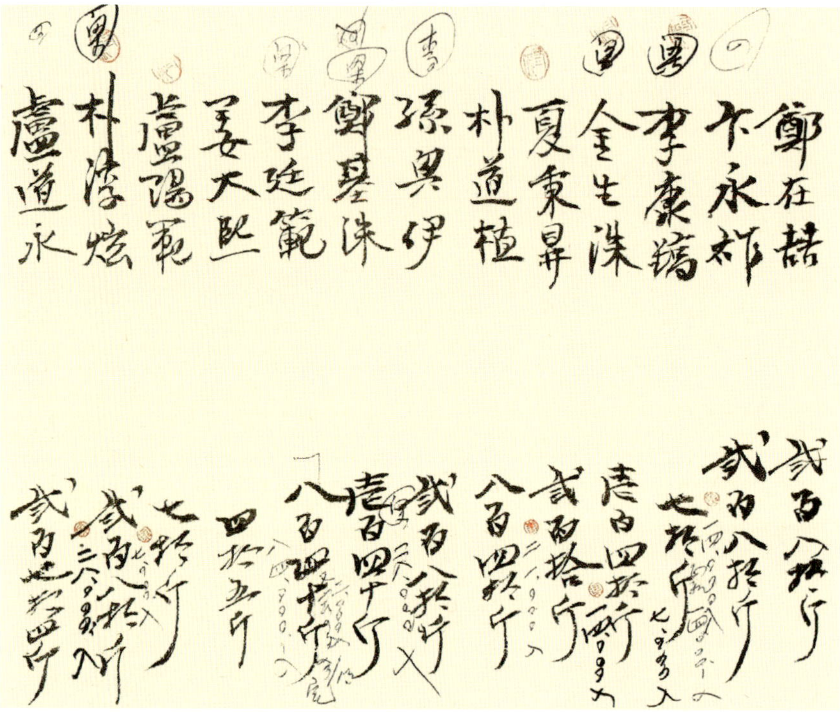
鄭在喆
卞永祚
李秉鎬
金生洙
夏秉昇
朴道植
孫奧伊
鄭基洙
李廷範
姜大熙
盧陽範
朴淳炫
盧道永

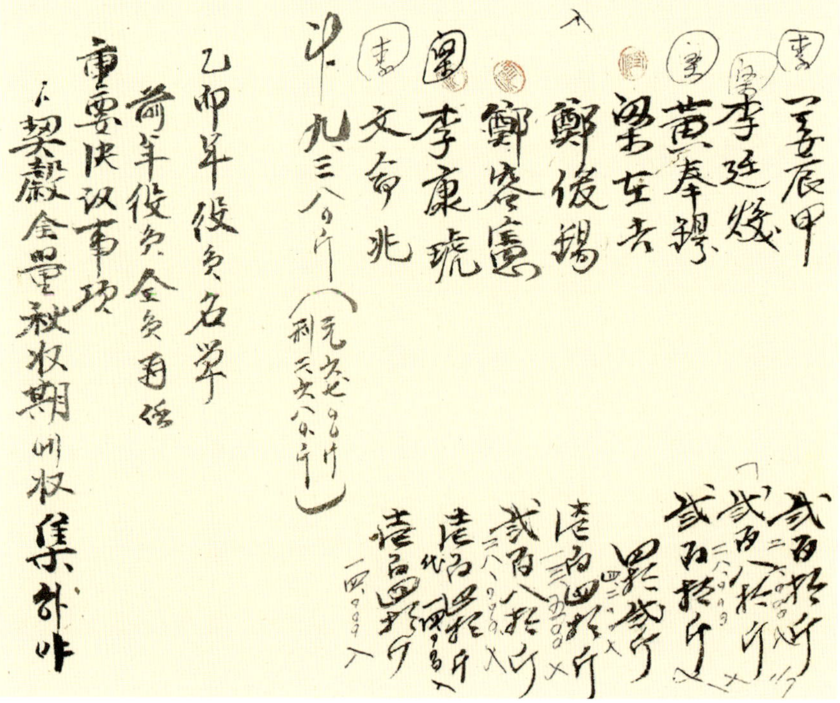
姜辰甲
李廷燦
黃奉鐸
梁在吉
鄭俊錫
鄭容憲
李秉琥
文命兆
計 九三八〇斤
乙卯年役員名單
前年役員全員留任
重要決議事項
下契穀全量秋收期에收集키로作

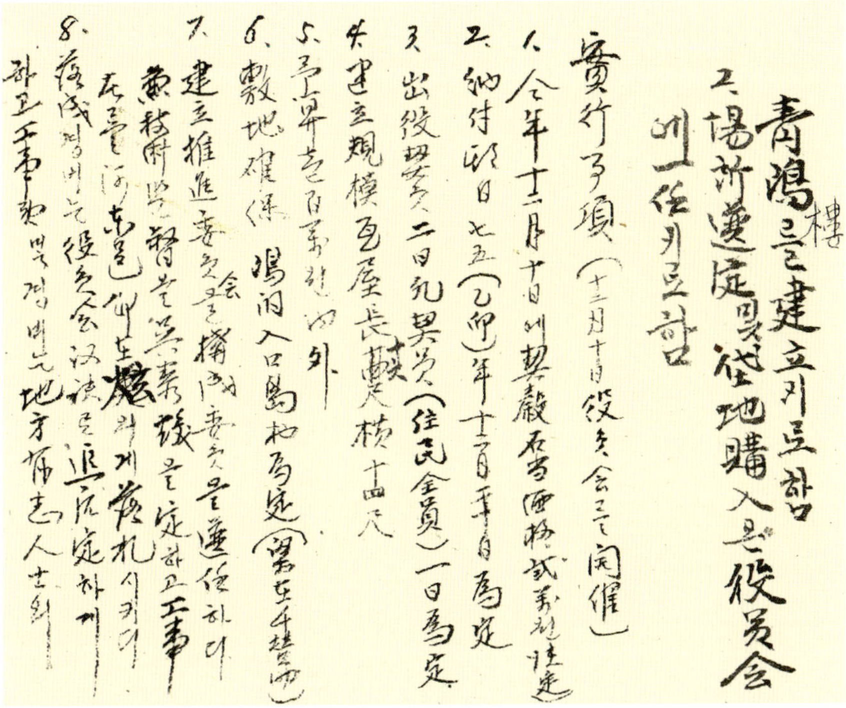

青鶴樓를 建立키로 함

2. 場所選定 및 垈地購入은 役員會에 一任키로 함

實行事項 (十二月十日 役員會에서 開催)

1. 今年十二月十日에 [illegible]
2. 納付期日 七五(乙卯)年 十二月 末日 爲定
3. 出役 [illegible] 二日 [illegible] (住民全員) 一日 爲定
4. 建立規模 [illegible] 長[illegible]尺 横 十四尺
5. [illegible] 外
6. 敷地確保 鶴洞入口 [illegible] 爲定 (梁[illegible])
7. 建立推進委員會를 構成 委員을 選任하다 [illegible]
8. [illegible]

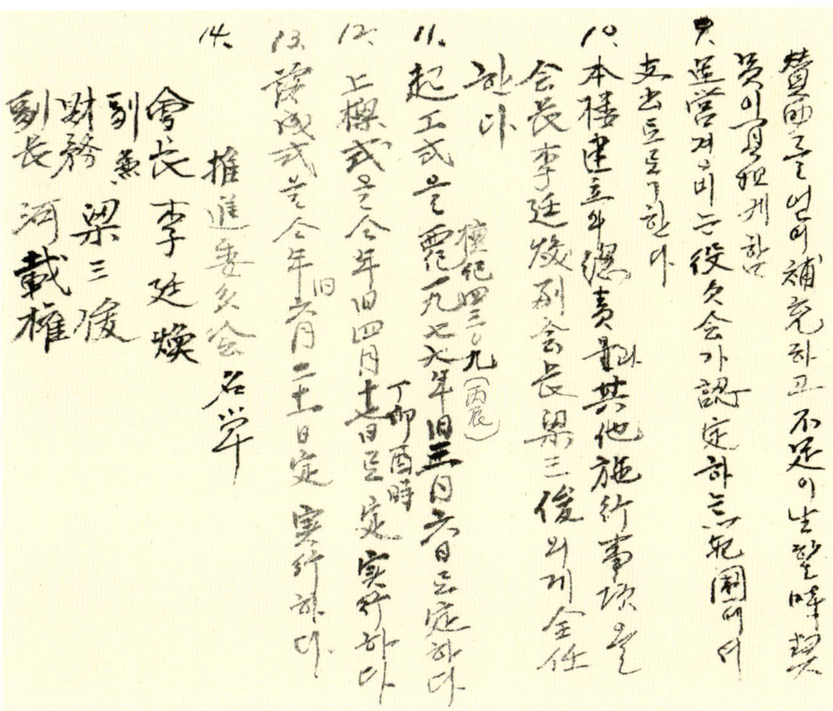

[illegible] 不足이 날 때 [illegible]

9. 運營하는 役員會가 認定하는 範圍에서 支出토록 한다
10. 本樓建立과 總責과 其他施行事項을 會長 李廷煥 副會長 梁三俊에게 全任한다
11. 起工式을 西紀一九七六年 旧三月 六日로 定하다 (檀紀四三〇九 丙辰)
12. 上樑式은 今年 旧四月 十三日로 定 實行하다 (丁卯 酉時)
13. 落成式은 今年 旧六月 二十日 定 實行하다
14. 推進委員會 名單

會長 李廷煥

副 兼 財務 梁三俊

副會長 河載權

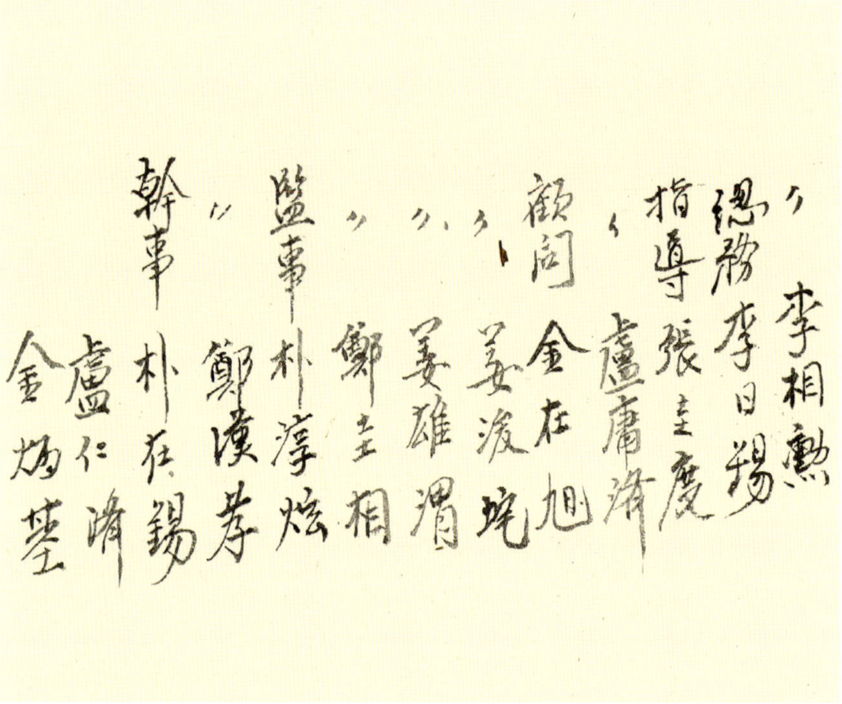

〃 李相勳
總務 李日錫
指導 張圭慶
〃 盧庸濟
顧問 金在旭
〃 姜浚曉
〃 姜雄渭
〃 鄭圭相
監事 朴淳炫
〃 鄭漢芳
幹事 朴在錫
盧仁濟
金炳基

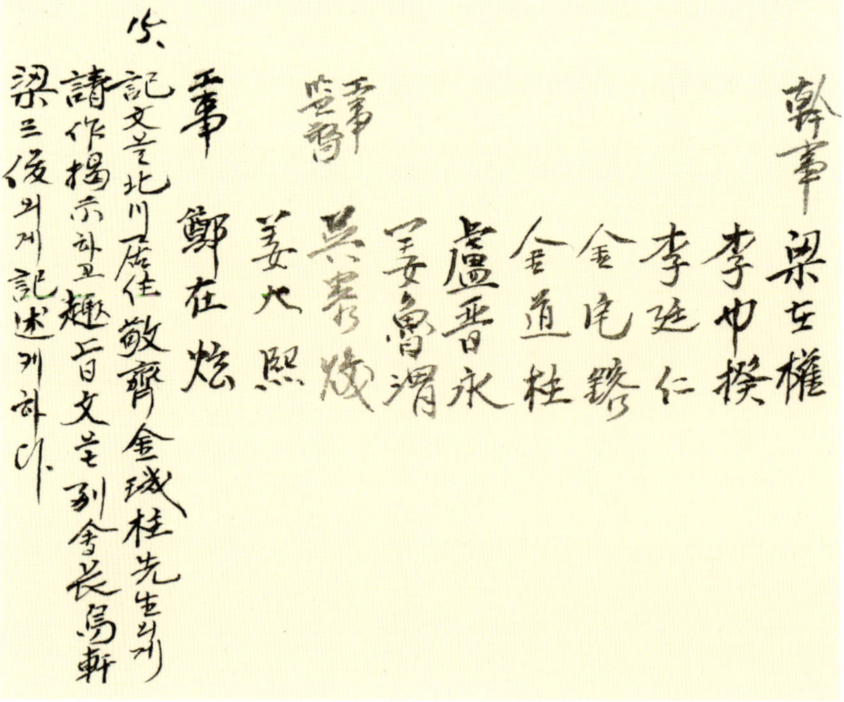

幹事 梁在權
李中揆
李廷仁
金[illegible]鎔
金道柱
盧晋永
姜魯渭
工事監督 吳壽燦
姜大熙
以
工事 鄭在炫
記文은 北川居住 敬齋 金璣柱先生의게
請作揭示하고 趣旨文은 列舍 長烏軒
梁三俊의게 記述케하다.

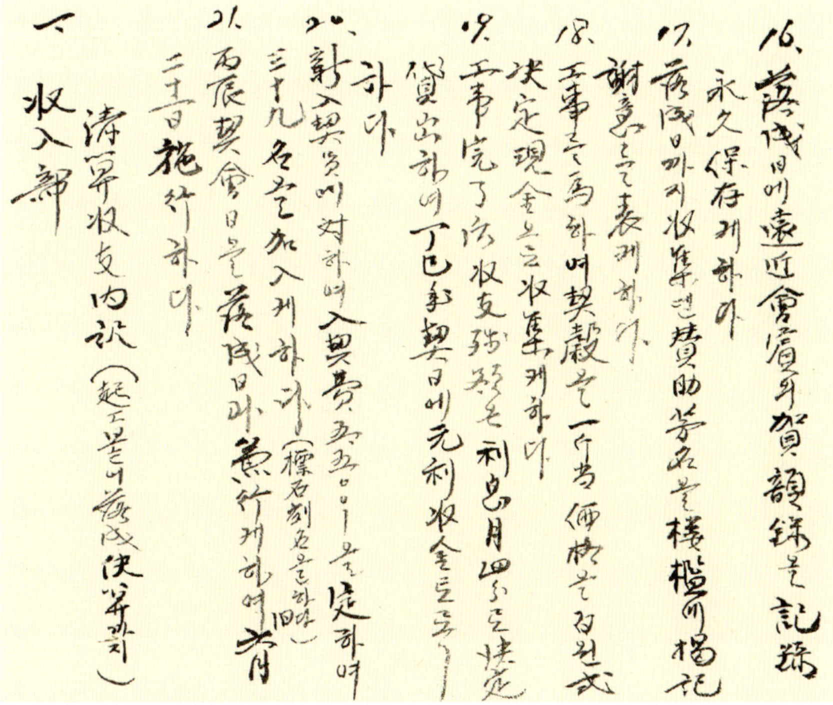

16. 落成日에 遠近會員과 賀客 芳名錄을 記錄
永久保存케하다
17. 落成日까지 收集된 贊助芳名을 樓檻에 揭記
謝意로 表케하다
18. 工事完了 爲하여 契穀을 一斤当 価格을 百원式
決定現金으로 收集케하다
19. 工事完了後 收支殘額은 利息月四分으로 決定
貸出하며 丁巳年 契日에 元利收金으로 함
하다
20. 新入契員에 対하여 入契費 五萬五〇〇〇원을 定하여
三十九名을 加入케하다 (標石刻名을 하다)
21. 丙辰契會日을 落成日과 兼行케하여 四月
二十五日 施行하다
一、收入部
淸算收支內訳 (起工부터 落成 淸算까지)

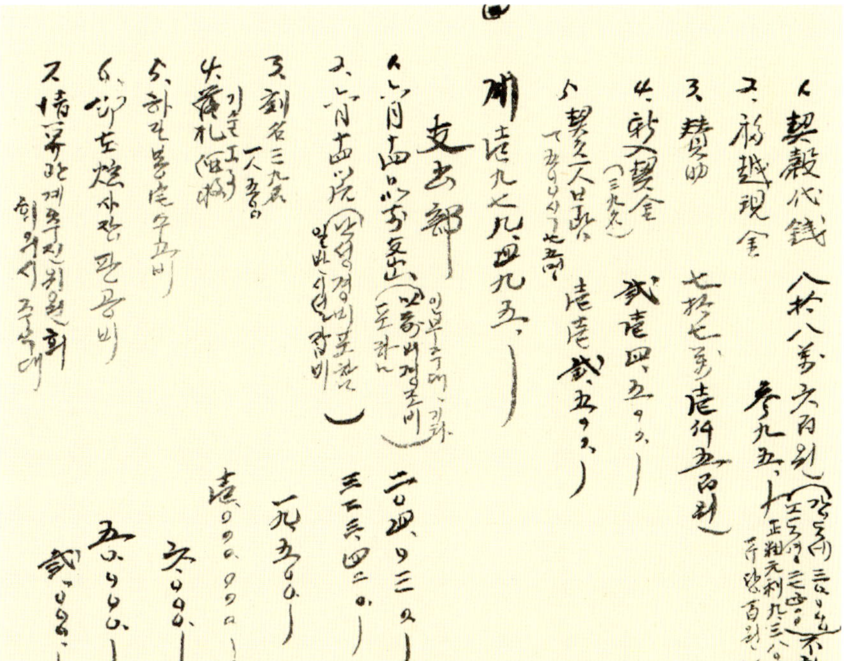

1. 契穀代錢 (於八萬六百원) 參九五、[illegible] ([illegible]) 不計上
2. 移越現金 七拾七萬壹仟五百원
3. 贊助 貳壹四、五〇〇
4. 新入契金 (三九名) 壹壹貳、五〇〇
5. 契員入日費 ([illegible]) 壹壹貳、五〇〇
計 壹九七九、四九五、

二、支出部
1. 石面 및 外裝工事 (석재부재, 기와, 목재비 [illegible]) 二〇四〇、〇三〇
2. 石面 [illegible] (낙성에 경비 [illegible] 일반 시설 잡비) 三二五、四〇〇
3. 刻名 三九名 一人 五百원 一九五〇〇
4. 落札 (旧扁) 기증 工事 壹〇〇〇、〇〇〇
5. 하루 봉급 [illegible] 六〇〇〇
6. [illegible] 사진 [illegible] 五〇〇〇〇
7. 淸算 계주 [illegible] 회의시 [illegible] 貳〇〇〇〇

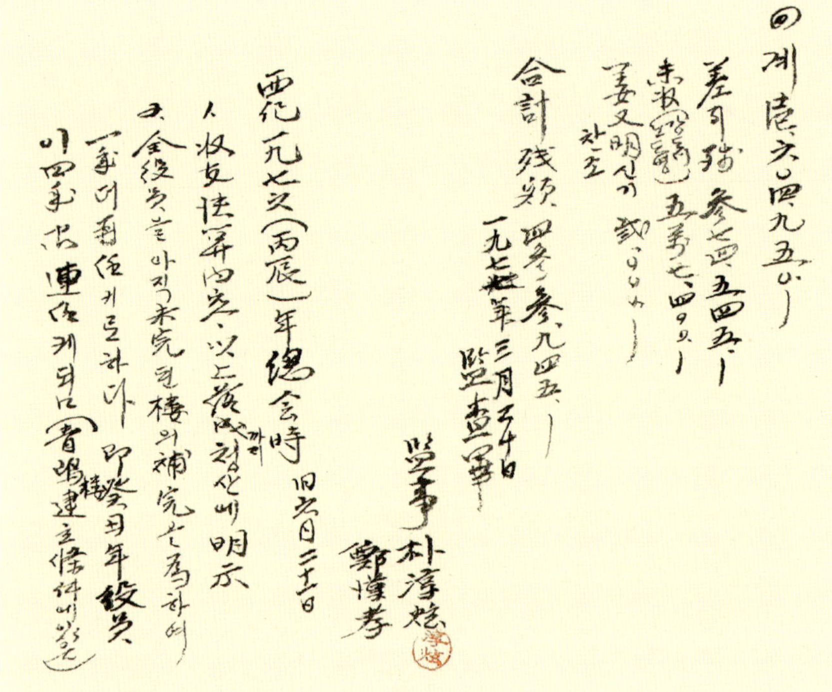
回 계 [illegible]六,四九五(원)
差引殘 參七四,五四五(원)
未收(정[illegible]) 五萬七,四九五(원)
姜文明 신기 貳,000(원)
차고
合計 殘額 四參,參九四五(원)
一九七七年 三月 二十日
監査畢
監事 朴淳煥 鄭憲孝

西紀 一九七六(丙辰)年 總会時 旧 六月 二十日
1. 收支決算内容, 以上 落成 청산때까지 明示
2. 全殘額을 아직 未完된 樓의 補完을 爲하여 一年더 委任키로 하다 即 癸丑年 殘額 이 四拾萬 借 連係케 되니 (青鳴樓 建立條件에 있음)

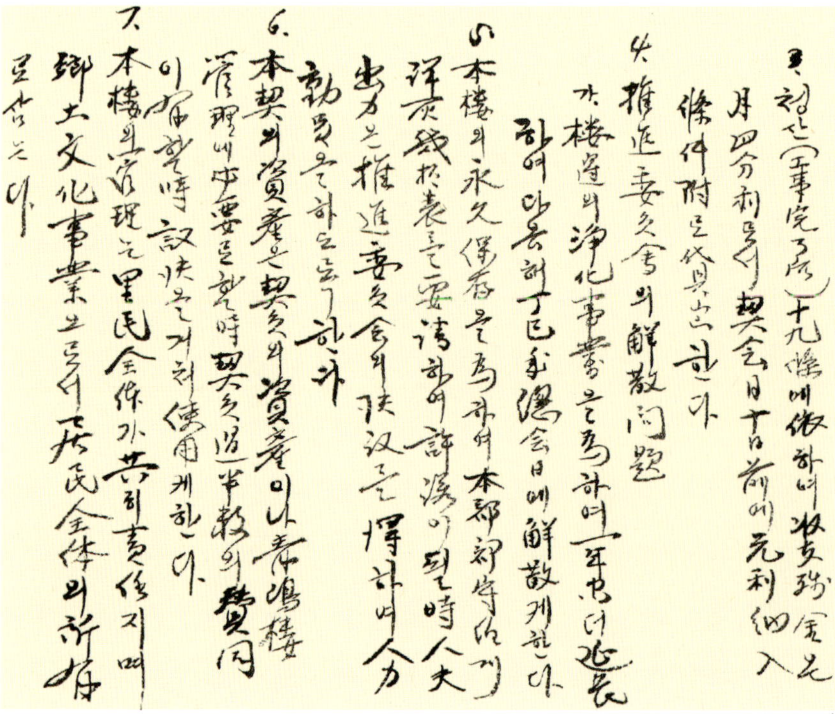
3. 청산(工事完了后) 十九條에 依하여 收支殘金은 月四分利로서 契会日 十日前에 元利 納入 條件附로 代貸出한다
4. 推進委員会의 解散問題
가. 樓閣의 淨化事業을 爲하여 一年만 더 延長하여 안을 許可되면 總会日에 解散케 한다
5. 本樓의 永久保存을 爲하여 本郡郡守에게 詳細 我報를 要請하여 許諾이 되는 時 人夫出力은 推進委員会에 決議를 得하여 人力動員을 하도록 한다
6. 本契의 資産은 契員의 資産이나 青鳴樓 管理에 必要로 할 時 契員過半數의 贊同이 有할 時 決議로써 使用케 한다
7. 本樓의 管理는 里民全体가 共히 責任지며 鄉土文化事業으로서 大民全体의 所有로 한다

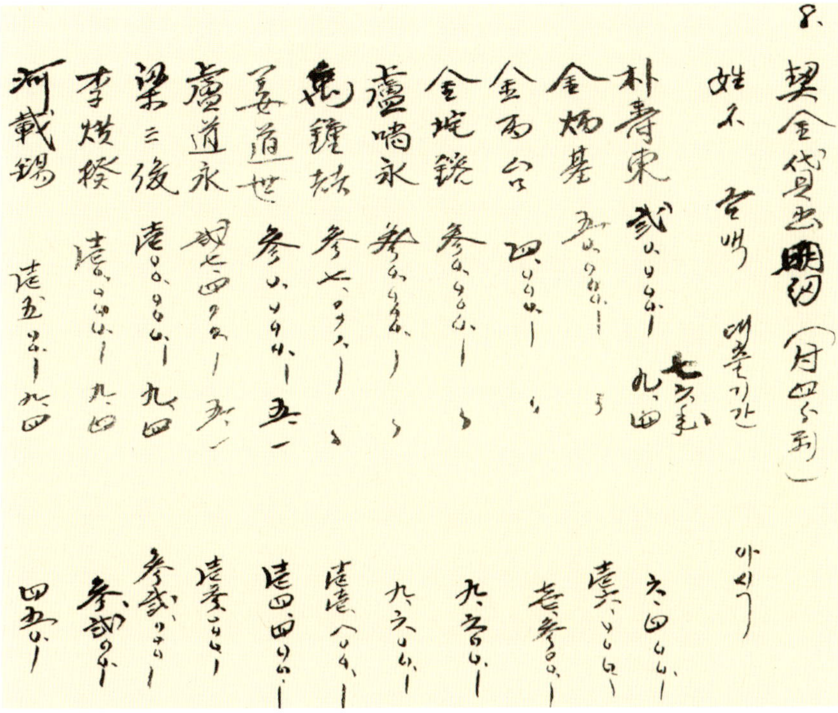
8、

契金貸出明細 (付四分利)

姓名 金額 利子기간 이자

朴壽東 弐 九、四

金炳基

金雨台 四

金埈鎬 參

盧喆永 參

魚鍾喆 參

姜道世 參 五一

盧道永

梁三俊 壹 九四

李炳燮 壹 九四

河載錫 壹五 九四

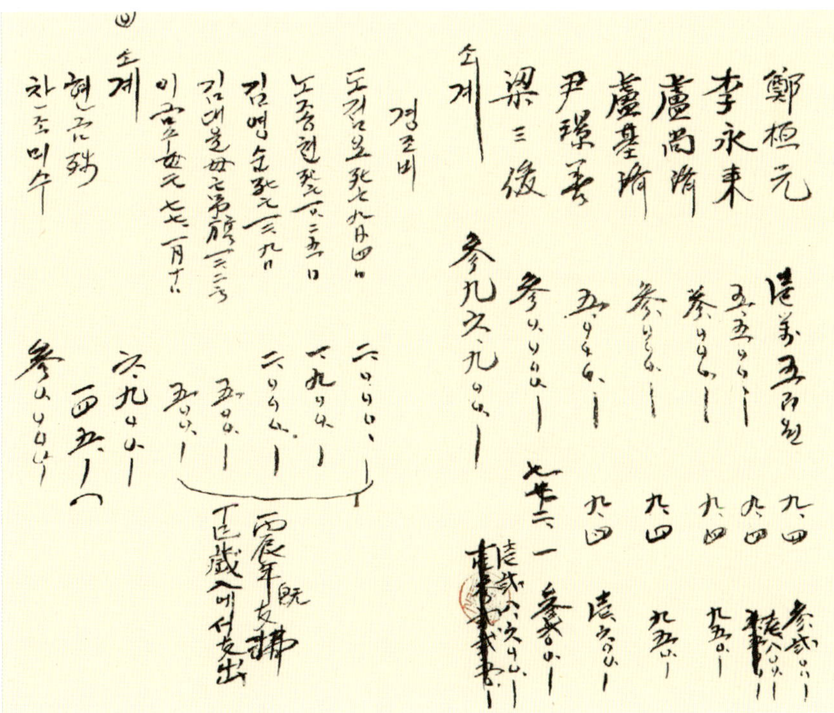
鄭植元 九、四

李永來 九四

盧尚鎬 九四

盧基琦 九四

尹璟善

梁三俊

소계 參九、九

경조비

도기안 모친

노중현 모친

김영순 모친

김대봉모친

이공주모친

丙辰年 旣支拂

丁巳歲에 付支出

소계

회근비

차-조미수 參

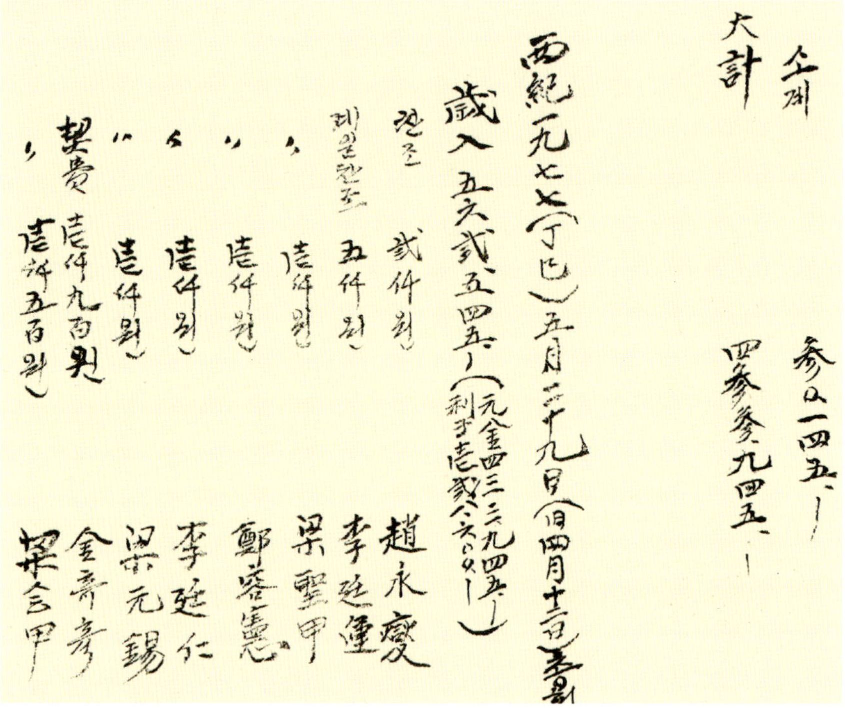

소계 參五一四五〇
大計 四參參九四五〇
西紀一九七七(丁巳)五月二十九日(陰四月十二日)[illegible]
歲入 五六貳五四五〇(元金四三三九四五〇 利子壹貳八六〇〇〇)
찬조 貳仟원 趙永燮
재일찬조 五仟원 李廷運
〃 壹仟원 梁聖甲
〃 壹仟원 鄭容憲
〃 壹仟원 李廷仁
〃 壹仟원 梁元錫
契費 壹仟九百원 金齊彦
〃 壹仟五百원 梁[illegible]甲

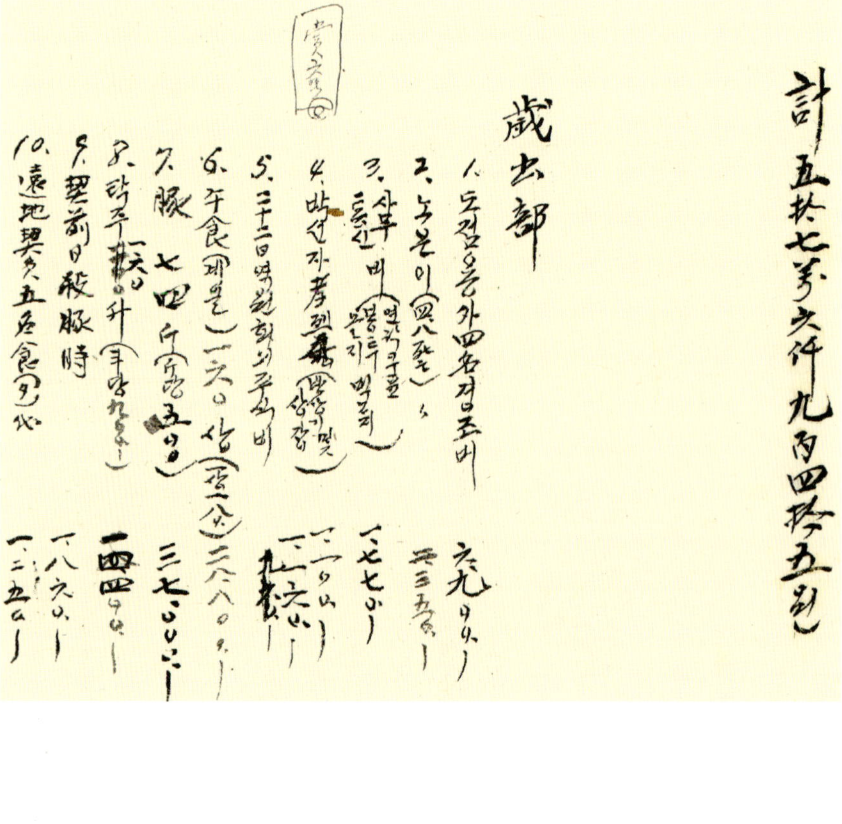

計 五拾七萬六仟九百四拾五원
歲出部
1. [illegible] 六九〇〇〇
2. [illegible] 二三五〇〇
3. [illegible] 一七七〇〇
4. [illegible] 一二〇〇〇
5. [illegible] 一一六〇〇〇
6. 午食 [illegible] 九[illegible]
7. 豚 七四斤 [illegible] 三七〇〇〇〇
8. [illegible] 一四四〇〇〇
9. 契前日殺豚時 一八六〇〇
10. 遠地契員 五名 食(夕)代 一二五〇〇

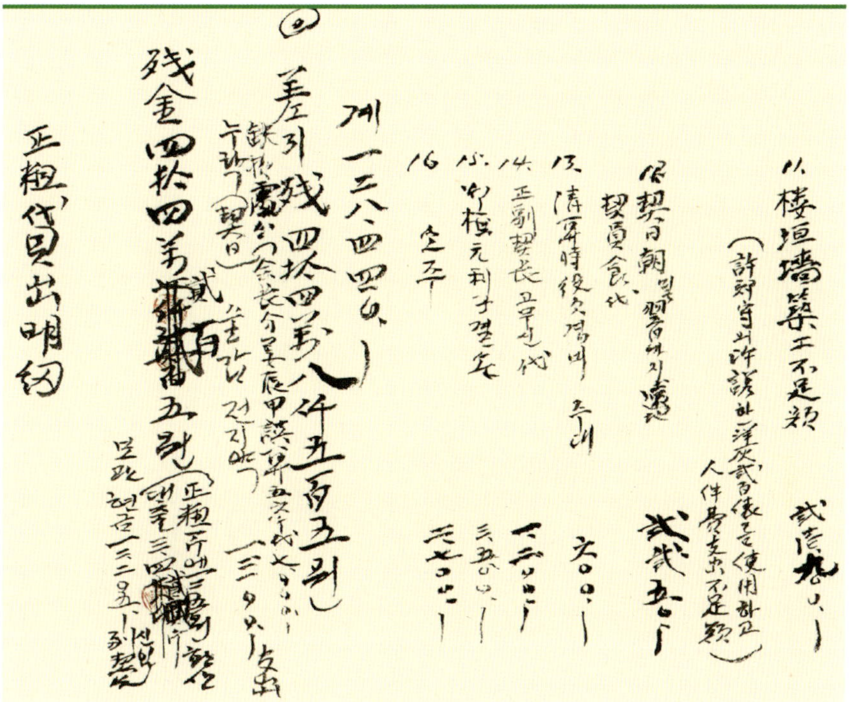

11. 樓垣墻築工不足額 貳萬九千八〇〇
(許可穿의許諾하고洋灰貳百俵를使用하고 人件費支出不足額)
12. 契日朝 밎 契員會議時에 지출 契員食代 二五〇〇
13. 清寧時役欠결비 주비 六〇〇〇
14. 正副契長 고무신代 一二四〇〇
15. 樓垣利子결손 三五〇〇〇
16. 술주 六七〇〇〇

계 一三八,四四〇

差引 殘 四拾四萬八仟五百五원
[illegible]
殘金 四拾四萬貳百五원 (正租斤에 [illegible])

正租代貝出明細

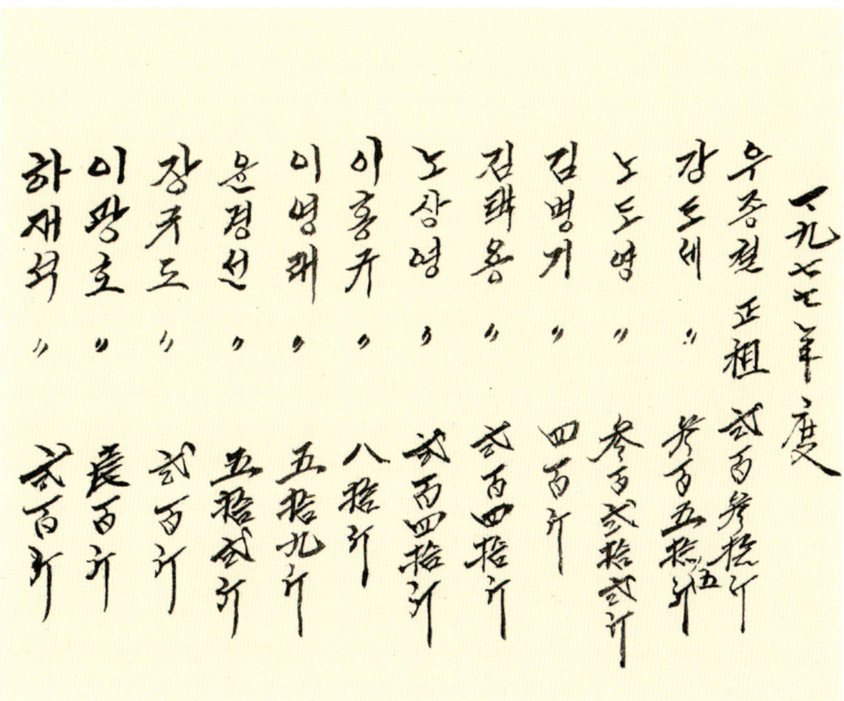

一九七七年度
우종철 正租 貳百參拾斤
강도세 〃 參百五拾伍斤
노도양 〃 參百參拾貳斤
김병기 〃 四百斤
김태용 〃 貳百四拾斤
노상영 〃 貳百四拾斤
이홍재 〃 八拾斤
이영재 〃 五拾九斤
윤경선 〃 五拾貳斤
장재도 〃 貳百斤
이광호 〃 壹百斤
하재원 〃 貳百斤

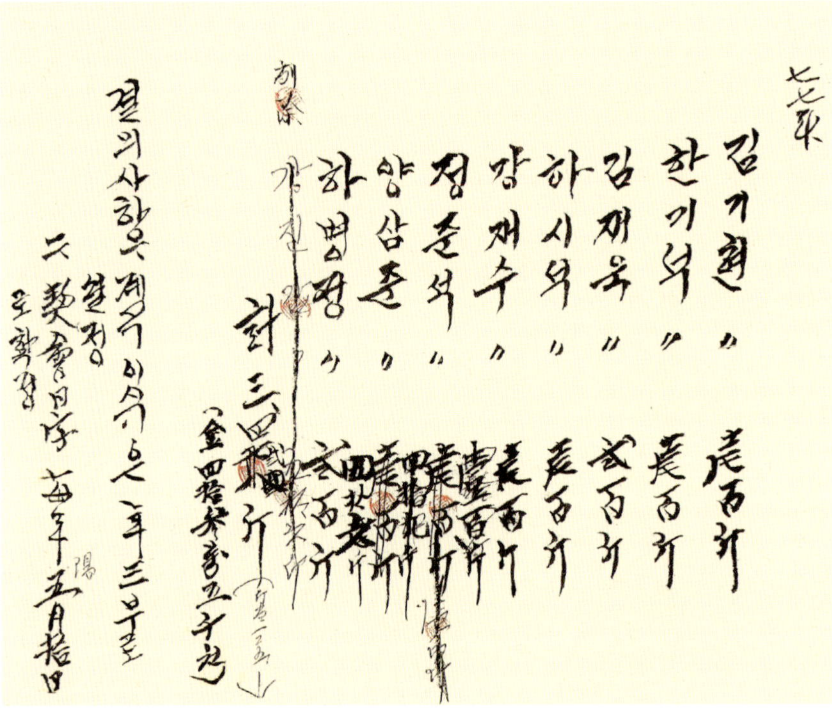

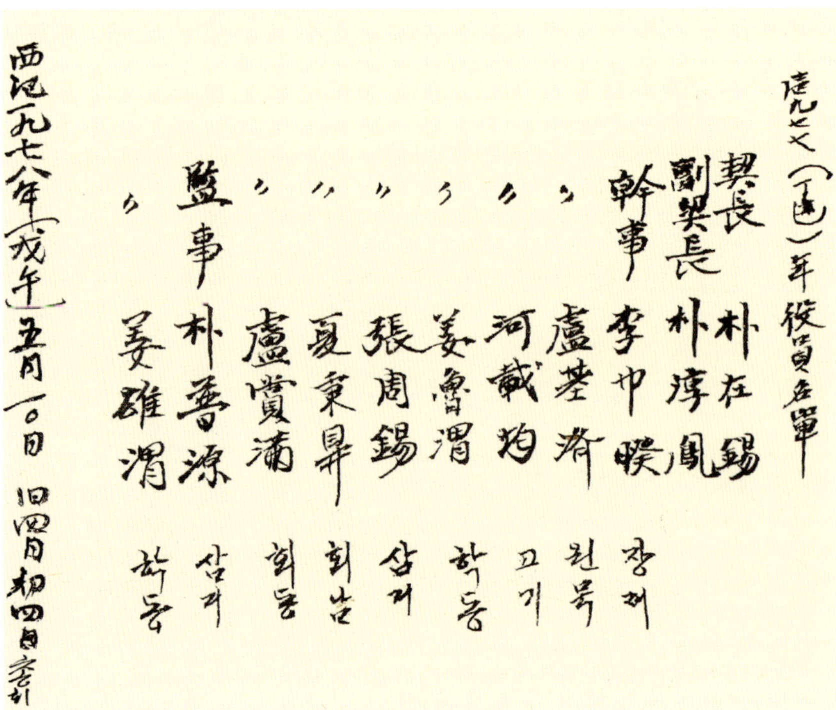

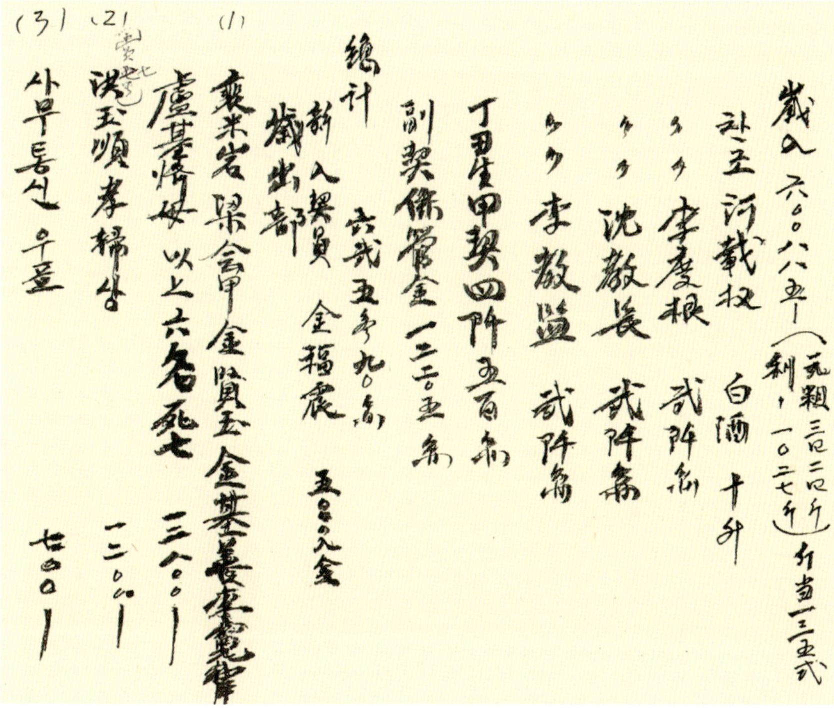

歲入 六〇八八五一（元組 三四二四斤 剩 一〇二七斤）斤當一三五式
차五 河載权 白酒 十升
〃〃 李度根 武斤糸
〃〃 沈敬長 武斤糸
〃〃 李敬益 武斤糸
丁丑生甲契四斤五百糸
副契保管金 一二三五糸
總計 六武五〃九〇糸
新入契員 金福震 五〇〇〇入金
歲出部
(1) 裵米岩 梁会甲 金賢玉 金基善 李東[illegible]
盧基[illegible]母 以上六名死亡 三八〇〇一
(2) 洪玉順 孝婦상 一二〇〇一
(3) 사무 통신 우표 七〇〇一

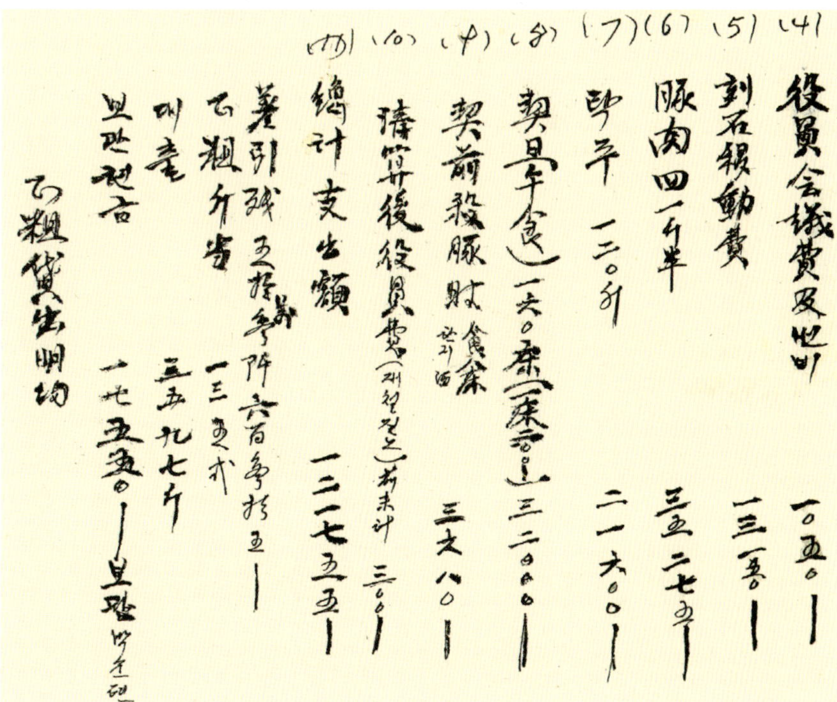

役員会議費 及 世비 一〇五〇一
(4) 刻石親勳費 一三〇〇一
(5) 豚肉 四一斤半 三五二七五一
(6) [illegible] 一二〇斤 二一六〇〇一
(7) 契日午食（[illegible]）一六〇糸（[illegible]）三二〇〇〇一
(8) 契前殺豚 財 食糸 三六八〇一
(9) 精算後役員費（[illegible]）若未計 三〇〇一
(10) 總計 支出額 一二一七五五一
(11) 差引殘 [illegible]
[illegible] 斤當 一三[illegible]
[illegible] 三五九七斤
[illegible] 一七五五〇〇一
[illegible]

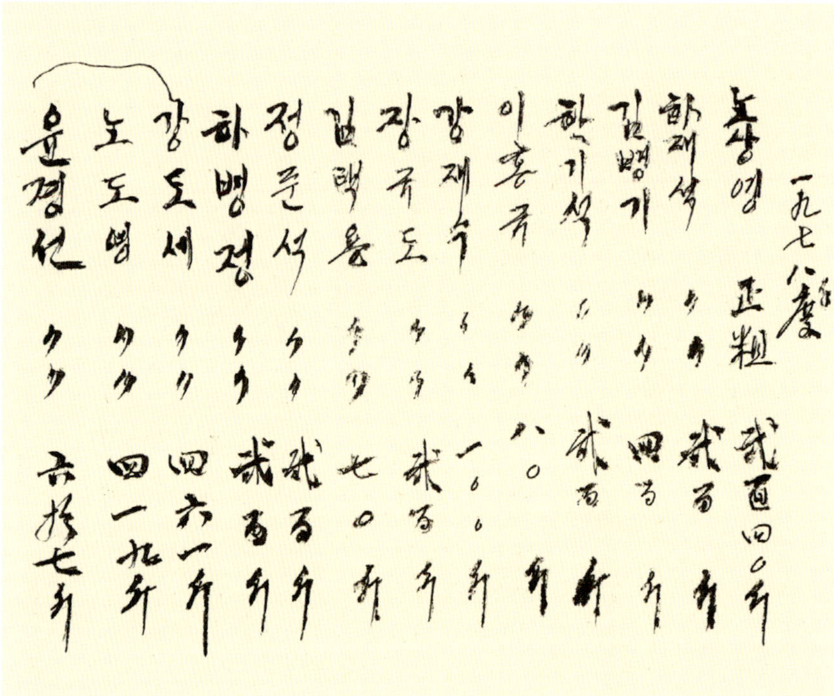
一九七八年度
노상영 正租 貳百四〇斤
한재석 〃〃 貳百斤
김병기 〃〃 四百斤
한기석 〃〃 貳百斤
이홍규 〃〃 八〇斤
강재수 〃〃 一〇〇斤
장규도 〃〃 貳百斤
김택용 〃〃 七〇斤
정문석 〃〃 貳百斤
하병정 〃〃 貳百斤
강도세 〃〃 四六一斤
노도병 〃〃 四一九斤
윤경선 〃〃 六拾七斤

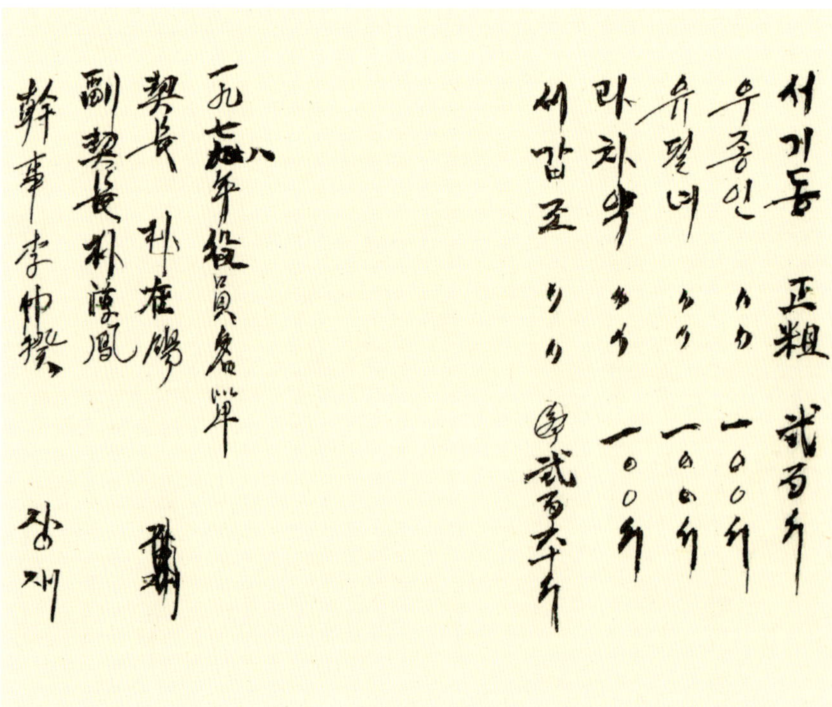
서기동 正租 貳百斤
우종인 〃〃 一〇〇斤
유필녀 〃〃 一〇〇斤
라차옥 〃〃 一〇〇斤
서갑조 〃〃 貳百六十斤

一九七八年 役員名單
契長 朴在勝
副契長 朴漢鳳
幹事 李仲燮 장재

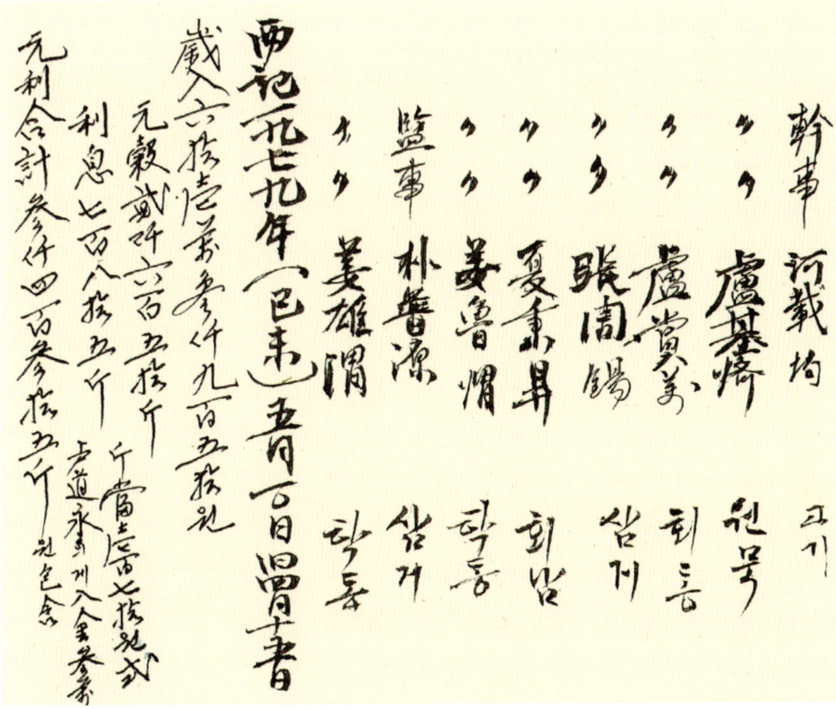
幹事 河載均 교기
〃 〃 盧基瑋 원풍
〃 〃 盧賞美 회음
〃 〃 張周錫 상주
〃 〃 夏秉昇 회남
〃 〃 姜魯帽 학동
監事 朴普源 상주
〃 〃 姜雄渭 학동
西紀一九七九年(己未)五月一日置書
歲入 六拾壹萬參仟九百五拾원
元穀 貳萬六百五拾斤 斤當壹百七拾원式
利息 七百八拾五斤 上道永에게 入金參萬
元利合計 參仟四百參拾五斤 원은金

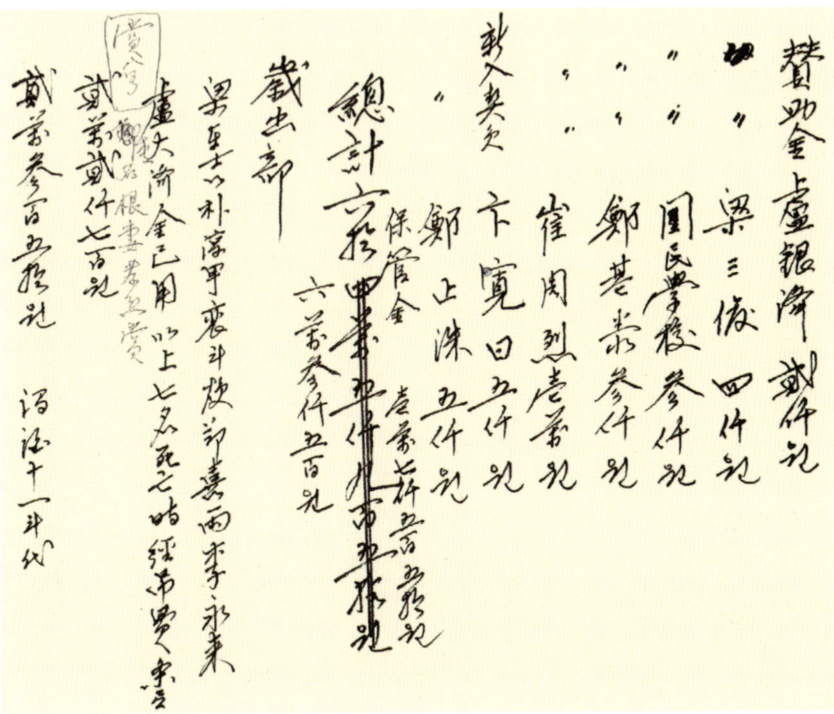
贊助金 上盧銀濟 貳仟원
〃 梁三俊 四仟원
〃 國民學校 參仟원
〃 鄭基崇 參仟원
〃 崔周烈 壹萬원
新入契員 下寛日 五仟원
〃 鄭上洙 五仟원
保管金 壹萬七仟五百五拾원
總計 六拾四萬五仟八百五拾원
六萬參仟五百원
歲出部
梁在士의 朴家甲喪事 及 楔部 … 李永來
盧大瑜 金已用 以上 七名 死亡時 經常費 …
貳萬貳仟七百원
貳萬參百五拾원 消酒 十一升代

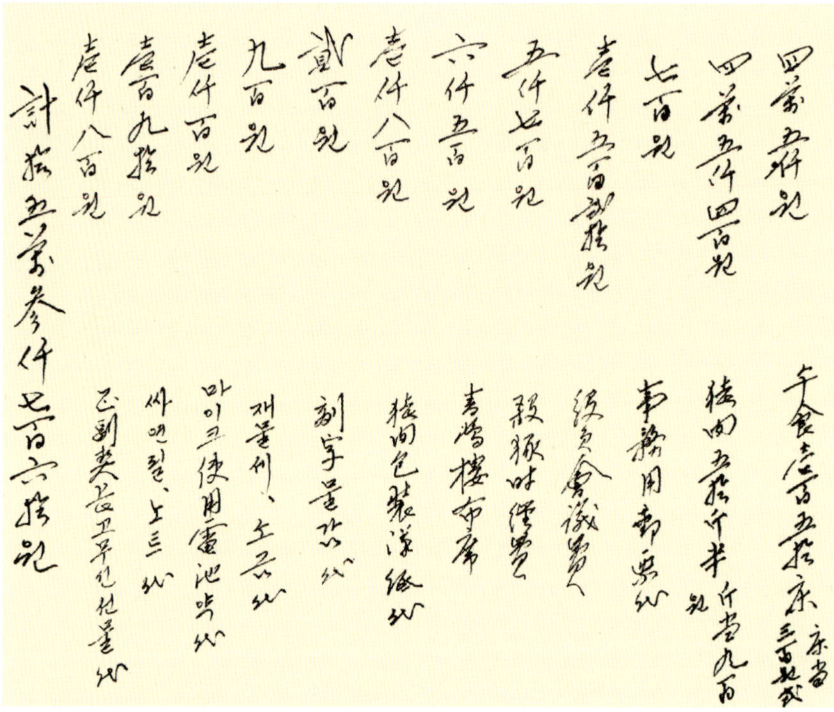

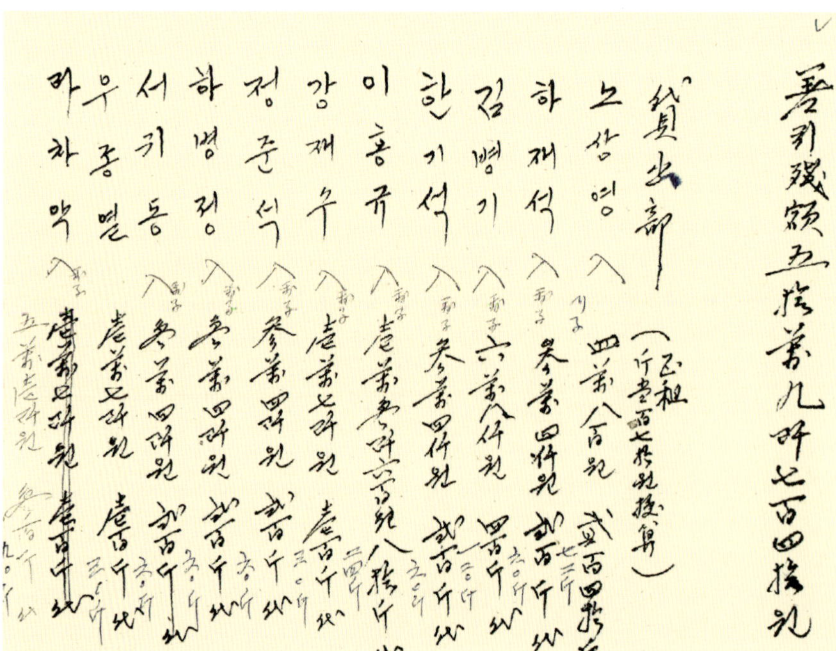
貸出部
노상영
하재석
김병기
한기석
이홍규
강재우
정준식
하병평
서귀동
우종렬
하차악

양산군 入 壹萬五千四百七拾円 九拾壹斤代

강진감 參萬四千円 貳百斤代

박수동 入 參萬四千円 貳百斤代 入

정재철 入 六萬八千円 四百斤代

計

中 拾九萬四千八百七拾円 貳千八百拾壹斤

五枚 貳萬八千八百七拾円 (三一一斤)

現金殘額 壹萬四千八百七拾円

遺失食券 參百円

差引殘額 壹萬四千五百七拾円 (新任副委長 姜湊熀 保管)

小實債權

강도세 拾萬參百円 五百九拾九斤代

노도명 六萬貳千五百六拾円 參百六拾八斤代

윤경선 壹萬四千五百九拾円 八拾七斤代

己未年役員名單

委員長 盧鍾律

副委員長 姜湊熀

幹事 盧漢永

〃 李述義

〃 李燦燮

〃 卞永旅

〃 李相炯

〃 盧世治

〃 裵在文

〃 金億連

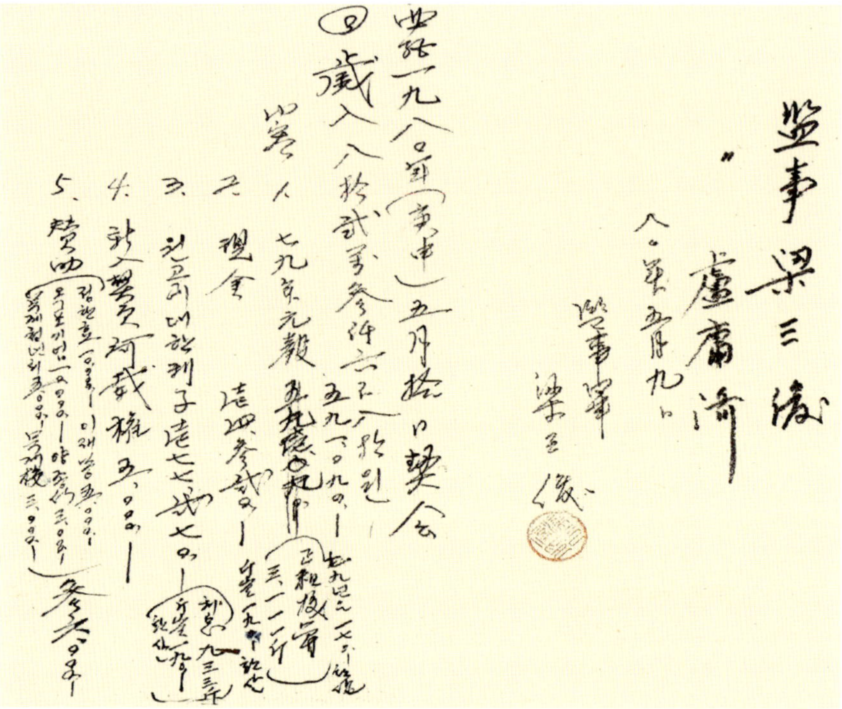

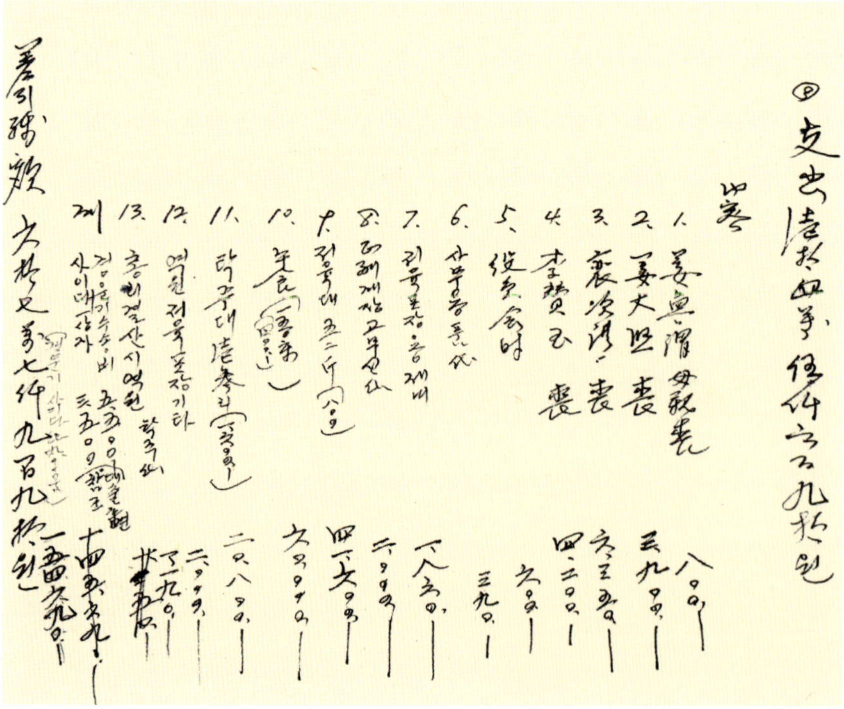

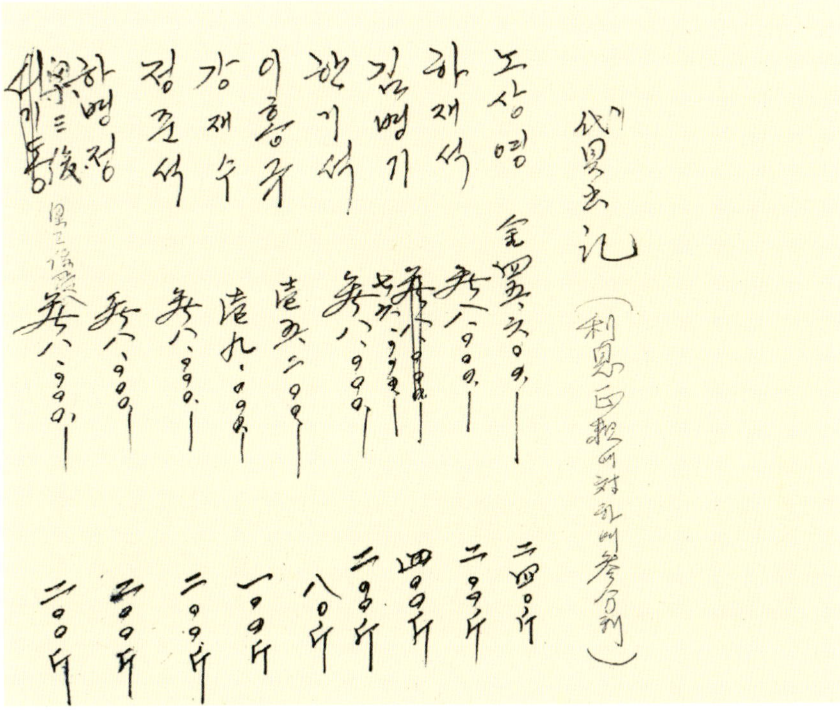

代貝支記 (利息은 石에 対하여 參分利)

노상영 金四五,六〇〇 — 二四〇斤
하재석 參八,〇〇〇 — 二〇〇斤
김병기 七六,〇〇〇 — 四〇〇斤
한기석 參八,〇〇〇 — 二〇〇斤
이홍주 壹五,二〇〇 — 八〇斤
강재수 壹九,〇〇〇 — 一〇〇斤
정호석 參八,〇〇〇 — 二〇〇斤
하병정 參八,〇〇〇 — 二〇〇斤
기홍 參八,〇〇〇 — 二〇〇斤

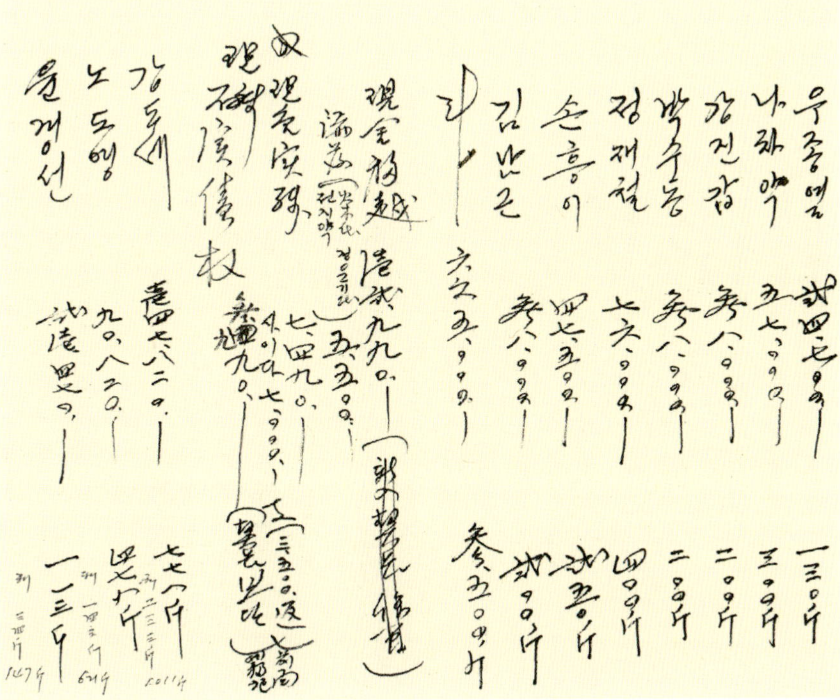

우종열 貳四七〇〇 — 一三〇斤
나재약 五七,〇〇〇 — 三〇〇斤
강진갑 參八,〇〇〇 — 二〇〇斤
박주봉 參八,〇〇〇 — 二〇〇斤
정재철 七六,〇〇〇 — 四〇〇斤
손홍이 四七,五〇〇 — 貳五〇斤
김만곤 參八,〇〇〇 — 貳〇〇斤
計 六六五,〇〇〇 — 參五〇〇斤
現金移越 壹貳九九〇 —
現貨賣 七四九〇 —
計 壹四七八二〇 — 七七〇斤
노도영 九〇八二〇 — 四七〇斤
윤재선 貳壹四七〇 — 一一三斤

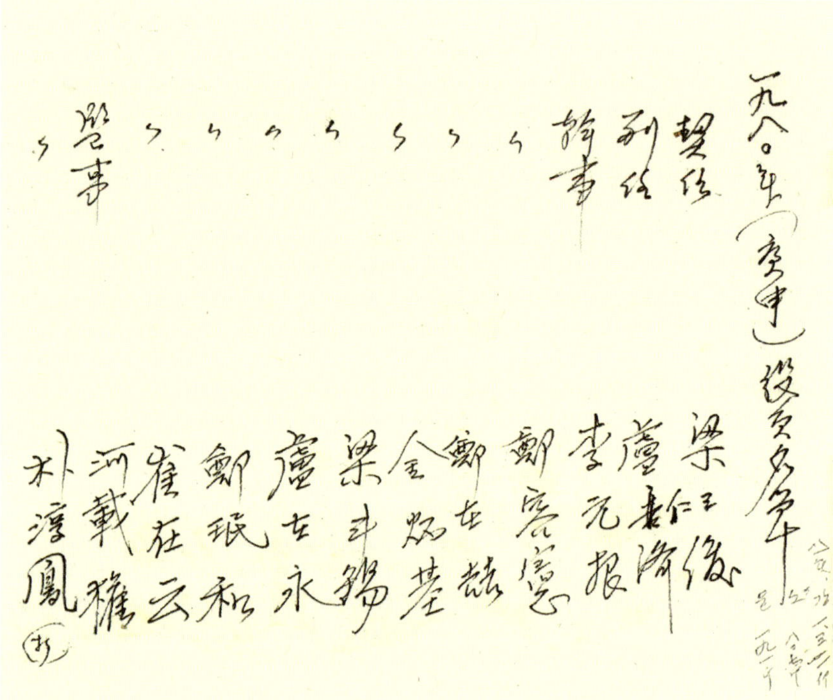

一九八〇年(庚申)役員名單

契長 梁[illegible]俊
副長 盧[illegible]
幹事 李元根
〃 鄭[illegible]
〃 鄭在[illegible]
〃 金炳基
〃 梁斗錫
〃 盧在永
〃 鄭琨和
〃 崔在云
監事 河載權
〃 朴淳鳳 (朴)

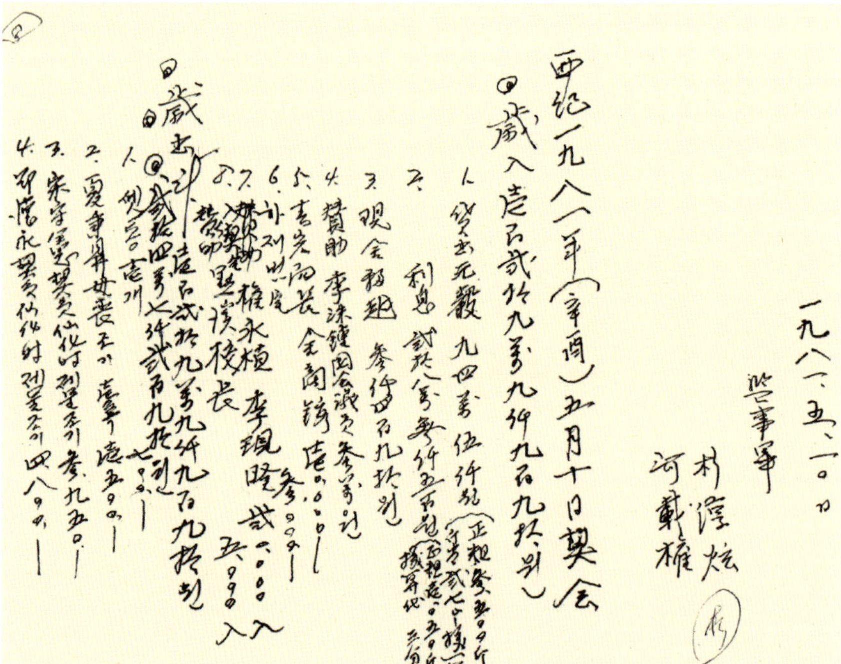

西紀一九八一年(辛酉)五月十日契会

◎歲入 壹百貳拾九萬九仟九百九拾원

1. [illegible]元穀 九四萬伍仟원
2. 利息 貳拾八萬參仟五百원
3. 現金[illegible] 參仟四百九拾원
4. 賛助 李洙鍾 [illegible] 參萬원
5. 書堂[illegible] 金[illegible] 壹0,000
6. [illegible] 參0,000
7. [illegible] 權永植 李現[illegible] 貳0,000 入
8. [illegible] 校長 五,000 入

◎歲出 壹百貳拾九萬九仟九百九拾원

◎[illegible] 四萬七仟貳百九拾원

1. [illegible] 七0,000
2. [illegible] 壹五,000
3. [illegible] 參九,五00
4. [illegible] 四八,000

一九八一.五.一〇
監事 朴淳炫 (朴)
河載權

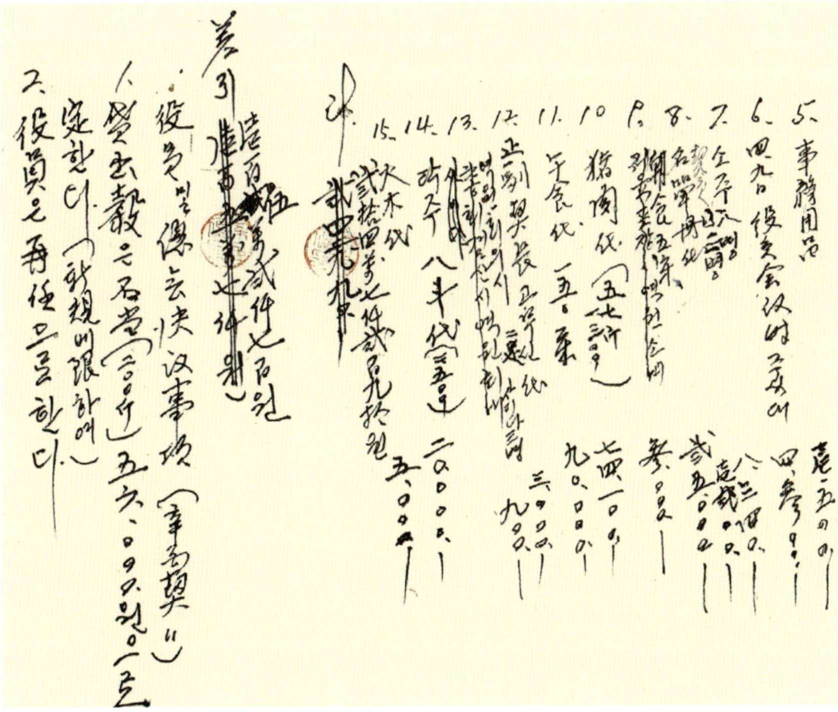

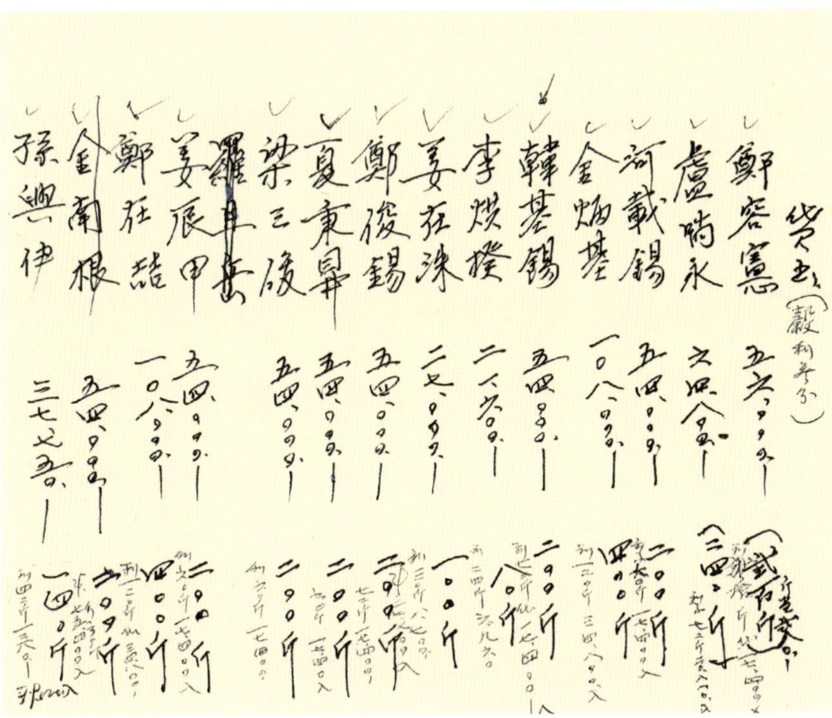

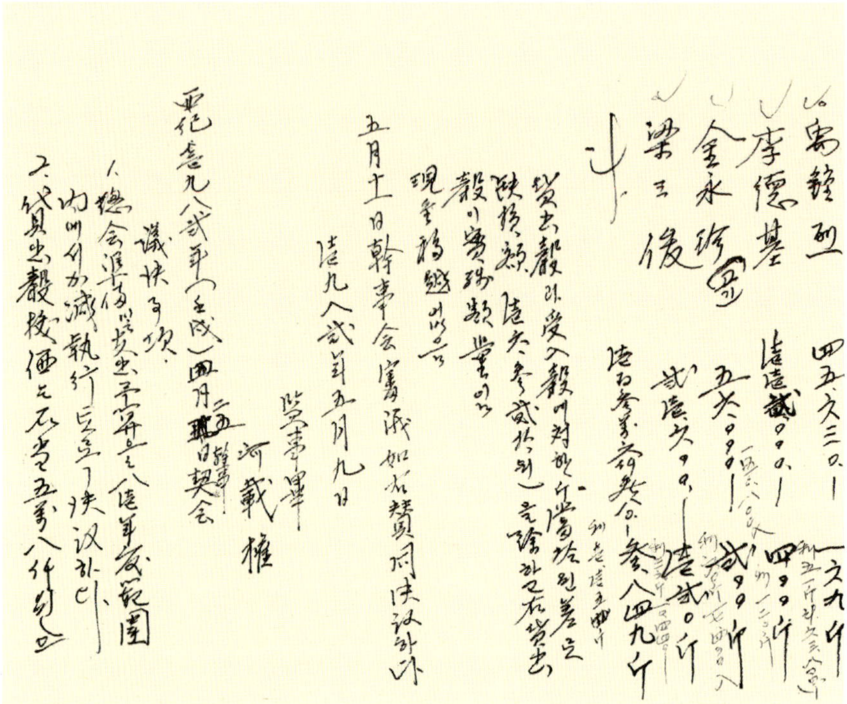

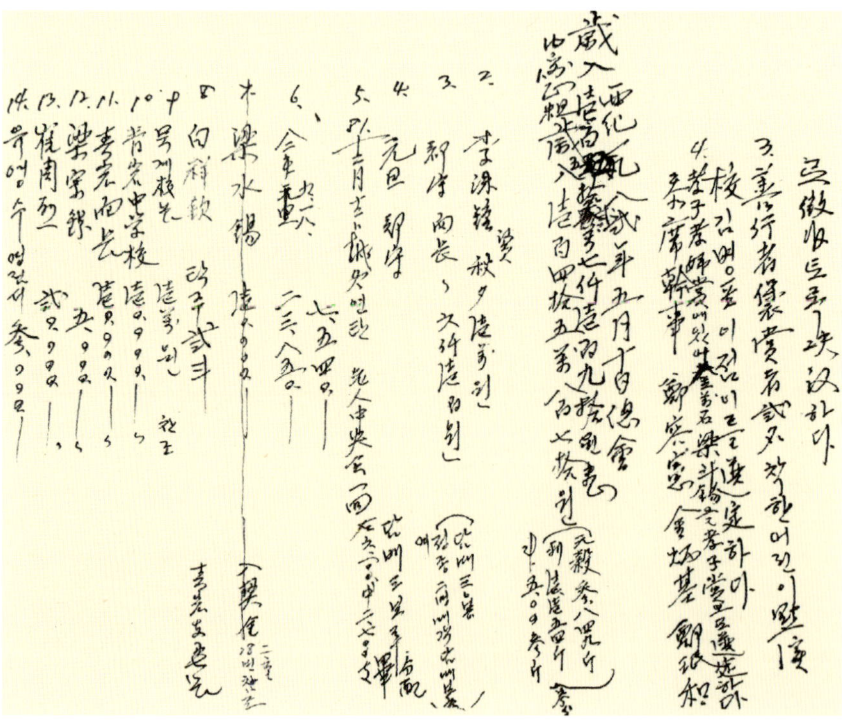

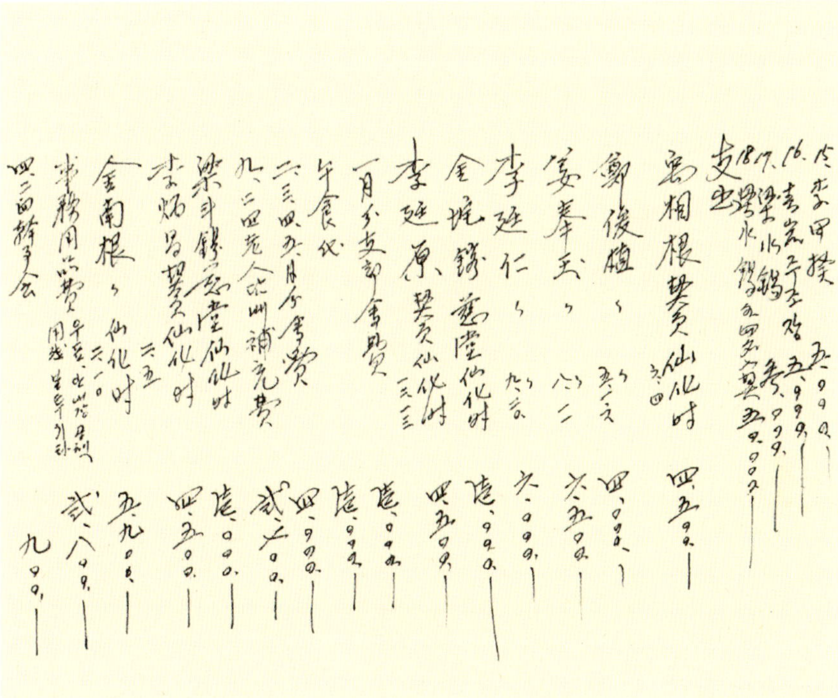

15. 李甲揆 五,000 —
16. 李[illegible] 五,000 —
17. 梁水鎬 参,000 —
18. 梁水鎬 [illegible] 五,000 —
支出
高相根契員仙化時 四,五00 —
鄭俊植 〃 四,000 —
姜奉玉 〃 六,五00 —
李廷仁 〃 六,000 —
金琉鎬 慈堂仙化時 壹,000 —
李廷源 契員仙化時 四,五00 —
一月分支部会費 壹,000 —
午食代 壹,000 —
二三四五六月分会費 四,000 —
九、二四 [illegible]補充費 弐,六00 —
梁斗鎬 慈堂仙化時 壹,000 —
李炳昌 契員仙化時 四,五00 —
金南根 〃 仙化時 五,九00 —
事務用品費 弐,八00 —
四二四 [illegible] 九00 —

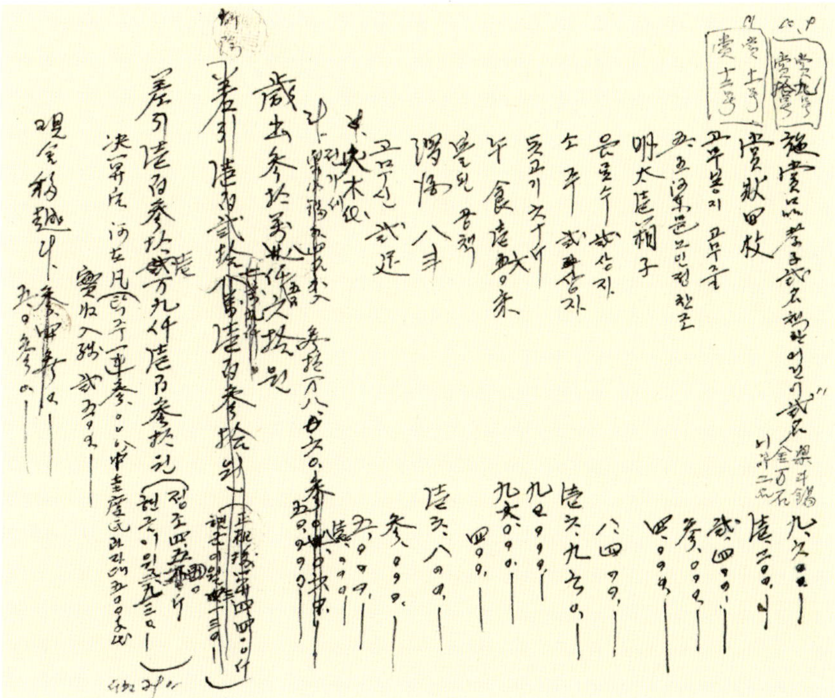

繰越 [illegible] 九,六00 —
賞状 [illegible] 壹,二00 —
[illegible] 弐,四00 —
明太 壹箱子 参,000 —
[illegible] 四,000 —
[illegible] 八四00 —
[illegible] 壹,六九六0 —
[illegible] 九,000 —
午食 [illegible] 四00 —
[illegible] 壹,六八00 —
[illegible] 参,000 —
酒 八斗 [illegible]
大木代 [illegible] 五,000 —
歳出参拾万八伍百拾[illegible]
差引 壹百弐拾[illegible]
差引 壹百参拾万九仟[illegible]
決算後 [illegible]
現金移越 [illegible] 五0,000 —

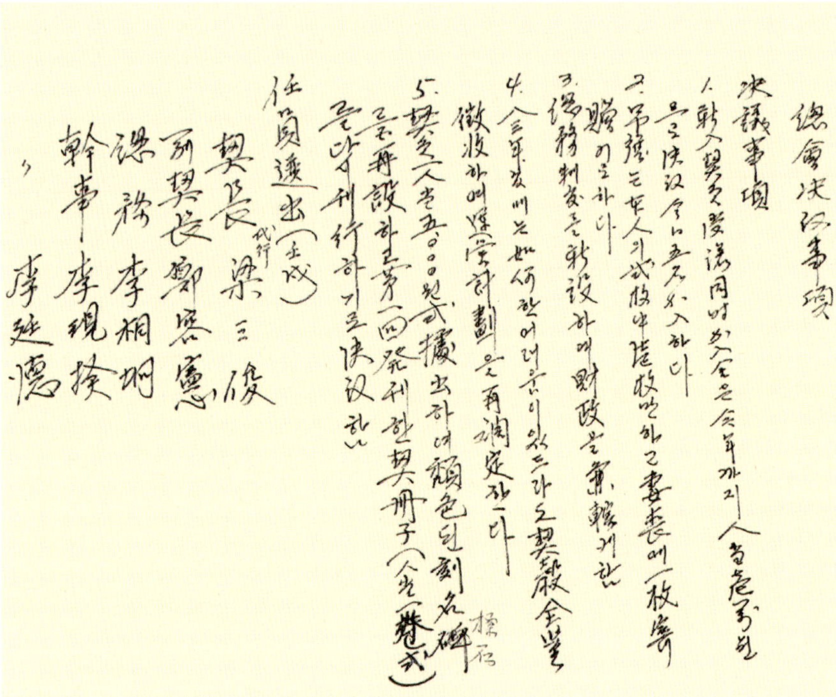

總會決議事項

決議事項

1. 新入契員 慶議內에 入金은 今年까지 一人當 [illegible]으로 決議하고 五名을 加入하다
2. 弔儀는 本人의 式板中 花板만 하고 妻喪에 一枚 贈하기로 하다
3. 總務判斷은 新設하여 財政을 兼轄케 함
4. 今年度에는 如何한 어려움이 있드라도 契穀金을 徵收하여 學堂計劃을 再調定한다
5. 契員 一人當 五000원式 據出하여 頹色된 刻名碑(標石)를 再設하고 第一回 發刊한 契冊子(一人當 一卷式)를 다시 刊行하기로 決議함

任員選出(壬戌)

契長 代行 梁三俊

副契長 鄭容憲

總務 李桐炯

幹事 李現揆

〃 李延憓

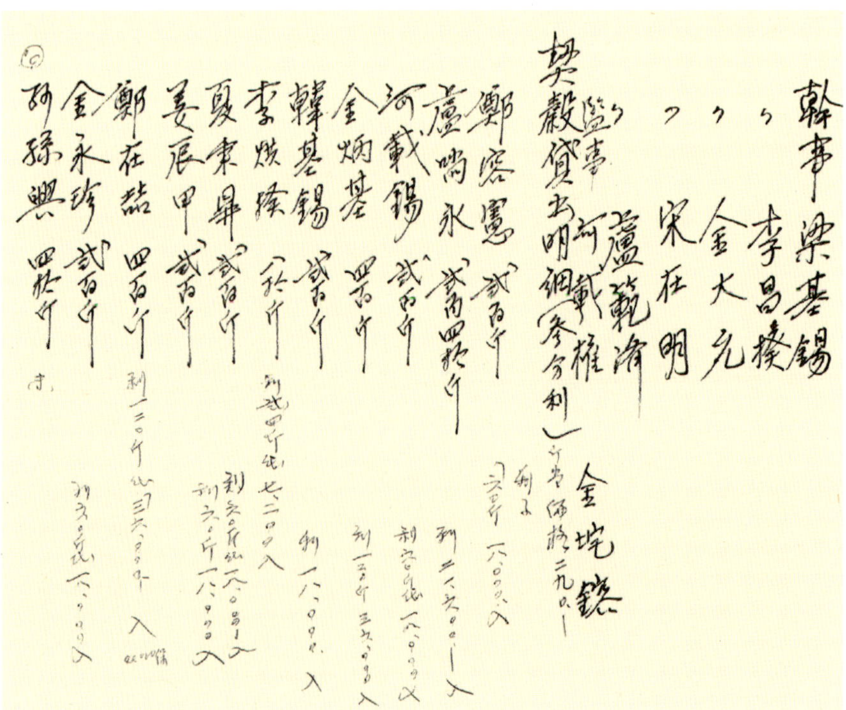

幹事 梁基錫

〃 李昌揆

〃 金大允

〃 宋在明

監事 盧範濬

〃 河載植

契穀貸出明細(參分利)

金塤鎔 [illegible]

鄭容憲 貳百斤 利 六0斤 一八,000入

盧尙永 貳百四拾斤 利 二八,八00 入

河載錫 貳百斤 利 六0斤 代 一八,000 入

金炳基 四百斤 利 一二0斤 三六,000 入

韓基錫 貳百斤 利 一八,000 入

李熈揆 (八拾斤) 利 貳四斤 代 七,二00 入

夏東昇 貳百斤 利 六0斤 代 一八,000 入

姜辰甲 貳百斤 利 六0斤 一八,000 入

鄭在喆 四百斤 利 一二0斤 代 三六,000 入

金永珍 貳百斤 利 六0斤 代 一八,000 入

柳孫興 四拾斤

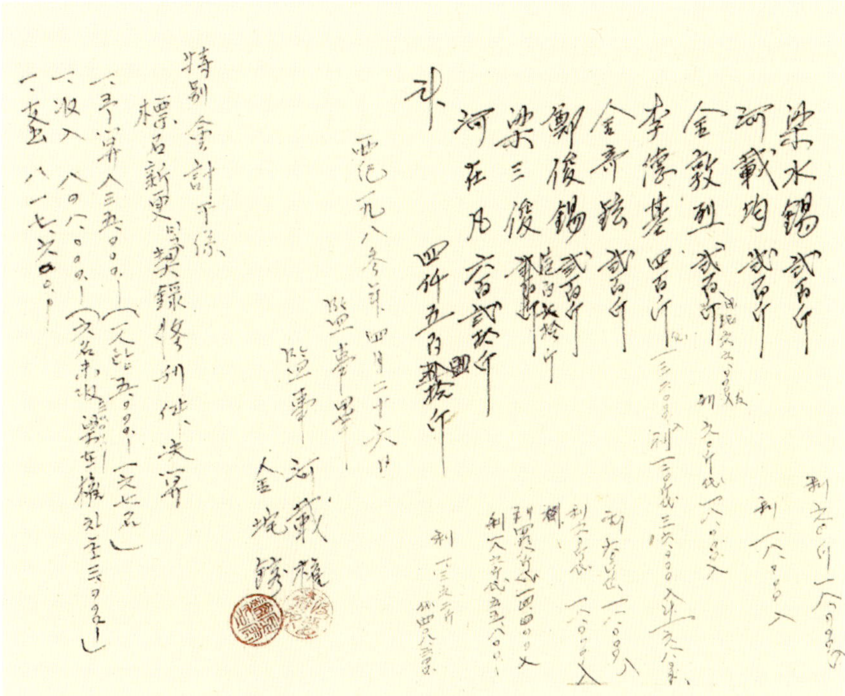
梁水錫 貳百斤
河載均 貳百斤
金敎烈 貳百斤
李像基 四百斤
金齊絃 貳百斤
鄭俊錫 貳百斤
梁三俊
河在乃
計 四仟五百
西紀一九八三年 四月二十六日
監事
特別會計干係

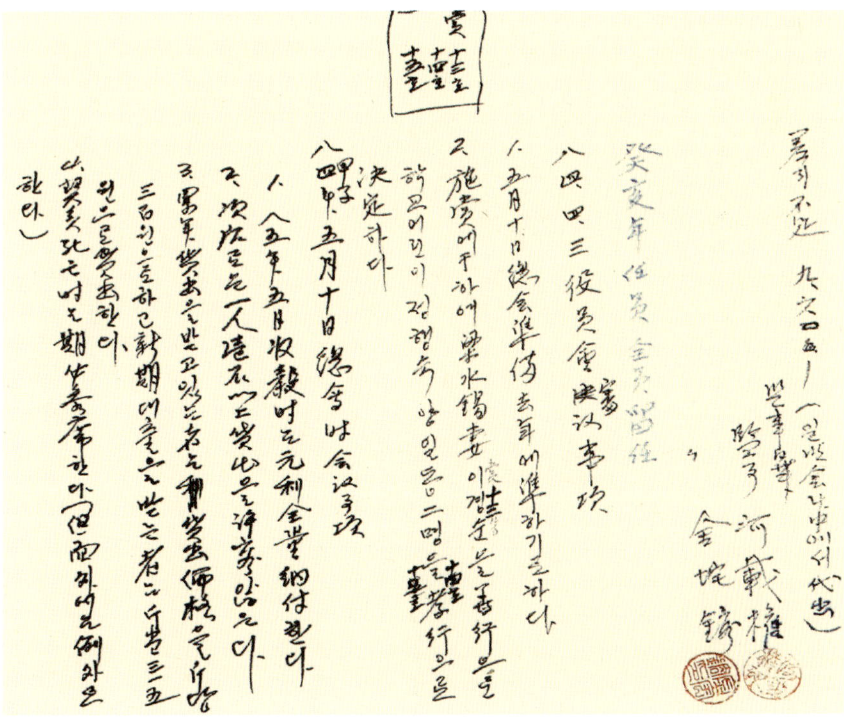
差引不足
癸亥年 任員 全員 留任
決定하다

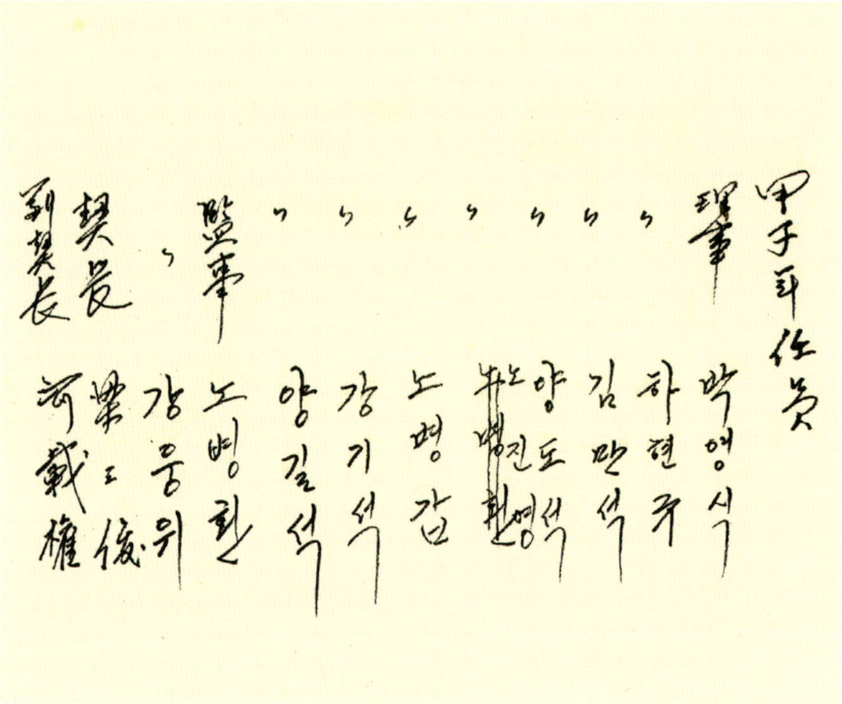

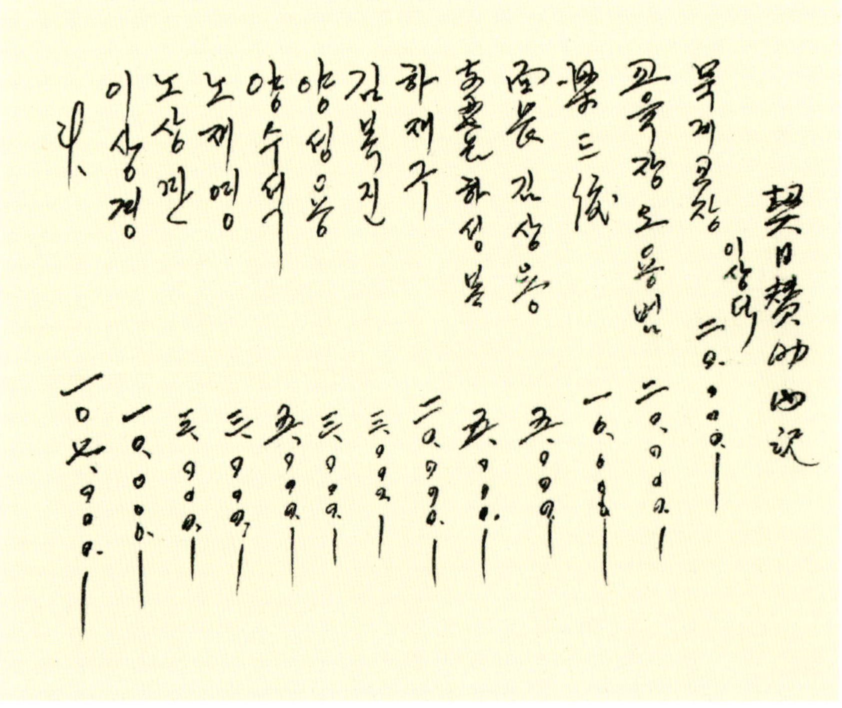

〈참고 문헌〉

- 학로계, 《학로계칙 · 명부》(필사본)
- 학로계, 《묵계리 학로계록-신축년판》, 1961
- 학로계, 《묵계리 학로계록-임술년판》, 1982
- 학로계, 《묵계리 증보 학로계록-기묘년판》, 1999
- 네이버 국어사전

《묵계동천과 학로계》 편찬위원회 명단

순	주요 업무	성 명	비 고
1	위원장 · 기획 · 자료 수집 · 편찬자문	김 삼 주	학로계 계장 하동문화원 하동학연구소 고문
2	부위원장 · 편찬자문	하 인 선	이사
3	위원 · 편찬자문	박 용 원	감사
4	위원 · 편찬자문	김 만 석	감사
5	위원 · 편찬자문	양 호 영	이사
6	위원 · 편찬자문	노 병 모	이사
7	위원 · 편찬자문	강 점 석	이사
8	위원 · 편찬자문	강 춘 근	이사
9	위원 · 편찬자문	김 옥 식	이사
10	사무국장 · 기획 · 자료 수집 · 편찬자문	양 점 동	총무
11	편저자 · 편집자 · 사진 촬영 및 사진 편집	오 세 현	계원
12	윤독 · 사진 촬영 · 편찬자문	양 영 욱	계원

〈편집 후기〉

청학동 사총사의 열정으로 이룬 작은 결실

불일폭포를 방문한 청학동 사총사(사진에는 '양점동' 총무가 빠졌다)

자료 수집과 컴퓨터 자판과 씨름한 지 5년이 넘었다. 200자 원고지로 약 6,000장, 글자 수로 약 100만 자(字)에 사용한 한자가 32,000자를 넘었고, 1,000여 장의 사진에 본문만 1,000페이지가 넘는다. 대부분의 한자에 토[루비]를 달았고, 아마 찍은 사진도 수 천장에 버린 원고도 이에 못지않을 것이다. 그런데도 여전히 막바지 교정으로 씨름 중이다. 이제 을사년 새봄과 함께 그동안 '청학동 사총사의 열정으로 뿌린 작은 씨앗이 꽃을 피우려 하고 있다. 참 긴 레이스였다.

지리산 영신대에서부터 범상치 않게 뻗은 '남부능선'이 삼신봉에 이르러 뿌리를 내리고 낙남정맥(좌청룡)과 삼신지맥(우백호)으로 가지를 치며 둥글게 제비집 같은 둥지를 튼 길지가 바로 우리 묵계동이다. 이렇게 높은 산맥으로 둘러싸인 묵계동은 오랜 세월 지리산 아흔아홉골 가운데서 외지인의 발길을 쉽게 허용하지 않는 금단(禁斷)의

땅이었다. 그러니 문헌상 남은 기록 또한 찾기 어려웠다. 그래서 무엇으로 엮어갈지 엄두가 나지 않았다. 이에 후배 휴암(休岩) 양영욱은 "인간의 세계에는 역사의 기록을 남기지만, 신선의 세계에는 원래 기록이 없는 것이 아니겠습니까?"라며 위로해 준다. 그러나 항상 선배인 고산 김삼주 학로계 회장님과 사무국장 후배 양점동이 가까이 있었고, 작년 봄부터 휴암까지 응원군으로 합세해 큰 힘이 되었다.

주변의 도움도 많이 받았다. 경상국립대 한문학과, 남명학연구원, 동방한학연구원을 비롯하여 진주향교, 단성향교 등 서부 경남의 유림사회는 한문학의 보고(寶庫)이다. 무엇보다 동방한학연구원의 실재서당(實齋書堂), 경상국립대 남명학연구소, 진주향교 충효교육원, 경남유도대학 등에서 허권수, 이상필, 최석기 교수님은 든든한 버팀목이 되어 주셨다. 진심으로 감사드린다. 또한 IT 강국답게 한국고전번역원, 서울대 규장각, 경상국립대 고문헌도서관, 한국학중앙연구원, 국사편찬위원회, 전국문화원, 국립중앙도서관 등 방대한 정보를 언제든지 검색할 수 있으니 이 얼마나 다행인가?

무엇보다 묵계동의 신비스러운 자태를 순간 포착한 감동적인 사진을 아낌없이 제공해 준 청파(青波) 강태진 하동문화원장님께 감사드린다. 이 작품만큼 지리산에서 묵계 청학동의 위상을 웅변(雄辯)해 주는 자료는 없다. 특히 어려운 가운데서도 선뜻 나서준 '도서출판 실천'의 이어산 사장님과 제자(題字)를 디자인해준 '아트앤서령' 이진욱 대표님께도 감사드린다. 더 나아가 사공예원 편집디자인 팀장님 덕분에 새로운 날개옷이 완성도를 높여가고 있다. 여기에는 후배인 이종수 이병주문학관 관장님의 역할도 컸다. 진심으로 감사드린다.

끝으로 항상 응원해준 편찬위원회 위원 여러분들과 한문(漢文)을 깨알같이 감수해 준 권난희 박사님, 자신의 석사학위 논문을 제공해 준 청학동 풍교헌 강동의 훈장님과 청학동 관련 연구자들, 묵계초 11회 양동석, 이상길, 조병래를 비롯한 여러 친구와 12회 강대근, 14회 노병곤, 김명곤 후배, 묵계사와 삼성궁, 청학서당 관계자를 비롯한 여러 선후배 묵계 향우님들의 적극적인 응원과 협조는 큰 힘이 되었다. 이 자리를 빌려 모든 분께 고개 숙여 감사드린다.

乙巳 早春 明原齋에서 吳世現 謹書

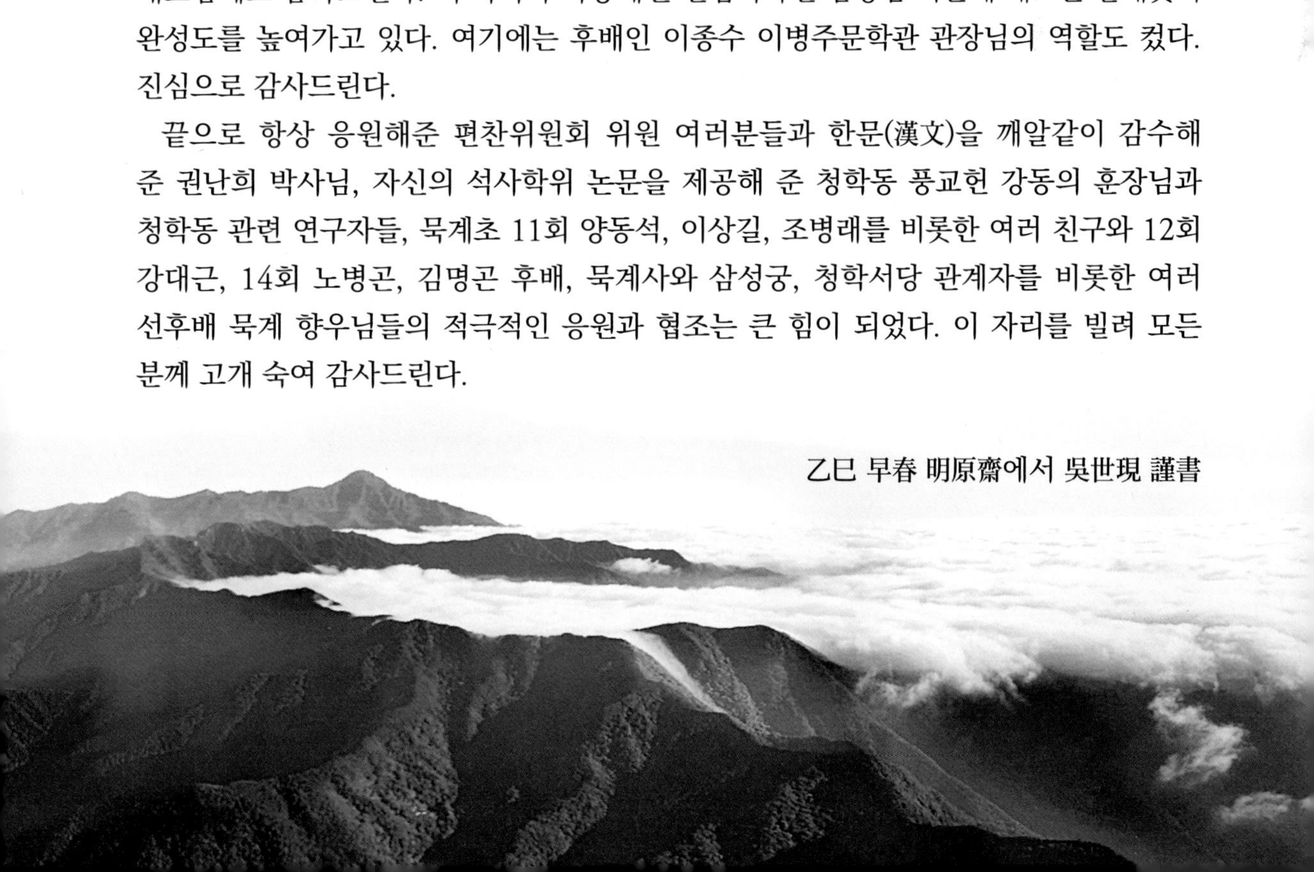

〈편저자 소개〉

오세현 (吳世現, 乙未生, 1955~),

- 1955. 5. 20 지리산 빨치산의 준동으로 피란 생활 중에 청암면 평촌리에서 태어남
- 1956 봄, 첫돌을 지낸 후 묵계리로 귀환, 이후 '삼거리'에서 자람
- 1962. 3.~1968. 2 묵계초등학교 졸업(제11회)
- 1968. 3.~1971. 2 하동종합고등학교 병설중학교(현재 하동중앙중학교) 졸업(제8회)
- 1971. 3.~1974. 2 하동종합고등학교 인문과 졸업(제22회)
- 1974. 3.~1978. 2 경상대학 사범대 물리교육과 졸업(이학사)
- 1975. 3.~1978. 2 〈5.16 장학재단 장학생〉(1학년 2학기에 선발 당시, 신입생 중 1명 선발)
- 1990. 3.~1993. 8 경상대학 대학원 물리학과(입자물리학 전공) 수료(이학석사)
- 2003. 4.~2007. 3 일본 동북대(東北大)대학원 교육학연구과 박사과정 수료(교육학박사)

- 1978. 3 합천군 쌍책중학교 교사(초임발령), *1학기 근무 후 입대, 제11사단 화학지원대, 육군 병장 제대
- 1980. 11 함양군 마천중학교 교사(군 제대 후 복직)
- 1982. 3 함양종합고등학교 교사
- 1984. 3 금남고등학교 교사
- 1985. 3 하동종합고등학교 교사
- 1989. 3 진주기계공업고등학교 교사
- 1991. 3 경남과학고등학교 교사
- 1994. 10 과학 교사 해외 현장 연수(영국 런던대학 킹스 칼리지)
- 1996. 9 경남교육청 제1기 특별연구교사 선정(3년간), 경남과학교육원 겸임 교사 발령
- 1998. 1 경남교육청 중등교육전문직(장학사 · 교육연구사) 승진 임용시험 합격

- 1998. 3 경남과학교육원 교육연구사(교감급) 승진
- 2000. 12 교육부 공무원 국외 교육 훈련(유학) 파견 선발 시험 합격
- 2001. 10 해외파견(1차), 일본 동북대학 대학원 연구생 유학(2년)

本貫: 海州, 父: 泰煥, 母: 경주김씨 '홍골띠기(댁)', 형: 世和(묵계초 7회)

- 2003. 4 일본 동북대학 대학원 교육학연구과 박사 후기 과정 입학(03. 10. 유학 기간 만료로 일시 귀국)
- 2003. 11 교육부 해외 파견공무원(한국교육원장) 선발 시험 합격
- 2003. 12 국가정보대학원 외교관 교육과정 수료(제184기)
- 2004. 2 해외파견(2차), 일본 니이가타(新潟) 한국교육원장(교육부 재외동포 교육기관장)(4년)
- 2007. 3 일본 동북대학 대학원 교육학연구과 박사 후기 과정 수료(교육학박사 학위 취득)
- 2008. 2 해외파견 복귀(경남과학교육원 교육연구사)
- 2008. 10 경상대학 개교 60주년 기념 '자랑스러운 경상인'에 선정

- 2009. 3 경남교육청 장학관(교장급 승진)
- 2010. 4 미국 메릴랜드주 정부 감사장(CERTIFICATE OF APPRECIATION in honor of OH SEI HYUN)
- 2011. 3 금남고등학교 교장(하동화력 장학재단에서 20억 원을 지원받아 기숙사 신축)
- 2014. 3 경남과학고등학교 교장(2017. 8. 31 정년퇴임, '홍조근정훈장' 수훈)

- 약 40년 동안 재임 중, "과학 영재교육", "교육 발전 공로" 등으로 경남교육감 표창 등 11회(표창: 3회, 수상: 8회), 교육부장관 등 장관급 표창 8회(표창: 5회, 수상: 3회), 국무총리 표창 1회 및 훈장 1회 수훈.

- 현재 도서출판 지호락희 대표, 사단법인 과학사랑방 대표, 락희물리써클(전국 물리 교사 모임) 대표
- 물리교육 블로그: '락희물리교실' (https//blog.naver.com/oh5094) 운영
- 저서(번역): 《물리발상법》, 《락희물리 100시간(상/하)》, 《최난관고교입시 기출 문제 수학》, 《즐거운 수업 사상》

- 경상국립대 사범대학 총동창회장 역임
- 재진주시하동군향우회장 역임(2014~2016)
- 해주오씨 행정공파 어은문중 종회장, 산청군 생비량면 봉산서원 내임

꽃이 피면 봄인줄 알고
낙엽지면 가을인줄 아는 이상향

묵계동천과 학로계

제2부 학로계록

발행일 2025년 5월 15일
기획·편집 오세현
도서출판 지호락희(제2020-000019호)
52804 경남 진주시 돗골로 94번길(상평동) 010-2468-6636
자료수집 제공 학로계(계장 김삼주, 총무 양점동) 및 각 마을 이장
표지사진 제공 하동문화원장 청파 강태진
본문사진 제공 오세현, 영영욱 외
드론사진 제공 이영근
한문 감수 권난희 한문학박사, 경상국립대 한문학과 강사
펴낸이 청학동 학로계(대표 김삼주)
52309 경남 하동군 청암면 묵계리 578-1 청학루
편저자 오세현(청학동 학로계 계원)
인쇄·발행 도서출판 실천 | 경남 진주시 동부로 169번길 12, 윙스타워 지식산업센터 A동 705호
055)763-2245, 010-3945-2245 팩스 055)762-0124
발행인 이어산
디자인 팀장 사공예원
등록번호 서울 종로 바00196호 등록일자 2018년 7월 13일
진주제2021-0000009호 2021년 3월 19일

ISBN 979-11-92374-79-6

묵계동천과 학로계

* 이 책은 국립중앙도서관 출판도서목록(CIP)은 서지정보유통지원시스템(http://seoji.nl.go.kr)과
국가자료종합목록시스템(http://www.nl.go.kr/kolisnet)에서 이용하실 수 있습니다.